# 每天一堂
# 哲学启蒙课

薛荣◎著

中国华侨出版社
北京

**图书在版编目（CIP）数据**

每天一堂哲学启蒙课 / 薛荣著 .—北京：中国华侨出版社，
2018.3
ISBN 978-7-5113-7542-1

Ⅰ . ①每… Ⅱ . ①薛… Ⅲ . ①哲学—通俗读物
Ⅳ . ① B-49

中国版本图书馆 CIP 数据核字（2018）第 033677 号

每天一堂哲学启蒙课

著　　者 / 薛　荣
责任编辑 / 高文喆　赵秀村
责任校对 / 志　刚
经　　销 / 新华书店
开　　本 / 670 毫米 ×960 毫米　1/16　印张 /19　字数 /272 千字
印　　刷 / 三河市华润印刷有限公司
版　　次 / 2018 年 6 月第 1 版　2018 年 6 月第 1 次印刷
书　　号 / ISBN 978-7-5113-7542-1
定　　价 / 39.80 元

中国华侨出版社　北京市朝阳区静安里 26 号通成达大厦 3 层　邮编：100028
法律顾问：陈鹰律师事务所
编辑部：（010）64443056　　64443979
发行部：（010）64443051　传真：（010）64439708
网　址：www.oveaschin.com
E-mail：oveaschin@sina.com

# 前言

学习并不等于认识，有学问的人和能认识学问的人是不同的。记忆造就了前者，哲学造就了后者。大仲马于《基督山伯爵》中如是说。

从出生到死亡，我们始终处于认识自我、认识世界的过程中，在不断的探索、思考、总结中改变、提升、完善。从某种程度上说，每个人都是自己生活的哲学家，而真正的哲学家则将这种思考深入为一门科学。他们探讨宇宙的奥义、世界的组成、人生的真相，他们站在时间的节点上告诉世人，我们从何处来，我们为什么在这里，我们的未来又会发生什么。如大仲马所说，哲学是不同于学问的智慧，它不是一个人毫无依据的凭空臆想，今人看来荒谬的观点都是当时的一种大胆探索，哲学更像是一种艺术创作，每个哲学家都在不断创新、不断突破，试图产生完全独立的完美之作。

所以，哲学其实是一种态度，它引导你真正地思考，而不被世俗言论所湮没；哲学是一种指导，它让你懂得如何认识自我、面对人生和世界；哲学也是一种慰藉，它帮助饱受痛苦的人，在睿智思考中获得心灵的安抚与启迪，如爱因斯坦所言，"哲学、艺术和科学，其目的都是让人类的生活趋向高深，使它从单纯的生理存在中升华"，它不会使你变得富有，但可以让你真正获得精神的自由。

千百年来，中外哲学家在各种场合和著作中阐述过自己的哲思。本书将这些先哲的智慧提取、凝练、分类，以深入浅出的方式，对人性、死亡、德行、心智、幸福、家庭、生活方式等重大人生命题进行了阐释，让深奥的哲学走下神坛，与现实生活真正交集。相信这些思想的精华能让你对生活的一切拥有全新的认识，学会以哲学之思更从容地面对人生。

# 目录

~~~~~~~

c o n t e n t s

## 第一章

## 哲学家谈生活

### 立身立国以营善德的生活，是最优良的生活

# 第二章

## 哲学家谈人性

### 修炼人性比天性之善恶更为重要

# 第三章

## 哲学家谈死亡

### 生命的终结不过是自然予以的恩惠

# 第四章

## 哲学家谈德行

### 至善的真理带来光明，照亮人的灵魂

# ❦第五章❦

## ｜ 哲学家谈心智 ｜

### 懒惰扼杀了大多数人生而为人的创造力

# ❦第六章❦

## ｜ 哲学家谈幸福 ｜

### 人当渴望生之欢愉，追求生之快乐

# 第七章

## 哲学家谈人之关系

博爱源自人与人之间的平等

## 第八章

### 哲学家谈教育

#### 教育不分富贵贫贱、老少强弱

## 第九章

### 哲学家谈艺术与美

#### 与生俱来的缺陷，艺术使之完美

## 第十章

# 哲学家谈世界

### 世界处于不竭的运动与变化中

## 第十一章

# | 哲学家谈存在 |

## 世界是意志的表象

## 第十二章

# | 哲学家谈自由 |

## 人生而自由，却无往不在枷锁之中

第十三章

## 哲学家谈哲学

### 哲学始终探索终极奥义

## 第一章

# 哲学家谈生活

立身立国以营善德的生活，
是最优良的生活

# ① 

# 「 省察自己与他人是最高等级的善 」

谈及古希腊哲学，苏格拉底是一个绕不开的丰碑式人物。在他之前的一个世纪里，也涌现出了一批在当时颇具影响力的哲学家，比如泰勒斯、毕达哥拉斯、赫拉克利特，但他们的哲学思想要么围绕着物质的宇宙，要么提倡极端精英主义的人生哲学。苏格拉底是人类历史上第一位坚决认为哲学应该关注普通人的日常生活并为之发声的哲学家。苏格拉底出身贫寒，他的父亲是一名石匠，他的母亲是一名助产师。他并非一出生就是上帝的宠儿，巨额的财富、丰富的人脉资源和优雅的风度都与他没有关系，然而，他以才华与人格征服了那个人才辈出的时代，让人们对之钦佩不已。

终其一生，苏格拉底都没有写过一本书。他并没有一套由弟子传承的系统的思想。就像我们尝试着去了解耶稣一样，我们只能通过他人对苏格拉底的各种记述来了解他和他的思想，其中尤其以他的弟子柏拉图和色诺芬的相关记述最为重要。而通过后人有关他的记述，我们发现，他努力向雅典同胞传达着这样一种思想——"不断质问你自己的习惯"，而他也将其视为自己的神圣使命。

在他看来，"省察自己与他人乃是最高等级的善"，而人的一项重要活动就是"每天讨论这种善"。他说，大部分人一生都在梦游，从没问问自己在干什么，为什么要这么干。他们的价值观与信念是从父母那儿传承而来，甚至连父母的文化，他们也一并毫不质疑地接受了。但是，如果他们不幸地接受了一些错误观念，他们的思想就会得病。

苏格拉底坚信，哲学应该探讨的核心问题是"你如何理解这个世界"以及"你认为生命里最重要的事是什么"，而这些命题与每个人的身体、精神健康都息息相关。信念不同，情感状态也就不同；政治意识形态不同，也就会导致不同的情绪疾病。比如说，有的人很渴望获得别人的认同，也就是柏拉图所说的自由民主社会里最典型的情绪疾病，而这种思想会让人逐渐对社交产生恐惧感。但是，如果按照苏格拉底的理论，就应该把这种无意识的价值观带入意识里，每天省察，并最终裁定它们是不明智的。于是，这种信念最终被改变了，而人的情绪与身体状况也随之发生了变化。

在苏格拉底看来，就某种意义而言，每个人的价值观都来自他所处的社会，但是，任何人都不能责怪自己或他人的文化，因为正是他自己每天选择接受、认可它们。正如苏格拉底所言，我们有责任"关照我们的灵魂"，这是哲学的教导，即心理治疗的艺术，它最初就起源于古希腊人"关照灵魂"的思想。我们有义务时时省察自己的灵魂，裁定那些价值观或信念是否合理，哪些是健康的，哪些是有病的。可见，哲学在某种程度上可以被视为一种我们可以施加于自身的医术。

西塞罗是公元前 1 世纪古罗马著名的哲学家，他曾在书中写道："正如我向你们保证的，确实有一种治疗灵魂的医术，那就是哲学。与身体的疾病不同，我们无须去身体之外寻求救助它的办法，而可以运用我们自身的力量去治疗自己。"这正是苏格拉底一直致力于教给他的雅典同胞的哲学思想。那时，他时常在城邦的街道上悠闲地散步，遇到任何人就停下来，与他们交谈，去了解那个人的信仰与追求。后来，他的雅典同胞认为他亵渎了神灵，对他进行审判。这时，他对他们说："我在雅典城邦里四处游走，与你们攀谈，就是试图说服你们中间的老者与年轻人，不要在意你们的身体或财富，而要竭力'让灵魂达到最佳的状态'。"

苏格拉底的生活哲学饱含着的乐观态度一以贯之，我们可以省察自己的信念，通过改变它们来改变自己的情绪，这就是自己治愈自己的能力。这种能力是我们内在所固有的，而无须求助于任何教士、药理学家或心理师。正如文艺复兴时期蒙田在一篇随笔里所写的，苏格拉底为人性做了一件大好事，让人们发现它多么有用。

## 2

## 「 苦难的锤炼不是痛苦的，而是惬意的 」

苏格拉底一向主张在生活上应该与最低生活标准保持一致，他崇尚艰苦朴素的生活，而他自己也是那么做的。每次当他饥饿万分的时候，他才会少量进食；同理，面对同样能填饱肚子的食物，他总是从昂贵和低廉的二者中选择后者。因为对于苏格拉底而言，进食只是为了果腹，以便维持生命。就像苏格拉底常说的："当人们把所有的感受力都放在饥饿这件事情上的时候，味觉就被排在了后面。吃下去的食物只要能填饱肚子，无论昂贵还是低廉，都成了无上的美味。"

苏格拉底不仅自己崇尚俭朴，他还经常告诫周围的人要也节俭度日。有一天，苏格拉底与别人一同吃饭，人们各自准备自己的食物，每个人所带的肉类或面包的分量各不相同。于是，苏格拉底就交代仆人把人们带来的肉都放在一个大盘子里，大家一同享用。然而，那些带的肉比较多的人就觉得自己吃亏了，以后再聚餐的时候也不会再多带肉过来。苏格拉底正是看透了人的自私性，于是用这种办法迫使那些富豪也尝试过俭朴的生活。

吃饭的过程中，苏格拉底发现有个年轻人只吃肉，不吃面包。于是，他对年轻人说："你看，大家都把肉和面包放在一起吃。而你为了满足自己的食欲，只吃肉，不吃面包。时间长了，你会把身体惯坏，也永远无法体会到俭朴生活带给你的乐趣。"

年轻人听罢，并没有放下手里的肉，而是又拿起了一块面包，一边吃肉，一边啃面包。苏格拉底见状，接着说："你是以面包为主、以肉为辅呢，还是以肉为主、以面包为辅呢？你的身体被娇惯坏了，以后你就会越来越难满足它。"

苏格拉底把所有的注意力都集中在饥饿的感觉上，从而忘记了味觉。一旦过于关注味觉，就会让我们忘记进食的目的只是维持我们的生命，而为了满足口腹之欲，我们只会肆无忌惮地骄纵着我们娇惯的身体。人想要获得成功，专注是必不可少的一种品质，当人们专注于求知或为事业而奋斗的时候，就会理所当然地将时间和精力都投入其中。可想而知，这是一件多么困难的事情，既要控制来自其他事物的种种诱惑，还要控制身体和大脑对疲倦的感受力。换言之，这是人们在尝试着挑战被娇惯坏了的身体。

在这些方面，苏格拉底始终为人做着表率。服兵役期间，他展现了常人所难以想象的毅力。在《筵话篇》里，阿尔西拜阿底斯写道，那时，敌人切断了我们后方的补给，于是，士兵只能忍受着饥饿。苏格拉底实在是太了不起了，他的毅力比其他任何人都更强大。战争中类似的事情时常发生，每当这时候，他不仅比我优秀，也比其他所有人更卓绝，没有任何人能与他媲美。他有着惊人的忍受严寒的能力。有一天，下起了大雪。大部分人要么躲在屋子里，根本不敢出去，要么用厚衣服把自己裹得严严实实的，以此来抵御严寒。苏格拉底呢，他还是穿着之前的旧衣服，赤裸着脚，在冰面上行走。而且，他走得比其他人都稳一些、快一些。至于那些穿着厚衣服的士兵呢，他们甚至连看都不敢看苏格拉底一眼，因为他们觉得苏格拉底正用鄙视的目光俯视着他们。

苏格拉底一开始就把注意力集中在其他事情上，而不是饥饿或寒冷的感受上。时间一长，他也因此拥有了绝非常人所能比的毅力，再也不会被饥饿或寒冷击败。其实，苏格拉底所展现给世人的并非仅仅是他俭朴的生活作风，更是用苦难来锤炼自己的一种自我意识。在他看来，种种苦难的锤炼并不是痛苦的，反而是惬意的。他有意选择了这样一种痛苦的生活，只为了享受那份锤炼身体能承受更深沉的痛苦时候的乐趣。他从不放纵或纵容自己的肉体，因此，他的灵魂也从不受制于任何欲望。于他而言，这种简单而朴素的生活就是幸福的。

③

「　拥有智慧的人才能拥有真实的快乐　」

柏拉图在《理想国》一书中对快乐和与之对应的快乐的影像进行了探讨。在他看来，除了智者之外，其他人所拥有的快乐都只是一种快乐的影像，是不真实的。为什么柏拉图会这样说呢？

他举例说，人们生病时，往往会说再没有比身体健康更能让人快乐的了。当人们深陷于痛苦的泥沼中时，往往会说，痛苦停止了，即是快乐；快乐停止了，即是痛苦，那么，那些平静的中间状态则可能是既不快乐也不痛苦的，也有可能是既快乐又痛苦的。然而，那些两者皆否的东西真的能转变为两者皆是吗？显然不能。对于人来说，快乐也好，痛苦也罢，都是源自于心灵的一种活动，而这种介于快乐与痛苦之间的平静的中间状态，无论如何也不会是既快乐又痛苦的。由此可见，用痛苦作为快乐的参照物，或是用快乐作为痛苦的参照物，归根结底都是平静的中间状态，这是一种快乐或痛苦的相似物，但绝不是真正的快乐或痛苦。柏拉图将这种快乐的相似物称之为快乐的影像。有的快乐能从肉体传达至心灵，这是所谓的最大的快乐，而这些快乐大部分其实都是快乐的影像，它们并不是真正的快乐，而只是在某种程度上摆脱了痛苦。比如说，吃饭能让人产生快乐，这是因为人们通过吃饭摆脱了饥饿的痛苦。人们的种种期盼也会产生快乐与痛苦，这种快乐与痛苦是处于满足人类基本需求的快乐与痛苦之上的。柏拉图对此进行了进一步的阐述，"正如我们可以把自然一分为三，即上、中、下三个级，人们从下级逐渐上升到中级，但他们从未领略过真正的上级，因此，就自认为已经处于上级了。人们之所以产生这种错误的观念，是因为他们进行了错误的对比。那些没有经历过真实的人，他们也难以正确认识真正的快乐、痛苦，以及处于二者之间的平静的中间状态。"

接着，柏拉图又指出，那些用来充实的对象或被充实的对象越是真实而实在的，人们从中获得的快乐也就越真实。人类的肉体和心灵都长期处于一种空缺状态：为了满足肉体的需求，必须给它提供、果蔬、肉类、饮品等各种食物；为了满足心灵的需求，必须给它提供各种知识、意见和美德。对肉体和心灵而言，用来充实它们的对象有着本质的区别：食物永远处于变化之中，是可生可灭的；而知识、意见、美德却永远存在，也不会变化，后者远远比前者更实在，也就是更真实、更可知。与此同时，肉体也远远不如心灵那样真实而实在。因此，柏拉图的结论是，拥有智慧的人才能拥有真实而实在的快乐。而那些没有智慧的人，他们终其一生在中级和下级之间往返，从没有真正抵达过上级，也从没有获得过真实而实在的满足，也就从未感受过最纯粹、最实在的快乐。有的人心灵中存在着某些不实在的部分，而他们总是试图用某些不实在的东西去填充，这往往是徒劳无功的。这种人所感受到的快乐往往混杂着痛苦，因此，他们所感受到的快乐也不过是真实的快乐的影像罢了。反之，如果人们能在知识和理性的引导之下，纯粹地追求智慧，那么，他们最终会感受到最真实、最实在的快乐。

$$4$$

## 「 立身立国以营善德的生活，是最优良的生活 」

人们一般认为，柏拉图的《理想国》为人们描述了真正的乌托邦生活，却鲜有人意识到亚里士多德的《政治学》所体现的乌托邦思想。亚里士多德哲学也曾探讨过人们有可能过上的最优良的生活以及建立的最完善的城邦。大多数乌托邦思想的拥趸者习惯于从最优良的政体着手，从中导出最优良的生活，而亚里士多德却反其道而行之，试图从最优良的生活着手，这也可以解释在那串长长的乌托邦者名单中为何亚里士多德会缺席。纵然如此，亚里士多德也秉持着乌托邦观念，他在《政治学》中对理想城邦进行了细致的论述，这也反映了他关于乌托邦的思路和理念。他所倡导的乌托邦体现了一种系统性的观念，指的是以人类的智力与愿望为基础，努力获得最好的生活，它的内容囊括了什么是最好的生活，以及如何才能过上这种理想的生活。

在亚里士多德看来，最好的生活应该是合乎自然的。人类有着许多种欲望和喜好，有的与人性相吻合，于人而言是善的；有的违背了人的天性，于人而言是恶的，我们对此必须加以区分。和其他所有古典学派一样，亚里士多德也坚持认为善的事物与让人感受到快乐的事物有着本质的区别，比起让人获得快乐的事物，善的事物更趋于根本。因此要判断一种生活是否是自然的好生活，就要先了解人的天性究竟是如何构成的。因此，提及最优良的生活，我们就倾向于一种向善的、合乎人性的生活。亚里士多德身上充分体现了希腊传统的理性思想，他认为，每个人都以这样或那样的方式将灵魂与肉体区别开来，而且所有人都必须承认，灵魂始终高于肉体。对于人类这种理性的动物来说，最好的生活正是不断地完善并提升人性、净化灵魂，从而获得一种德行。正如亚里士多德在《政治学》一书中所总结的，立身立国以营善德的生活，正是最优良之生活。

亚里士多德将灵魂的德性活动分成两种：一种是将实践的智慧与伦理道德结合在一起的活动，也就是实践理性的德性；另一种则是单纯的理论智慧的活动。归根结底，这两种活动对应了古希腊人两种真实的生活方式：一种是实践性的或政治性的生活方式，另一种是理论性的或哲学性的生活方式。那么，积极地参与城邦的政治生活，或者作为一个旁观者而置身事外的哲学生活，究竟哪一种才算是优良的生活呢？在《伦理学》一书中，亚里士多德已经就这个问题给出过确切的答案，在他看来，理论的、思辨性的生活才是最重要的，而将实践智慧与伦理道德结合在一起的生活则处于下一等级。但他同时也指出，只有那些有能力从事哲学事业的人才能从哲学方式的生活中获益，可见，对于一般的公民而言，追求善德的生活亦不失为一种好的生活。

## 5

## 「 正确的生活方式的四大重要内涵 」

斯宾诺莎在《神学政治论》里多次提及正确的生活方式的相关问题。他在第二章论预言家里写道，虽然以色列人得到了上帝的启示，但他们对上帝一无所知。因此，摩西只能教给他们道德规范，以立法者的身份通过法律的权威迫使他们过上一种向善的生活。因此，无论是对上帝满怀着崇拜与爱意，还是以正确的生活方式过着真正的生活，于他们而言都是一种约束，绝不是真正意义上的自由。不难发现，在斯宾诺莎看来，能否真正认识上帝与正确的生活方式之间并不存在必然的联系。对于那些信仰基督教或犹太教的普通民众而言，即使不能正确地认识上帝，他们仍然可以遵循正确的生活方式过上真正的生活。换言之，他们能感受到幸福。然而，正如斯宾诺莎所说的，他们并不理解德性或真正的幸福能带来的好处，这一点毫无疑义。

斯宾诺莎在《神学政治论》第五章论仪式的法则里也谈过，倘若一个人对《圣经》里的各种故事都一无所知，却仍然心怀向善的信仰，以一种纯真的生活方式过他的生活，那么他仍然是幸福的。在斯宾诺莎看来，以正确的生活方式过上真正的生活需要从以下几个方面入手。

正确的生活方式的重要内涵之一就是要对两种不同的欲望加以区分。在斯宾诺莎看来，有一种欲望源于人的本性，单单依靠人的本性就能够理解这种欲望。心灵是由充分观念构成的，而这种欲望与这些观念息息相关。而其他欲望则恰恰相反，它们与心灵有关联，却是针对那些心灵并不能充分认识的事物而言的。因此，前者是主动的行为，人能够凭借着自身的理性来驾驭它、决定它，是善的；后者是被动的感情，这意味着我们拥有的只是软弱的、无力的、不完备的，它游走于善恶之间。

我们从《伦理学》第三部分所论述的内容里可以发现，斯宾诺莎所指的被动情感的欲望其实就是外部因素刺激引起的欲望，比如对财富的追求、对名利的渴慕等。在他看来，这些欲望必须有一定的度。一旦超过了某个限度，就会沦为恶，即贪吃、好色、贪婪等。然而，如果能控制在一定的限度内，它们对身心都是有利的，也可以成为善。不同于这种被动情感的欲望，斯宾诺莎把源于理性的欲望称之为心灵的力量，将其分为勇敢与崇高两种类型。所谓勇敢，包括自我克制、谨慎、临危不乱等；所谓崇高，包括宽容和礼貌等。

正确的生活方式的重要内涵之二是生活中的头等大事就是致力于完善理智。完善理智的首要任务就是尽可能地理解上帝，包括理解上帝的属性及在上帝本性的必然性的趋势上所引发的各种行为。具体来说，就是要尽可能地了解自身、了解一切事物。这要求人们以追求理性为人生的最终目的，并用理性这种最高欲望控制其他各种欲望。

正确的生活方式的重要内涵之三是待人。斯宾诺莎在书的附录部分利用大量篇幅谈论了与人相处的方方面面。他尤其强调了友谊与团结，要在人与人之间建立起一种紧密的联系，让他们如同一个个体般联系在一起。他还认为，很多人的行为完全受情欲所支配，最好的办法就是对他们造成的伤害予以包容，以促进个体之间的友爱与和谐。那些真正和谐的行为始终与公平、正义、荣誉等密切相连。甚至连谄媚亦能产生和谐，但这种和谐并无任何诚意。

正确的生活方式的重要内涵之四是对待外部事物。斯宾诺莎写道，"我们在理性的指示之下，要么保存它们，要么消灭它们，这完全取决于它们自身的公用是否能适应我们的需求。"这是他崇尚的对待外部事物的一个总原则。

# 6

## 「 生活应该合乎自然、合乎理性 」

马可·奥勒留（121—180）是古罗马帝国的皇帝，他在位长达 20 年。除了皇帝之外，他还兼具哲学家的身份，战火纷飞的间隙里，他总是抓紧时间记录下自己一点一滴的思考，他的代表作《沉思录》就是在沙场中写就的。他认为，自己首先是哲学家，其次才是皇帝，正是因为他处处以哲学家的身份自居，他也因此成为了古罗马历史上颇受人敬仰的一位皇帝。他满怀着人性的柔情，又铁骨铮铮，言行一致。他手下的一位军人率领众人谋反，等这场叛乱平息后，奥勒留选择了原谅。

《沉思录》一书的基调是忧郁而甜美的，宽容、仁慈、高尚、纯洁、宁静等精神渗透于字里行间，传达了对众生深沉的爱意与同情，气势恢宏的宇宙意识流淌于行文间，向世人展示着人类想象力的无边无际。如果我们能静下心来阅读这本书，就能感受到书中厚重的人道主义精神。

奥勒留在《沉思录》里指出，人应该过一种自然的生活。他所说的自然是什么呢？其实，自然就是宇宙，宇宙是一个永恒的生命体，有理性，也有灵魂。宇宙这个生命体按照理性不断运行着，因此，世间万物也井然有序地存在着、运行着。这个宇宙生命是完整的，它由许多部分组成，而各部分之间又相互制约。人类也是宇宙的一个组成部分，既制约着整个宇宙，又为整个宇宙所制约。这是一根漫长的链条，而人则是这根长长的链条上的一环。没有任何人能脱离宇宙这个整体而独自存在，而且所有人都要遵循这个整体的制约。人一旦脱离了宇宙整体的制约，就犹如身体的任何一个器官脱离了身体，生命力与活力都会荡然无存。

理性是自然的本质，那么，人们就应该过一种合乎自然、合乎理性的生活。奥勒留在书中指出，真正合乎理性的生活要遵循以下原则：

第一，要服从宇宙整体对自己命运做出的安排，整体早就规定了每个个体的命运，而且它恰好与每个个体的本性相符。一旦人们违背了整体对命运的规定，就不可能获得幸福的生活。

第二，要树立宇宙意识，以一种更宽广的胸怀原谅那些犯错的人，因为有时候心灵免不了受到诱惑而偏离真理的轨迹。任何人都不可避免地会犯错，那么，又有什么理由不宽宥其他人呢？这种宽广的胸怀与宏大的宇宙整体合乎一致，一切事物在宇宙的整体中都能找到存在的价值和相应的位置：万事万物都不会因其渺小而丧失存在的权利，也不会因其庞大而剥夺其他渺小事物存在的权利。宇宙将真理一遍遍昭示于人类：万事万物并存于世，方能各得其所，各司其职。

第三，要努力过真正高尚的生活，爱自己，爱他人，爱生命全体，爱宇宙整体。用宇宙般宽广的胸怀去容纳万事万物，怀着深切的怜悯去爱这个世界。

万事万物来源于同一个整体，遵循着同样的真理存在于世，这就是我们互爱最深切的理由。一切事物原本就是同根所生，它们都是同胞。只有意识到了这一点，我们才不会再把任何其他的人或事物视为异己。正如奥勒留在《沉思录》里所昭示的，在偌大的宇宙间，低级的事物是为了高级的事物而存在，那么，人又是为了什么存在着呢？人是为了同胞之间的互爱而存在着的。爱是人之本，倘若人没了爱，就不能称之为人。

爱的真谛不是说，而是做。只有将爱付诸行动的人，才是真正高尚的人。这样的人必定对苍生心怀悲悯，对自然心怀敬畏，时刻准备着为其他人、其他事物尽上一份绵薄之力。而之所以这么做，只是出于本性。在奥勒留看来，人只有到了这个境界，才是真正与宇宙万物浑然一体，与自然合而为一。

7

## 「　爱与知识，成就美好人生　」

罗素是20世纪最伟大的哲学家之一，也是一位颇为博爱的人文主义者，对人类幸福怀着满腔的热情与关切。他有着自己的幸福观，尤其关注决定人是否幸福的个人伦理。此外，在他看来，那些遭遇悲惨的人并不是真正不幸的人，相反，那些享有足够温饱的人却有可能不幸。为什么这么说呢？因为并不是经济问题造成了这类人的不幸，而是因为他们的世界观、伦理观和生活习惯是错误的，才最终导致了他们的不幸。

罗素认为，许多文明国家的人们正在生活中遭遇着普遍性的不幸，应该为他们开出一剂良方，并将这视为自己的使命。接着，他还对诸如善的生活、幸福的若干要素进行了细致的描述。在目的和方法方面，罗素与古希腊时期的哲学大家亚里士多德一脉相承。亚里士多德所追求的就是为人们描述出真正美好的生活，让他们自己去追求。

那么，幸福源于什么呢？罗素认为，对于人或事物的友善与关切是幸福的根本立足点。关爱人或周遭事物，其实就是一种爱。一个能够观察并体恤别人的人一定也会获得别人的充满善意的反馈，因此，个人幸福的源泉其实就是由衷地爱很多人。罗素把对周遭事物的关爱排在了对人的关爱之后，但这也很重要。以关切之心对待周遭事物，能让人始终拥有平和的心境，也能使人快速忘却烦恼。

在罗素看来，善就是幸福。他在《幸福的征服》里写道，身为一个享乐主义者，我写下了这本书，也就是说，善就是幸福……他所说的善指的是"欲望得到满足，或获得快乐，有时甚至是快乐与欲望兼而有之"。也就是说，在他的哲学思想里，幸福的生活与善的生活等同起来了。

罗素就善的生活提出，爱能激发善的生活，而知识能引导善的生活。可见，无论是爱，还是知识，都是善的生活不可或缺的。一旦爱缺乏了知识，就会变成一种愚昧的迷信。也就是说，爱是这种善的生活的根本，那些智者拥有了爱，就会去追求知识，再以知识为手段，让他所爱之人生活得更幸福。

罗素定义的爱有着宽泛的内涵。在他看来，作为一种情感，"爱游走于两个极端之间，一边是思考时最彻底的快乐，另一边是最彻底的仁爱"。比如说，当人们在观赏山川湖海等自然风光时，会感受到快乐，但仁爱之心并不会由此萌生。再比如说，孩子生病了，父母会心生怜悯，对孩子的容颜却不甚在意。罗素认为，最理想的爱其实是美好希望与快乐的合而为一，换言之，爱包含了两部分，一部分是对周围事物的兴趣，另一部分是对人心怀友爱。这种爱又包括很多种，有父母与孩子之间的爱、恋人之间的爱、朋友之间的爱等。

除了爱之外，罗素认为善的生活的另一大要素就是知识。他所说的知识包括科学知识和关于个别事实的知识。在他看来，要实现善的生活，就必须以知识为手段。工作、爱好、兴趣、情致等都是幸福生活的重要来源，而这些都与知识密切相关。

罗素认为，工作是一种积极的社会实践活动，有助于知识的增长。只要保证工作强度不超出人的承受能力，人就能从工作中感受到幸福。适当的工作可以让人从乏味的日常生活中摆脱出来，并给人获得成功的机会，让人在工作中产生成就感，实现自身价值。如他所说的，一旦你完成了某项具有建设性的工作，你会由衷地愉悦。

此外，罗素还发现那些拥有幸福生活的人都有一个很普遍的特点，那就是这些人都很有情致，并由此建议人们尽可能多培养一些爱好或兴趣。他说：一个人有越多感兴趣的事情，他获得幸福的机会也越多，也越不容易受控于命运。这是因为即使他失去了某一件东西，他也能马上转向另一件。真正的情致与人类的天性浑然天成，人们应该把欲望和兴趣都融入生活这个整体框架里，让其成为幸福最真实可靠的来源。

# 8

## 「 孤独并不可耻，而是一种荣耀 」

亚里士多德说，人要独居，要么是野兽，要么是天神。对此，尼采补充道，亚里士多德忽略了第三种情况，那就是哲学家。野兽天性狂野，桀骜不驯，可以独居；天神充实自足，可以独居。而哲学家则兼具野兽与天神的特点，他桀骜不驯，又充实自足。人类是群居性的动物，而哲学家却是人群中的异数，是最不合群的孤独者。尼采在《查拉图斯特拉如是说》里写道：我的兄弟啊，满怀着你的创造力和你的爱，去到你的孤独里吧！很久以后，正义会瘸着脚，跟随在你身后。这是尼采所预言的一切创造者的命运，哲学家亦不例外。

在尼采看来，孤独并不可耻，而是一种荣耀。他说，有一条可怖的鸿沟，将他们与一切传统隔离开，而他们则栖身于永远的荣耀之中。当一个真实的人被虚伪所包围，他注定孤独；当一个思想的战士向传统发起挑战，他注定孤独。孤独，是所有真正的哲学家的命中注定；对于那些真诚而勇敢的哲学家来说，孤独是他们的命运。

对于尼采而言，孤独是一个危机重重的避难所。长期处于孤独的氛围中，会让人变得萎靡不振，最终臣服于身体与精神的双重折磨。任何处于孤独之中的人，他需要拥有如歌德或贝多芬那般坚毅的品性，才能于孤独中坚持自我。而这些有着伟大人格的人们，却还要忍受来自社会的摧残，甚至连他们视为荣耀的孤独，也成为了一宗罪。对于这些伟大的人的最终命运，尼采一直报以悲观态度，这样的人最终都会走向毁灭，这是规律。在地球的许多角落里，他们屏气凝神地等待着，不知要等多久，最坏的结果也许是白等一场。不过，可别认为哲学家的一生只有苦难相伴。孤独者的陶醉与欢愉是一般人难以想象与理解的。

在尼采看来，迎着严寒绽放的梅花是孤独的，因为其他花儿不堪忍受寒风白雪的摧残；在苍天振翅高飞的雄鹰是孤独的，因为万物之中只有它能睥睨众生。而哲学家同样也是孤独的，因为只有他们怀着一颗敏感的心，试图剖析一切痛苦的人生问题，而不愿意效仿他们那些麻木的同胞；也只有他们才勇往直前，坚定地排除外界的干扰，孤独地迈向自己的目标。

市井小民最为尼采所不齿，在他看来，他们卑劣而猥琐，他不相信可以改造他们。他主张，若以追求真理为人生目标，就应该远离那些小市民聚集的场所，而去孤独中避难。尼采认为，创造力是人们与生俱来的一种潜力，但是，大部分人都不愿意去挖掘，因为懒惰，也因为创作如同沉重的镣铐，一旦戴上，安全感、欢愉、荣耀等让人获得心理满足的事物就会随之离去，唯有孤寂与其相伴。无论置身于何处，洞穴与荒野都环绕在他周围。

相反的，真正富有创造力的思想会让人对人生和世界产生独特的感受，他也因此渴望被他人理解。然而，这种深邃的思想是不容易为他人所理解的，于是，他只能深深陷入孤独中。在人类之中，最孤独的心灵总是蕴藏着最热烈的爱意：尼采热爱人生，忘乎所以地探索着人生的真谛，同伴渐渐掉队，只剩下他一个。正如尼采所说，所谓无聊，是一颗空虚的灵魂寻求消遣而未能如愿，这是喜剧性的；寂寞是一颗热情的灵魂寻求人间的寻常温暖而不可得，这是中性的。但是，它们经常被人们混为一谈，甚至冠以孤独无聊之名。

可见，就尼采的人生哲学而言，这应该是一段有笑有泪、有血有肉的时光，只有完全忠实于生活，才能品味人生的真谛。

9

## 「 向生活回归 」

很长一段时间里，哲学家沉浸在对理性的崇拜之中，幻想着从理性之中辟出一个永恒的理念世界。而尼采则指出，正是这种对理性的迷信让人们忘记了真实的感官世界。感官世界复杂而多变，让人们捉摸不透，更别提从中获得安全感了。于是，理性抓住了这个空子，乘虚而入，以理性的本能寻求着安顿世界万物的秩序，甚至不惜诋毁并抛弃感官世界的一切。正如尼采所说，人们致力于篡改感官的一切证据，理性正是始作俑者。

感官是真实世界里的一切诞生、变化、流转及消逝，而理性却要把这一切都否定掉。变化的感官让人们缺乏安全感，为了满足自己的自尊与虚荣，人们开始借助理性将这个世界概念化。一切鲜活的事物都被放入理性的框架里，静止不动，失去了生命力。尼采指出，这是一种虚构，用一种更好的彼岸的生活来向真实的生命复仇，世界可以一分为二，即真实的和假想的，无论是遵循基督教的方式，还是康德这个狡猾的基督徒的方式，都不过是生命衰败的开始，颓废的征兆……

在尼采的心中，理性乃是促成以上种种现象的根源，是万物败坏的本源。尼采认为，以理性的角度来诠释世界是从苏格拉底那里开始的，到了柏拉图那里，凡是智者、虔诚者或有德者，就可抵达这个世界。在基督教的宗教教义里，整个世界只属于智者、虔诚者、有德者和忏悔者；而在康德的哲学世界里，这个世界置身于永恒的暗淡迷雾之中，不能达到，也不被允诺；在实证主义者的理念里，这个世界是否存在根本就无从考证。

对此尼采给出了犀利的评价，数千年来，凡是经哲学家之手的事物，都沦为了概念化的木乃伊，任何鲜活的事物都未能逃出他们的手掌心。在尼采看来，感官的世界是如此真实，这里的万事万物都要诉诸物质。它们的存在形式千变万化，一刻也不曾停歇。在这个感官世界之中，人只是其中的一部分。人并不是其他生物的主人，而是与其他生物并存于世。在这个鲜活的世界里，最灿烂的花朵绽放了，那就是生命的活力。

人类凭借着理性这个工具来认识并理解世界，进而产生了有关世界的各种观念，这是一种对世界的加工。在理性的驱动下，物质性的存在变成了词语或概念的存在。在理性的范畴内，世界再也不是那个活生生的真实的世界，而是一个用于表示人类作用于它的各种方式的总和的词，更何况，这种替代是以人类的价值观为基础的，因此，当人类发问"这是什么"的时候，"这对我而言是什么"才是潜在的先决条件。因此，一切事物只有在人类的价值观中占据一席之地，它的存在才是有价值的。换言之，倘若某件事物不为人们所需要，那么，放逐和消逝就是它的命运。"万事万物的存在只有满足'这是什么'这一问题时，它的价值才能完全显现"，可见，在理性的世界里，一切事物都是透过一面"棱镜"折射给人们的。

那么，这面"棱镜"是什么呢？它就是逻辑。尼采说，人脑中的逻辑是从哪儿来的？是来自于非逻辑，人们有一种非逻辑的癖好，把所有的相似物都当作相同物处理，逻辑的基础正是以此为基础。而尼采想要做的则是把这个所谓的"真正的理性世界"解构，并向人们宣告，唯一的世界就是人们生活于其中的这个千变万化的、真实的世界。

尼采致力于回归生活，他甚至不惜与世界两大精神领袖——理性和基督教教会针锋相对。但是，他所说的"向生活回归"并不是反对人们把握和概括这个世界，他只是反对人们按照理性去构建一个看似合情合理的世界模型，并把这个模型套用在人们真实的生活中。尼采并不是主张人们放弃理性的手段来理解世界，而是告诫人们，理性只是认识世界的工具，而不是本质。

在认识世界的过程中，尼采尤其强调人的生命需求，并指出这才是促使人们认识世界的动力。接着，他又进一步提出，不要局限于以认识过程本身来考察认识过程，"认识是一种'描述'，在知识或科学等领域，我们已经超越古人，被我们称为'说明'的一切手段其实都是'描述'。比起古人，我们只是描述得更好了"。就这个层面而言，一切的真理、理性、逻辑都只是一种认识工具。如果这些工具被摆在至高无上的位置，成为衡量一切的价值尺度，那么，冷冰冰的法则将统治这个活生生的世界，生命的活力与欢愉将荡然无存。

## 10

## 「 激发向上的生命意志，不要千篇一律的灵魂 」

尼采提出了权力意志并以此作为衡量一切的标准，用它来说明世界上的所有现象，还把万物的永恒生成归结为权力意志。

在尼采看来，希腊文明走向衰微的原因在于狄奥尼索斯精神的逐渐消失。因此，他日后思想的发展对这种生命的本能冲动与创造力尤其重视。

尼采在《人性的、太人性的》一书中这样写道：

牺牲、服务与爱之眼波所及之处，就是做主人的意志。弱者取暗道潜入强者之堡垒与心间，盗取权力。我曾听生命自己对我说这个秘密，它说，"看吧，我必须时刻超越自己"。

不错！你们将这称为创造的意志，或是达成较高、较远、较复杂的目的的冲动；但是，这是同一个秘密，同一件事情。

……

但凡生命所及之处，就有意志；然而，这并非求生的意志，请听我郑重地对你说，此乃权力意志！

在尼采看来，追求权力意志的大前提，是作为拥有独立人格与独特性格的个体。归根结底，当个人的个性与力量得以彰显时，也意味着权力意志得以扩张。因此，人之为人，必须拥有独立而完整的人格，自尊、自爱与自私。生而为人，要忠实于自己，成为掌控自己命运的主人。要相信自己，而不盲从于他人。拥有权力意志的人，是独一无二的生命个体，能实现无可比拟的自我创造。

在尼采看来，追求权力意志是生命中一场永不停歇的战斗。一般而言，当尼采提及战斗的时候，他指的是宇宙之间各种力量的相互作用，或是与个人的本能冲动或情欲做斗争，从而主宰自我。归根结底，在这场奋斗或战斗中最主要的对手就是自己。追求权力意志的精髓在于不断发掘自我潜能，不断提升自我。在尼采的哲学观里，生命被纳入一个更宏大的动力体系中，而创造力的意趣乃是动力之源泉。由此可知，尼采提及的战斗就是不断激发人们奋发向上的生命意志，并在此过程中不断发挥创造力。

尼采性情豪迈、愤世嫉俗，他之所以反复强调为权力意志而战斗，其目的就是启迪人们在世俗生活与精神生活上积极进取，不断激发潜在的创造力。正如他说的，每天应该与自我作战。战胜也好，战败也好，都不应该是你所关注的，你所关注的唯有真理。言下之意，是要人们为了知识与真理而战斗，《快乐的科学》提倡人们为生活和理想而战以及《曙光》中提及的知识上的勇士，指的都是要在文化领域或精神世界摒弃旧的，开拓新的，不断发挥创造力。

在尼采看来，就知识领域的活动而言，能成为圣者为上，要不然，至少也要成为斗士。显然，尼采谈及的斗士并非士兵，正如他说的，制服下面隐藏的并非制服般的一致性。由此可见，他对那种内心世界如同制服一般千篇一律的人心怀鄙夷，而尤其重视并鼓励世人发挥其潜力。他所指的追求权力意志的斗士乃是在精神世界满怀追求真理之热情与质疑精神的人。

## 11

# 「 将妒忌视为幸福生活之大敌 」

在叔本华看来，妒忌源于人的天性，它可以很快演变为一种邪恶，进而导致种种痛苦与不幸。他写道，为了追求幸福的人生，我们应该将其（妒忌）视作幸福生活之大敌，浇灭熊熊燃烧的妒火，抑制住人性本源的恶念。

塞涅卡曾说过：用他人的幸运与自己的不幸相比，无异于一种自我折磨。倘若能避免这种人生之苦，我们会感恩于一切现在所拥有的。其实，当灾难真的降临到我们身上的时候，那些比我们更加不幸的人的遭遇往往才是最有效的安慰；另外，就是那些世界上与我们有着类似不幸的人们，他们与我们一同分担并承受着命运加诸我们的不幸。

叔本华认为，妒忌是针对他人而产生的一种感情，正如他所写的"世界上再没有任何一种仇恨像妒忌那样难以达成和解"。因此，我们活在世上，尤其应该小心谨慎，以避免来自他人的忌恨。更何况，与其他许许多多不同形式的不幸一样，妒忌之火可以焚毁一切，因而我们万万不可随意玩弄万恶的妒忌之火。

叔本华将贵族分为三种类型，进一步阐述人与人之间的妒忌之火。这三种类型的贵族分别是出身和地位上的贵族、财富上的贵族、精神上的贵族。在他看来，只有第三种人才算得上真正的贵族，人们也更容易认可这种类型的贵族荣居首位的资格。而以上三种类型的贵族都是人群之中最容易为他人所歆羡或妒忌的群体。接着，叔本华指出，无论你属于其中的哪一类型，你最终都会遭到其他人隐秘的攻击，这一切都是因为妒忌。对于贵族群体之外的人而言，他们终日处于惶惶不安之中，每时每刻都在担心着你处于比他们更优越的位置，这种不安让他们在现实生活中将潜藏的妒忌心理暴露无遗。而正是基于这一点，你才能认清他们的面孔。

叔本华认为，如果遭到了他人的妒忌，就要尽可能地与心怀妒忌的人保持一定的距离，而且尽可能地不要与其发生任何联系。这样一来，才能在彼此之间形成一条难以逾越的鸿沟。倘若做不到这一点，那么，就坦然地面对他们一波又一波的攻击吧。就后一种情况而言，最有效的办法就是以其人之道还治其人之身。

然而，试问众生，谁又能断然说自己没有任何妒意呢，但我们每个人又是如此地厌恶着他人的忌妒心。当你眼看着他人被幸运之神眷顾，内心的妒火熊熊燃烧时，你可曾像厌恶他人的妒忌之心一般厌恶自己？其实，人们所厌恶的是命运的不公正，人们所垂怜的是得不到命运公正对待的自己。就像叔本华所说的，倘若我们要对他人的妒忌之心进行某种道德上的批判，那么，我们首先要做的就是批判自己，因为每个人的心里都潜藏着妒忌的火苗。

## 12

「　财富犹如海水，越是喝得多越是口渴　」

伊壁鸠鲁是伟大的幸福论者，他准确地把人的需要分为三类：第一类是必需的自然需要，比如食物、衣服等，这是容易满足的需要，但一旦缺乏，就会令人产生巨大的痛苦；第二类是非必需的自然需要，比如获得某些感官上的满足，较之第一种需要，第二种难以满足；第三类是非必需、非自然的需要，比如对于奢侈、炫耀等虚荣的渴求，这种需求犹如深渊，无穷无尽，难以满足。

在叔本华看来，财富欲就属于第三种需求。他认为，虽然有可能用理性来划定财富欲的界限，但这太过困难。"我们很难找到满足人的绝对肯定的财富量究竟要多大，原因在于这种数量是相对的，就像意志在人的所求和所得之间保持着一定的比例。仅仅以人之所得来衡量他的幸福，而不考虑他究竟希望得到多少，这是一种无效的方法。就好比只有分子却没有分母，根本无法写成分数。"之所以这么说，是因为人们是不会对希望之外的东西产生失落感的，他即使不拥有那些，也不会失去快乐；同时，有的人拥有巨额财富，却依然为某些他希冀却无法得到的东西而郁郁寡欢。人性大抵如此，当某些事物在能力范围内唾手可得时，他信心倍增，快乐自在；一旦阻力重重，难以企及，就会滋生万分苦恼。

对于财富与人生的关系，叔本华的观点可谓一针见血，我们不妨将财富视为海水，越是喝得多，越是口渴，名声亦是如此。丧失财富时，第一次伴有阵痛感，却难以改变人的习惯与气质，原因在于一旦人失去了财产，他会自觉减少相应的权利。权利会伴随着厄运的降临而逐渐减少，这本是很痛苦的事，然而，一旦做了，痛苦也随之减少，直至不复察觉，它就像一道旧伤疤，终有一天会痊愈。反之，当好运从天而降时，人们拥有愈来愈多的权利。诚然，这种膨胀感会带给人无穷的快乐，但是，这种快乐并不能持久。一旦这种膨胀结束，快乐也随之消失。正如《奥德赛》中所说，当我们无力使财富增长，但又试图使权利增长时，不满的空虚感就油然而生，当我们习惯了权利的增长后，就对财富的增长漠不关心了。

当我们真正了解到人们五花八门的需要，并深知人们的生存是以这些需要为基础时，我们就不会惊讶于财富远远比世间其他东西更为尊贵，财富为何处于如此显赫的位置；对于有的人将谋利视为人生唯一的目标，并把诸如哲学、智慧在内的事物抛之脑后，我们就不会感到惊奇了。有些人对财富的热衷与追求远远超过世间其他事物，这一点常常遭到斥责，然而，其实这是自然而无法避免的事。人性犹如多变的海神，永远不知疲倦地追逐着各种事物，试图满足自身的欲求。一件事物只能满足人们的一种需求：饥饿的时候，食物是最好的；狂欢的时候，酒精是好的；生病的时候，药物是最好的；寒冷的冬天，炉火是最好的；青春年少的时候，爱情是最好的。然而，任何事物的好都是相对的。

因此，叔本华奉劝诸君，保存那些赚取或继承而来的财富，"正因为拥有这样一笔钱，人可以过着舒适而独立的日子，这是一件天大的便宜事。

有了这笔钱，就可以免除如同慢性恶疾一般依附于人的贫穷，可以从如同人类的宿命般的强迫劳役中解脱出来"。在叔本华看来，只有在这样良好的命运之下，人才能称之为真正的生而自由，才能成为他所处时代的主人，才能在清晨从睡梦中苏醒过来时说"这新的一天是属于我的"。

## 13

# 「 人当有礼，以礼治国 」

儒家将人生观与政治主张密切地联系在一起。道德和德治是儒家思想的重要命题，在孔子那里，道德的最高表现形式就是礼和礼治。

孔子生于公元前 551 年，名丘，字仲尼，山东曲阜人氏，祖上是宋国的贵族，到了他这辈早就没落了。他刚出生时，他头顶的形状跟附近一座名为尼丘的山很相似，中间低、四周高，故而名丘。又因为孔子在家里排行老二，故而字仲尼。因此，我们现在常说的孔仲尼、孔丘等都是孔子，而子是古时候的尊称，意思是先生。

"吾十有五而志于学，三十而立，四十而不惑，五十而知天命，六十而耳顺，七十而从心所欲，不逾矩。"这段文字正是对孔子勤勉一生的真实写照。55 岁那年，孔子还率领着一众弟子，花了 14 年的时间周游列国，希望找到一个能接纳他以礼治国理念的诸侯国。然而，孔子最后还是没能成功，等到返回鲁国的时候，他已经是 69 岁的老人。即便如此，他也没有就此止步：一方面，他积极开办学堂，培养后代；另一方面，他整理"六经"，致力于弘扬儒家思想。

在孔子的儒家主张里最凸显的就是与礼有关的内容，诸如"克己复礼""礼不下庶民""非礼勿视"等，他竭力促使周朝的礼治制度焕发新的活力。礼在周朝年间很普及，早已形成一套完善的礼制，而在孔子的努力下，礼制进一步发展，上升到礼治或礼教的层面，换言之，就是以礼为手段，实现统治和教化的目的。"亲亲、尊尊、长长"和男女有别是礼最根本的内涵。人与人之间的关系不同，需要遵从的礼数也不同，守礼就意味着不僭越。归根结底，礼治其实是统治者为了维护统治而设立的一套封建等级秩序，目的是对老百姓进行教化，让他们懂分寸、守本分、遵循规矩。谈到礼的同时，孔子还经常谈到乐，也就是音乐。每当有人办丧事的时候，人们就依照风俗吹吹打打，这就是哀乐的由来。礼和乐是相辅相成的，前者是教化百姓，让他们懂秩序、守规矩；后者是作为一种教化人心的辅助手段，让人们接受和认可礼的教化，以音乐为媒介让不同阶层的人从中获得情感上的共鸣，实现人际关系的妥协与中和。

由此可见，所谓的礼是用来区分等级、划分贵贱的，而所谓的乐则是用来协调不同等级的人们之间的矛盾的。礼与乐起到了不同的教化作用，前者让人们要懂得尊重，后者让人们要懂得亲爱，可见，乐是服务于礼的。

与礼乐并列的是仁义，正所谓"仁者，爱人"，其中的"仁"就是做人、爱人的意思。在孔子看来，做人最基本的准则就是爱人。他说，"克己复礼为仁"，也就是说，人之为人，要懂得克制欲望，让言行举止合乎周礼。由此可见，孔子所强调的仁是对礼的进一步诠释，其目的就是教化人们遵循并维护周礼。

孔子还谈到"义者宜也"，这里的"义"指的是正义、适宜，即爱是有区别的，忠是对君主的爱，孝是对父母的爱，悌是对兄长的爱，诸如此类。按照亲疏贵贱、男女长幼等人与人之间的差别，爱与同情心也有种种不同的表现，而这些爱是与礼相对应的。

《礼记》里还谈到了礼、乐、仁、义之间的关系，即"仁近于乐，义近于礼"，也就是对外应该讲究礼乐，而对内应该讲究仁义。儒家阶层以孔子等人为典型代表，他们既不是一呼百应的统治阶层，亦不是最下层的平头老百姓，而是处于不上不下的中间位置。这样一来，儒者最适宜的处世哲学就是中庸了。孔子谈到的"不偏不倚""过犹不及"等都是中庸思想，他认为中庸才是道德的最高准则且在社会上已经不多见了。

# 第二章

# 哲学家谈人性

修炼人性比天性之善恶
更为重要

①

「　人天生渴望社会生活　」

亚里士多德在《政治学》中写道，城邦乃自由人的共同体。在他看来，人与动物的区别在于，人天生就渴望过一种社会生活，也就是城邦生活。这里的城邦指的是国家。人一旦离开了社会，就不复存在，要么成为神，要么成为动物。

亚里士多德对国家的理解与柏拉图有所不同。柏拉图并没有将国与家严格地区分开来，他所提倡的理想国其实是一个和谐的大家庭，而这个大家庭的家长就是国王。在类似理想国的国家里，国王是唯一自由的人。然而，一个真正的国家应该是由自由人组成的共同体，每个人都有着自由的意志，享有平等的地位，并且遵照法律的规定来运行；而在一个家庭里，家长与妻子、儿女处于不平等的地位，除了家长之外，其他人并不拥有自主权，换言之，家庭里的个体处于不平等的地位。因此，合法的统治者对其臣民所行使的权力与家庭里的一家之长对其妻儿所行使的权力是截然不同的。

亚里士多德所倡导的国家可以说是一个政治社团，相较于其他社团，它有两个重要的特征：其一，它是由平等的成员缔结而成的社会组织，任何未拥有平等身份的个体不能参与其中，比如儿童、奴隶等；其二，这个组织靠契约来维系，也就是说，社团的成员之间必须是平等的关系，不平等的人之间根本无法订立契约，与此同时，包括统治者和被统治者在内的所有公民都必须依照法律来处理社团里的各项事务。

国家之所以存在，是为了让公民过上优良的生活，而非一般的生活。依靠个体是不可能过上所谓的优良生活的，这种生活只有依托国家才能得以实现。这种优良的生活并不是只属于其中的某一部分人，而是属于全体公民的，换言之，国家的最终目的是达到至善，也就是全体的善，这个国家得以组建就是为了所有公民的福利。对于任何一个个体来说，真正的至善就是拥有强健的体魄、一定数额的财富与良好的德行，三者缺一不可。而好的国家正是这种至善的幸福生活得以实现的场所。

亚里士多德认为，任何一个国家的公民都可以划分为三种，即富人、穷人和居于两者之间的那个阶层，即中间阶层。在他看来，中间阶层是统治理想国家的不二人选，他们有着富人和穷人所不具备的优势。他指出，富有的人拥有过多的财富，常常飞扬跋扈，很难服从于他人的领导或是遵守法律；贫穷的人往往出身卑微，很容易成为无赖，也并不会服从于法律。因此，这两个阶层的人一旦掌握了国家的统治权，最终都会让整个社会陷入混乱，并造成双方的对立，因为这些人往往是瞧不起对方的。而中间阶层统治国家则大有裨益：他们拥有一定的财富，性情温和，少有野心，是三种群体里最讲道理的人，也是社会中最稳定的群体。让这类人掌权，可以有效地调和富人与穷人之间的矛盾，在政治上行中庸之道，避免国家走向任何一个极端。

亚里士多德将国家的组成者称为公民，并指出公民有三个特点：第一，所有的公民都拥有参与政治的权利；第二，统治者与被统治者都是公民，他们之间是平等的，而奴隶并不在公民之列；第三，公民应该要具备一定的自由意志，一旦服从于他人的意志，就会沦为奴隶。

而这样理想的国家要如何运转呢？亚里士多德对柏拉图所提倡的"哲学王"的观点持反对意见，在他看来，这种人治的方式根本无法实现真正的正义。正如他在《政治学》中所说，人是兽性的，无论是什么样的人，总是无法避免感情用事，而法治则是避免滥用感情的有效途径。法治以集体智慧为根据，而集体的智慧永远高于个人的智慧。在亚里士多德看来，即使再英明的统治者也难免犯错，他的智慧根本无法与集体的智慧相媲美。而集体的智慧可以与个人的智慧相互补充，从而尽量少犯错。同时，他还进一步指出，法治要以保持臣民的判断力即自由意志为大前提，也就是说，臣民在法治中要承担起责任来。臣民一旦失去了自由的意志，就丧失了生而为人的尊严，也就沦为了统治者的奴隶。正如亚里士多德所说，这样的国家就不再是人的国家，而是兽的国家。

2

「　无意识是人类心理最原始的因素　」

第一次世界大战对全人类而言都是一场浩劫，战争过后，人们心头上留下的战争的残酷阴影久久不能散去，这直接导致了西方世界人性的异化与信念的缺失。在人人自危的年代里，人们的精神世界也一度濒临崩溃。因此，第一次世界大战后各种精神疾病发病率陡增，心理学与精神病理学也随之快速发展起来。

奥地利籍心理学家西格蒙特·弗洛伊德是精神分析学的奠基人。经过长时间的临床实践，弗洛伊德创建了精神分析学。弗洛伊德的学说就如同哥伦布发现新大陆一样，开启对人类心理世界一个尤为特殊的新领域的探索。弗洛伊德所倡导的精神分析学说堪称是 20 世纪最具革命性的理论，直接推动了现代心理学的形成与发展。他对无意识运作机制进行了长期而深入的研究，并认为，无意识是人类精神心理最原始的因素，堪称生命之源泉。

所谓无意识，其实是心理的一种表现形式。就人的层面而言，指的就是没有意识到或曾经意识到过，但后来因为某些外在因素的影响被逐渐中断，直至最终被扼杀。无意识从产生到发展成熟经历了一个漫长的过程。就心理学史而言，弗洛伊德所提出的精神分析理论与无意识的概念紧密相连。但是，无意识并不是心理学特有的概念，在精神病学、哲学、法学、文学等学科里，也有这个概念。早在古希腊时期，哲学家柏拉图就曾谈及无意识问题，他以客观唯心主义为出发点，将无意识视为是"潜在知识"

的一种观念上的形式，作为其他一般性知识的大前提而存在着。因此，在柏拉图的哲学体系里，知识只是回忆，并非其他。

弗洛伊德将人的意识分为意识与无意识两个层次，而无意识就"如同一个巨大的地窖，潜藏于意识之下，那里存储着各种被抑制的欲望"，其中自然也包括人天性里的各种本能与冲动。这些欲望也罢，本能也罢，并不符合道德、文明、法律与理性的要求，因而被压抑，无法上升到与意识并列的层面，也无法被直接感知到。我们之所以难以察觉无意识，是因为它只是作为一种能量而存在，并没有像意识那样依附于能为人们所理解的语言上。换言之，无意识与意识不同，它并不是一种明确的高级情感。弗洛伊德进一步指出，无意识其实是人们行为与心理活动的源泉。因为受到各种因素的约束，无意识无法真正显露出来，但是它仍旧存在，并在不知不觉中发挥着作用。

在弗洛伊德构建的理论体系里，意识与无意识是对立存在的。也就是说，无意识是各项心理活动的原动力，在不知不觉中支配着意识；而意识压制着无意识本能的冲动，并象征性地满足这种冲动。可见，意识是如此的理性而清醒，又如此的软弱无力；而无意识是如此的感性而混乱，又如此的强大有力。无意识是暗涌湍流，渴求着或直接或间接的满足，也决定着人的行为和心理活动，是人们一切意图的动力。可见，无意识在弗洛伊德构建的理论体系中占据着主导地位。在此之前，大部分心理学家主要致力于研究人类的意识，而弗洛伊德反其道而行之，他把无意识放在了比意识更为重要的位置上，认为无意识才是心理学最主要的研究对象。他指出"无意识才是真正的精神现实"，可见，在他看来，无意识才是人类最主要的心理过程，精神分析理论也与无意识紧密相关。

就文学艺术而言，弗洛伊德也指出，来自无意识的冲动才是文艺创作的源泉。他还进一步指出，艺术家与精神病人在处理来自无意识的冲动与欲望时，其实遵循着一样的规律。正如他所说，艺术家与精神病人有着一种类似的倾向，他们总是反求于内。他们总是追随强烈的本能，渴望权力、荣耀、名誉、财富和异性的爱慕；然而，他们没有满足这些欲望的有效手段。

因此，他们的欲望也难以被满足，他们开始与现实脱节，将注意力转移到他们所感兴趣的事物上，以满足这种幻念生活中的欲望。

3

# 「 性冲动是推动人类社会进步的本源 」

性冲动是弗洛伊德精神分析学的一个核心命题，他指出，性冲动对于推动人类社会的进步有着不可取代的作用。

精神分析学的一个创新性见解，就是从广义与狭义来探讨性冲动，认为它是导致神经病与精神病的重要原因。这是在弗洛伊德之前的人们所完全没有意识到的。弗洛伊德进一步指出，我们认为，这些性冲动是推动人类社会进步的本源，可以推动艺术、文化、社会等各方面的发展。他相信，在重重生存压力的影响下，人类曾努力想要放弃满足原始冲动的诉求，而致力于创造文化，而文化之所以被不断地创造，也是因为历朝历代参与社会构建的个体相继为了公共利益而牺牲个体追求享乐的本能。而在诸多被利用的人类本能之中，尤以性冲动为最。换言之，在人类社会的发展过程中，性的精力得到了升华，性的目标被舍弃了，取而代之的是更高尚的社会目标。

弗洛伊德又提出，基于放弃性冲动的本能而构建的社会组织多是不稳定的，因为很多时候人类难以控制性的冲动。因此，参与到文化事业中的每个个体都不可避免地要承受来自性冲动的反抗。一旦这种性冲动开始放肆，回归到最原始的目标，社会文化就会面临巨大的危机。因此，社会并不愿意承认性冲动具有强大的力量，也不愿意探讨个体性生活方面的本能需求。为了让人们保持克制，经常对性的问题避而不谈。而这也就注定了弗洛伊德所提出的精神分析学被世人认为是丑陋而不道德的。

其实，弗洛伊德的性学理论是对达尔文进化论的进一步发展与深入，是从心理学层面对生物进化论进行的又一次证实。这套性学理论的核心命题就是压抑性本能，他对压抑性本能是精神神经症症结之所在进行了反复而深入的论证，并指出，性本能还是人类发展的动力，能促进人格的形成与完善、艺术文化的萌芽与发展等，这套理论体系的框架也是在此基础上形成的。毋庸置疑，这种性学理论为性本能赋予了广泛而灵活的意义，简而言之，人类一切行为的根本动机与社会活动的各个范畴无不与其息息相关，随着精神分析学说不断流传开来，它又有了一个新的名字，即泛性论。

然而，弗洛伊德并不以泛性主义者自居，在他看来，自己所提出的性本能理论与柏拉图、叔本华对性的看法并无太大区别。他犀利地提出，世人总是喜欢寻找一些颇具噱头的口号来吸引眼球，诸如精神分析学所谓的"泛性主义"，进而攻击它用"性"来阐述有关人类社会的种种……哲学家叔本华早就分析过性冲动是如何制约人类的各项活动的，迄今为止也有很长一段时间了。至于说性欲观念的扩展，那些对精神分析学不屑一顾的、自以为是的人们不妨回想一下，柏拉图所提倡的"爱欲"其实与精神分析学对性欲内涵的扩充是如此的相似。

## 4

## 「 人类心灵深处有朝向快乐的强烈倾向 」

弗洛伊德认为，人类心灵深处有一种强烈的倾向，那就是朝向快乐，但是总有这样或那样的条件制约着快乐原则的实现，这样一来，其最终结果总是与人们所渴望的快乐倾向背道而驰。就心理结构层面而言，快乐原则与最初的操作模式是一致的，但是，它完全不能保护那些在外部世界陷入重重困难的有机体，对于生命个体而言，这无疑是很危险的。归根结底，快乐原则的操作机制是在长期保存性冲动的基础上建立起来的，即使人类文明不断地发展，但仍然难以教化和控制性冲动，因此，如果性冲动反复冲破人类理性的制约，就会对整个有机体造成影响。

显而易见，快乐原则指的就是本能的一种最初形式，它最主要的内容就是努力实现本能的冲动并获取快感，这会对生命的最终目的产生巨大影响；但是，它所依托的个体从一开始就处于外部世界的危机之中，这也就决定了它从头至尾都在威胁着有机体的存在与发展，它注定了要为有机体所压抑，由此，快乐与痛苦就成为了孪生兄弟。由此可见，弗洛伊德所谓的快乐原则并不像它的字面意思那样包含了追求快乐的积极意义，它的终极内涵是避免不快，因此，人们也常常称之为快乐—痛苦原则。接着，弗洛伊德又开始思考如何才能在不威胁有机体存在的安全的前提下尽可能地避免不快。为了解决这个问题，他又重新探索了另一个与快乐原则相辅相成的原则，即现实原则。

弗洛伊德在《精神分析论》里探讨了这个问题，他写道，受有机体自我保护的本能的影响，现实原则会代替快乐原则，区别在于快乐原则并不会放弃获取快乐的企图，但会延迟实现这种满足的时间，在那条通往快乐之路的漫长道路上错过多种快乐的可能性，并暂时地忍耐着种种痛苦。也就是说，受外部世界的制约，有机体做出了妥协与让步，最终，快乐原则摇身一变，成为了可以根据实际情况随机调整的现实原则，更加灵活，也更加安全。

为了让有机体在外部世界继续生存下去，快乐原则不得不与外部世界进行协调，最终出现的现实原则就是这种协调的结果。在现实原则的影响下，有机体会克制快乐在强度和数量上的诉求，一边忍受着痛苦，一边以更加缓慢而稳妥的速度局部地满足这种来自本能的冲动。因此，要想保障有机体的安全，就必将用现实原则代替快乐原则；换言之，虽然现实原则在一定程度上制约了快乐原则，但二者的本质是一样的。

最初，弗洛伊德认为这两种原则足以支配人的心理活动，但后来他发现，这两种原则并不足以构成所有的心理活动。用现实原则取代快乐原则的理论，只能解释人所经历的一小部分痛苦，其中并不包括那些最强烈的痛苦。

我们知道，当人们遭遇车祸、火灾及其他事故后，就会出现一种创伤性精神症。第一次世界大战结束后，各种精神疾病频发。那些经历过战乱的人患上了创伤性神经症，那些痛苦的经历被压抑住了，病人甚至连那段经历中最基本的部分也想不起来了。医生希望病人只是将那段痛苦经历视为过往人生的一部分回忆，然而，病人却将这些经历压抑起来，在潜意识里作为一种当前的经历，不断在生活中重现。

通过一系列临床研究，弗洛伊德提出了一个大胆的假设：人类的心理活动中存在着一个强迫性的重复动作，而它是凌驾于快乐原则之上的。他在《精神分析论》里写道：毋庸置疑，这些强迫性重复动作让人们回想起了大多数事情，但它带来的不仅仅是不愉快的回忆，同时还释放了长期被压抑的冲动。可见，这并未颠覆快乐原则，对这个系统来说它意味着痛苦，与此同时，它对那个系统又意味着满足。弗洛伊德又将快乐原则向前推进了一步，他认为"强迫性重复动作"是一种"超越快乐原则"的本能冲动，并最终为本能给出了一个新定义，其实，本能是能伸能缩的，有的情景曾经确实存在，却因为外部因素的影响而最终消失，而这种本能的冲动就是致力于恢复这种情境。

5

「 人的需要是一个有层次的体系 」

亚伯拉军·马斯洛是美国著名社会心理学家，在马斯洛看来，人的需要是一个有层次的体系，换言之，任何一种需要的出现都是以较低层次的需要得到满足为前提的。正如马斯洛所说，人是一种不断有需要涌现的动物，除了那些短暂的时间之外，极少处于一种完全满足的状态。满足一个欲望后，另一个欲望往往随之而来，占据人的内心。人几乎总是在希望着什么，贯穿于一生。

在此基础上，马斯洛将人的需要分为五个层次。

其一，生理的需要。这是人类最基础、最原始的需要，衣、食、住、行、医疗皆在此列。如若这一层次的需要得不到满足，人的生命就会受到威胁。换言之，这是最强烈且不可缺少的底层需要，也是人生而为人的最原始动力。显然，这一层次的需要有着自我保护和种族延续的重要意义，是人类个体生存的前提条件。当一个人受制于生理的需要时，其他更高层次的需要都会被推后。

其二，安全的需要。当生理的需要被满足后，安全的需要也随之而来。人们都需要远离诸如恐惧、惊慌、痛苦等不安情绪，需要过有规律的生活，需要感到所处的环境是井然有序的。我们经常能从儿童身上发现这种对安全的强烈需要，正如他们渴望着一切"公平、和谐、统一"的因素。一旦与之相悖，他们就会陷入焦虑之中。相较于儿童，成年人能更好地处理这种恐惧感，然而，成年人仍有着物质、心理、精神等方面的安全需要。

其三，爱与归属感的需要。当一个人已经拥有稳定的住所和固定的收入时，这意味着他已经具备适宜的安全感。这时候，他开始需要陪伴，需要在群体中寻找一个恰当而舒适的位置，以安放自我。如果这一层次的需要没有得到满足，个体会产生强烈的疏离感和孤独感，甚至是痛苦的体验。

其四，尊重的需要。伴随着爱的需求而来的，是尊重的需求。在马斯洛看来，尊重的需求鲜少被完全满足，但一旦基本上得到满足，就会产生推动力，让人保持持久的干劲。

其五，自我实现的需要。马斯洛认为，这是最高层次的需要，通俗一点讲，就是"成为你所希望的那个人"。具体到每个个体而言，有的人可能希望成为一个温柔体贴的理想伴侣，有的人则希望在事业上大显身手，还有的人希望能向世人展现自己绘画或音乐方面的天赋，等等。就这一层次的需求而言，个体之间的差异最大。正如马斯洛所说，那些有着自我实现需求的人，似乎总在竭尽所能地让自己趋于完美。自我实现往往意味着要活跃地、忘我地、充分地体验生活，在此过程中实现自己的抱负。可见，一个歌剧家必须演唱，一个画家必须作画，一个舞蹈家必须起舞，如若不然，他的灵魂将永远无法宁静。忠于本性、实现自我，这是人类最高层次的需求。

任何个体的本能里都潜藏着这五种不同层次的需求，不同的时期里，不同需求的迫切程度各不相同。一般来说，最迫切的需求往往就是激励个体付诸行动的原动力。

## 6

## 「　爱他人与爱自己，要么都是美德，要么都是罪恶　」

在很多人看来，爱他人是理所应当的，也是自然而然的。因此，最普遍的一种观念就是爱他人乃是一种美德，爱自己却是一种原罪。也就是说，人很难做到像爱自己那样去爱他人，因此，自爱其实是一种利己主义。在西方社会，这是人们最普遍的一种观念。

法国著名神学家加尔文将自爱视为人类社会的瘟疫，弗洛伊德也尝试着从精神病学的角度出发来阐述自爱，但从某种程度上来说，他所持的观念与加尔文是一致的。他认为，自爱与自恋并无区别，而自恋是人类发展早期阶段的一种情感，但当人们又倒退回这个阶段时，他们就不再具备爱的能力。如果任由自恋发展下去，人们就会趋于疯狂。

在弗洛伊德看来，爱情就是性欲的表现形式，而爱他人与爱自己两者间是存在根本性的排斥的。倘若自爱是一种罪，据此就可以认为忘我地爱他人就是一种美德。

弗洛姆却认为弗洛伊德的这套说辞存在逻辑上的错误，并对此进行了辩驳。他认为，如果爱他人与爱自己，爱的对象都是人，二者之间并无区别。因此，这两种爱要么都是美德，要么都是罪恶。正如《圣经》所提倡的"爱人如爱己"，可见每个个体都应该尊重自己的独特性与完整性，对自己的爱与尊重和对他人的尊重与谅解是密不可分的。

要使这个结论成立，我们就不得不谈到一些心理上的先决条件：我们感情上的对象既包括他人，也包括自己；我们对他人与对自己的态度并不是相互矛盾的，而是和谐存在的。

由此可见，爱他人与爱自己并非一道二选一的选择题。相反的是，一个有能力爱他人的人，也一定是有能力爱自己的。爱自己与爱他人在本质上是息息相关的。真正的爱体现了一种内在的创造力，包括关爱、尊重、谅解、责任等多重因素。爱不是一种冲动的情绪，而是以一种积极的态度促使被爱之人获得幸福，而这一切都基于爱他人与爱自己的能力。

在弗洛姆看来，爱他人具体体现了爱的力量。倘若一个人只爱自己的家庭，却不能爱家庭之外的其他人，归根结底，他仍缺乏爱的能力。要先爱某一个特定的人，以此为先决条件，才能爱人类；也就是说，对人类的爱是在对某些特定的人的爱的基础上逐渐发展起来的。从这个角度来思考，自己同样作为爱的对象之一，而与他人没有任何区别。必须要拥有爱的能力，才能对自己的成长经历、幸福生活、性格特征等予以肯定，换言之，只有当你有爱的能力，能够关爱、尊重并谅解他人的时候，你才能做到自爱。倘若一个人具备创造性地去爱的能力，那么，他也势必爱着自己；倘若他只能爱他人，却不能爱自己，这也就意味着他并不拥有爱的能力，或者这种爱的能力是不完全的。

关于自爱的观点，弗洛姆最终总结：诚然，说那些利己主义者没有爱他人的能力是绝对正确的，但正如他们无力爱他人，他们同样也无力爱自己。因此，爱他人与爱自己本就是并行不悖的。

## 「 情感具有生理和心理的双重属性 」

斯宾诺莎是荷兰籍著名的哲学家,生于 1632 年,卒于 1677 年。他的一生短暂而璀璨,他为真理而献身,一生未娶。他有着高尚的品格和独立的人格,从不把金钱与权力放在眼里,堪称是近代社会的苏格拉底。

斯宾诺莎认为情感是归属于人性的,并给出了情感的定义,我将情感视为身体的情状,它能增强或减弱身体种种活动的力量,形成促进或阻碍作用,并影响身体情状的观念。他试图从身体和心灵两个层面来探讨情感,认为情感是具有生理和心理的双重属性的。就这一点而言,他的观念与笛卡尔不谋而合。在《论灵魂的情感》里,笛卡尔也指出,情感可以划分为两种,即对外部事物的知觉和对自身身体的知觉,但同时指出,大部分的情感是关于人类心灵的知觉。可见,笛卡尔同样试图从生理、心理两个层面来诠释情感,因此,在他的观念里情感同样具有生理和心理的双重性质。但是,有一点值得注意,笛卡尔是在其交感论的基础上来探讨情感的,从而得出情感源于肉体与心灵的相互作用的结论;而斯宾诺莎是从他的同一论出发,认为同一身体的情状与观念都是情感。

在斯宾诺莎看来,与自然界中一切事物一样,情感也是源于"自然那种同一的必然性"。因此,要探索情感的性质,就必须遵循最普遍的自然法则。然而,人类的情感是复杂且多变的,任何一个偶然性的因素都可能在其中发挥关键作用。然而,斯宾诺莎完全忽略了这一情况。他为情感下定义时,认为情感作为身体的情状,最重要的作用就是促使身体活动的力量变强或变弱。在他之前,笛卡尔曾试图用精气的变化来说明情感的源起与变化,霍布斯也指出情感是受外界事物影响而在人体内部产生的一种运动,三者的观点其实是一致的。他们关于情感的观点多多少少都体现了一定的机械论，从而赋予了情感一些机械性的特征。

斯宾诺莎关于情感的一些思想是矛盾的，他认为情感是被动的，同时又认为情感具有一定的主动性。他在定义中指出情感是身体的情状，那么，就如笛卡尔等前辈哲学家一样，他也认为情感是被动的。但是，斯宾诺莎的思考并未就此止步，他在给出情感的定义以后，又更深入地进行了阐述：无论是情感里的哪一种情状，如果我们能找到它发生的充分原因，这种情感就是主动的；如若不然，这种情感就是被动的。斯宾诺莎伦理学的一个重要观点就是提出情感有主动与被动之分。这种观念为之后进一步阐述理智可以克制情感做了铺垫。他认为，只有被动性的情感变为主动性的情感的时候，理智才能有效克制情感。

我们由此可以看出，斯宾诺莎在定义情感时承认了它的被动性，后来又指出还有主动性的情感，而主动情感的产生完全源于身体与灵魂相互融合的人。然而，他并没有解释情感这种身体的情状是如何产生的。因此，他关于情感的定义和他之后承认主动情感的存在是自相矛盾的。除此之外，当斯宾诺莎给出情感的总定义时，他也完全忽略了之前定义中所提到的情感是身体的情状，而是认为情感是一个混淆的概念，当然，我们也可以认为此处的"混淆的概念"与前文关于情感的定义里"身体情状的观念"是一致的。

## 8

## 「　情感源于人性的一部分，并非人性的缺陷　」

在西方哲学史上，一些有宗教信仰的哲学家总是倾向于认为人性与情感是对立的，并认为情感违背人性，是人性的缺陷。古希腊时期，斯多亚学派就提出错乱源于谬误，情感源于错乱。他们认为欲望、恐惧、快乐、悲痛是人类最基本的四种情感，并认为它们与人性是彻底对立的。在此基础上，他们还认为，人们要遵循自己的本性去生活，不能丧失理性。芝诺是这个学派最著名的代表之一，他为情感下的定义流传已久，那就是"情感是灵魂的一种非自然、非理性的运动，也可以称之为过剩运动"。由此可见，芝诺也是承认人性与情感是完全对立的。

在古罗马时期和中世纪，欧洲那些基督教徒和犹太教徒都极力宣扬禁欲主义。《圣经》就把人体形容为是用泥土修建而成的居住场所，并认为"灵魂处于这具腐朽躯壳的压迫之下"。在这些思想的驱使下，天主也发出命令："你应该抑制你的欲望，而非追随它。"不少宗教思想家竭力倡导禁欲。奥古斯丁是基督教著名哲学家和神学家，他在《忏悔录》一书中写到自己冲脱种种世俗的情感与欲望的束缚，转而投身上帝，并写道："我爱你（天主），究竟爱的是你的什么呢？我爱的并不是那秀美的外貌，不是短暂的声势，不是肉眼所偏爱的短暂易逝的灿烂或光明，亦不是一伸手就可以触及、拥抱的肉体。我的天主，我对你的爱并非出自以上种种。我爱天主，一如爱我内心所拥有的光明、饮食、芳香、拥抱。"奥古斯丁以自己的亲身经历为例，劝说人们放弃对人世间种种美好事物的爱，转而去爱那些存在于人们心里并不受限于时间或空间的事物。然而，这些东西是如此的虚无缥缈，甚至根本不存在。

上述各种有关情感的认识都是片面的，甚至是错误的，斯宾诺莎对此提出了批判。他认为，人们总是为种种激情所折磨，而哲学家习惯于把这些激情视为是我们因为自身过失而导致的邪恶。因此，他们不留情面地嘲讽、批判这些激情，为了表现得比其他人更虔诚，他们甚至还会借用神的名义来诅咒。他们认为自己的所作所为是神圣的，陷入一种不断称赞那些并不真实存在的人性和不断诋毁那些真实存在的人性的怪圈里，而他们还自以为是地觉得自己攀上了人类智慧的巅峰。接着，他承认情感确实会引起人们心境的起伏与波动，甚至是不快，但它们绝不是人性的邪恶；相反，"它们属于人性的一部分，就犹如大气的本性包含了冷、热、阴晴雨雪、电闪雷鸣、风暴，二者在本质上并无区别"。

与斯多亚学派乃至犹太教、基督教所持观点不同，斯宾诺莎从不认为情感是人类本性的邪恶。就像上文所叙述的，他认为人是自然的一部分，人的心灵只是来自躯体的观念罢了。因此，心灵从未也不会力图摆脱腐朽的躯体，甚至心灵的第一要务就是肯定躯体的存在，因为这是心灵得以存在的基础。在他的哲学体系里，情感正是心灵与躯体沟通的媒介，心灵借助情感来对躯体或它的某一部分进行肯定。他进一步指出："每个个体莫不适其性，乐其生，但其所乐至生，自适之性并非旁物，正是个体所具备的观念或灵魂。"接着，他又在《上帝、人及其幸福简论》里写道：所有好的情感都有一个共同的特征，那就是如果没有它们，我们就不能存在，亦不能继续存在。因此，我们从根本上拥有着它们，这些情感包括爱、渴慕、欲望乃至所有关乎爱恋的情感。我们从中不难看出，在斯宾诺莎眼中，情感与人性并不矛盾，它只是人性的一部分，而人的存在与继续存在都离不开情感，只是要对不同的情感加以区别。

## 9

## 「 人的行为源于习惯，而非理性的思考 」

大卫·休谟是英国 18 世纪著名哲学家，他曾经在驻法大使馆当秘书，后来官运亨通，一路晋升至副国务大臣。他一生醉心于哲学研究，终生未娶。他在 30 岁之前就完成了自己的代表作——《人性论》，但是当时这本书并未在哲学圈子里引起太大的反响，直到日后才逐渐为人们所知。

休谟所探讨的人性涉及的内涵比较广泛，包括人的知识和人的本质，之后才涉及更贴近人性的那些领域，比如情感、道德、欲望等。

最初，休谟对人关于世界认识的构成及其来源进行了比较系统的考察。

他认为，知觉就是人的认识，它又可以分成两类，即印象和观念。所谓印象，就是最初源于心灵的各种情感、情绪、感觉等；所谓观念，则是前者的摹本，也就是说，当心灵产生某种印象后就会留下复本，我们称之为观念。可见，有了印象，才有了观念，印象可以说是构成人们心灵世界的最基本部分。以各种印象及其相应的关联为基础，人类的整个知识体系由此建立，所有知识都源于印象，也就是经验。然而，我们并不知道印象是如何产生的，也许它们都是由某些不为人知的原因所引发的。

休谟所构建的整个思想及理论体系基本上就是以上述思想为基础的，而他后续对人性论进行的探讨也是对这一思想的进一步推演与应用。

必然性和因果关系是人类整个知识体系里最根本的原理，是其他一切知识的基石。但是，休谟对上述观点提出了质疑，他并不认为事物在本质上具有必然性或因果关系。这里所指的必然性或因果关系其实就是理性。以此为出发点，他认为人类的情感与道德无关乎理性，而是以感觉为依据的。人们根据自己的主观感受确定了善与恶的标准，善是那些能让人们感觉到快乐的，而恶是那些能让人感觉到痛苦的。如此来看，人性的本质就是自私的，人人都在追求那份属于自己的快乐，也就是所谓的善。

同情与比较是人性中两个最根本、最伟大的原则。就同情而言，人性本质上是自私的，但在某种程度上依然遵循着同情的原则，倘若某个人或某件事能让他人感到快乐，我们也会自然而然地萌生好感。这就是为何千百年前人类就开始称赞并开展公益事业，这其实是因为公益事业本质上是一种建立于快乐感受上的利他性。就比较而言，它与同情截然相反，如果我们将自己的快乐或痛苦与别人的进行比较，我们会因为别人的痛苦而感到快乐，我们也会因为别人的快乐而感到痛苦。

在休谟之前，理性世界观是很传统的，休谟的种种思想无疑为那个有些枯燥的世界提供了一个突破口。正如他所指出的，理性也有着自身的局限性，不应该将其作为衡量一切标准的观念。休谟的这些观点对康德产生了直接而深远的影响，也深刻影响了现代西方哲学。

总的来说，休谟的观点给了我们两方面的启示：第一，所谓的客观真理其实并不存在。如果我们仔细考虑一下真理的含义，就会马上了解这一点。说到底，真理也是人们认识的一种，甚至只是某些人或某个人在某一刹那的认识，因此，真理其实也局限于个人或少数人认识上的局限性。没有人能全面洞悉某件事物，因此，人们对于事物的认识就很难完全与事物本身的性质相吻合，只是相性罢了。第二，人们的各种行为源于习惯，而非理性的思考。我们不妨仔细考量一下人们的各种行为，其中出自于理性思考的行动占据多大的比例呢？一旦某种行为固化下来成为了习惯，就从某种意义上获得了真理性，再也难以改变。就这个层面而言，习惯即真理。

## 10

## 「 倘若人们意欲设立法律，就必先承认人性之恶 」

人性的善恶其实是一种具象的社会评判。人性论在马基雅维利的哲学思想里占据着重要地位并素来为人们所关注，但同时也引起了很多误解。值得注意的一点是，人性中有恶的因素，这是立法的时候必须设定的一个大前提，但是不能把恶的人性或人性之恶与人性本恶之间画上等号。

在《史论》第一部第三章里，马基雅维利这样写道：倘若人们意欲建立国家并设立法律，就必须先承认人性之恶，一旦有机可乘，人类的恶之本性就会暴露无遗。如若恶的本性一时之间并未显露，那一定是出于某些未可知的原因，或是没有得到一个宣泄的机会；但是，时间会揭开一切谜题，人类的恶之本性迟早会暴露。

很明显，马基雅维利是针对设立法律的大前提来谈论人性中恶的本性的。换言之，任何立法者都必须先假设人们都具有恶的那一面，而立法的目的就是尽可能地阻止坏事发生。马基雅维利在人性论里所揭示的思想对后来西方的政治、法律产生了深远的影响。

其实，马基雅维利针对人性所提出的看法与后来人们对他思想的解读，即人性本恶相去甚远。人性之恶和人性本恶之间有着本质上的区别，后者是对于全部人性所做出的一个定论，与马基雅维利的思想大相径庭。在他看来，人性其实是一种自我保护的本能，它与不同的意识联系在一起就会呈现出不同的特性。马基雅维利的哲学并没有刻意研究任何一般的人性。在他看来，人性并不是抽象的理论问题，也不是驱动少数人努力追求完善人格的内在动力。善和恶等人性都是具体的。马基雅维利主张从更加现实的层面来看待人性问题，它只是人类出自本能的一种自我保护意识，这种保卫自身的力量存在于每个人身上。

纵观西方思想史，人们总习惯于从精神层面上谈论那些抽象的东西，诸如高尚而伟大的精神等。然而，如果回归到现实社会的层面，我们就不能简单地将人性归纳为一种单一的特性。善与恶都是人性的一个侧面，而且人性是多面的，并不局限于善或恶。在马基雅维利看来，人性是多样的，人性与人的意识之间相互关联，它们谁也控制不了谁、谁也决定不了谁，但二者一旦发生关系就会有多种变化随之产生，从而引起各种不同的社会后果。比如，在他看来，"崇高而伟大的精神会促进人与人之间的和谐友谊，而对名利的贪婪则会让人性扭曲，呈现出种种卑劣的形态"。他认为，如果没有法律的规范和引导，人性根本无所谓善恶或对错。人性中的善或者恶，不过是人们通过法律的形式在现实社会中对人性进行的一种认定。

此外，善与恶总是在马基雅维利的理论体系里相辅相成，也就是说，现实生活中的人性往往是多种因素共同激发的。《美妙的愚蠢》是马基雅维利的一篇诗作，他在其中写道，善跟随着恶，恶也跟随着善，这是永恒不变的规律。他还指出，当人们致力于追求善的时候，恶往往也相伴而来，除非命运在暗中相助，否则人们很难将人性中恶的因素剔除干净。换言之，恶的力量经常在人性里占据着主导地位。

从上文的论述中我们可以发现，马基雅维利思想体系中的人性是多样的、不确定的，与此同时，人性之恶拥有巨大的能量。正是基于这些，人需要有理性的思维，还需要有立法者的指引，必须用法律来治理国家。为了保证社会的和谐稳定，政治家不能顺应着人性来治理国家，必须按照理性与现实政治的要求来引导人性走上正途。

11

# 「 修炼人性比天性之善恶更为重要 」

在培根看来，人的天性是善或恶并不那么重要，重要的是如何养成善性。每个生命个体都是偶然降临到人世间的，人之所以为人有两个条件：第一，他拥有作为人的先天质地；第二，人是自觉自为和后天环境雕琢的共同作品，前者指的是自我修养，后者指的是社会教育。可见，人与环境是相互作用的，环境在改变着人，人也在改变着环境。

培根指出，人是理性的，自我约束是人性的重要组成部分。一般而言，人处于复杂多变的环境中，这样的环境既可以教人向恶，也可以教人向善，纵然人的善与恶可以隐藏起来，但行为却终将暴露人性的善、恶。如果人们一心向上，那么他们就必须想方设法剔除掉品性中不良的部分，这非坚毅、勇敢之人所不能为，同时还要掌握一定的克制技巧。比如说，虚荣、妒忌、多疑、愤怒、懒惰等都是根植于人性之中的顽劣部分，这些劣根性都会时不时地跑出来搅局，阻碍善性的发展，甚至还会产生各种恶劣的影响。因此，如果不克制、改善这些劣根性，人最终就很难成为一个对社会有用的人。正如培根所说，修炼人性是生命过程中必不可少的一堂课。

人的本性往往深藏不露，虽然在漫长的人生过程中可以竭力克服人的劣根性，但往往很难从根上彻底清除。如果强行压抑人性，往往适得其反，它甚至会以更激烈的方式冲破束缚。因此，改善人性要懂得循循善诱。培根提出了五种改善人性的方式：

其一，要设立适中的目标。在训练并改善自身的时候，要设立合适的目标，目标不宜太高或太低。如果目标设定太高，就很难真正达到，往往会让人产生挫败感；如果目标设定太低，对于改善人性的意义就不大，也不利于激励自我。

其二，要遵循循序渐进的原则。其实，人往往就是自己的最大劲敌，完成对人性的重塑其实就是自己战胜自己，克服人的本性中的顽劣部分，并由此塑造出更趋于完善的人格。这不仅需要勇气和毅力，更需要端正自己的人生态度。在这个过程中，免不了要进行各种琐碎的实践，只有点滴积累才能最终成功。当然，那些人群中最优秀的个体往往拥有强大的毅力和决心，他们能比别人更快地达成既定目标。

其三，有时候不如反其道而行之。培根称之为"让天性反用其极"，在不矫枉过正的情况下，这不失为是一个好办法。

其四，有张有弛。有时候目的性太强则过于功利，不会达到好的结果，在改善人性的过程中亦是如此。因此，在合适的时间以一种合适的方式去做则取决于个人的智慧，灵活、机动、有效率是改善人性的关键。从一开始就要接受自己并不是完美无缺的，正如培根所说，趁着自我训练的间隙可以稍微放纵一下，在紧张的训练中要适当休息一下，否则持续的、高强度的训练会像承受着高大建筑物的钢筋一样，时间长了很容易断裂。甚至，即使养成了某种好的习惯，又在不知不觉中埋下了另一颗恶的种子，岂不得不偿失。

其五，要警惕人性本身，有时候我们会自认为已经克服了人性中最应该也最容易克服的那个方面，然而，它只是被压抑了，而非被消灭了。因此，一旦碰见机会，它就会立刻复苏，因此，"可以避开那些不良场合，甚至可以在不良场合下训练自己的自制力与意志力""个人的私生活领域的环境最为宽松、舒适，可以让人忘掉所有的戒律，因此，天性在这样的条件下也最容易死灰复燃"。但是，处理环境与天性的关系时也要注意：如果自己不能克制，就索性摆脱熟悉的旧环境，或者寻求他人的帮助，在他人的监督下训练；如果这种较宽松的环境有利于人性的改善，就顺其自然。

培根将善与恶比喻为芳草和杂草，并指出"要适时浇灌芳草，也要适时清除杂草"。培根为人们绘制了一个功能强大的图谱，以完成人性的修炼，让人们以更加快捷的方式找到自己所需要的东西。其实，改善人性是以人的自我意识为基础的，是人之为人的一种自发的自我超越，它的最终目的并不是成为某类人，而是成为人。修炼人性就是在心灵这个博弈场中开展的一场自我博弈，在几次三番的反省与自我辩证的过程中最终实现人生的圆满。

## 12

## 「　世界是虚无的，人是自由的　」

索伦·阿培·克尔凯郭尔认为，"世界是虚无的"，言下之意世界并非是不存在的，而是说世界并没有为任何人规定其存在的意义。他说，"人是自由的"，并不是说人可以随心所欲、肆意妄为，而是要为自己做出的独立选择承担责任。克尔凯郭尔将人们对世界的态度总结为三种，将其称为人生道路上的三个不同阶段。

首先，审美阶段，审美指的是能够直接迎合并满足感官需求的东西。就审美阶段而言，生活的首要目标就是及时行乐，在最大程度上满足感官需求。然而，人们的欲望难以满足，获得的欢愉总是短暂易逝的。于是，当人们处于审美阶段时，他们总是在挫折与厌恶这两种状态里转换。欢愉中的珍馐美味如同嚼蜡，苦恼慢慢滋生，开始庆贺它们的胜利。试想一下，一个人沉浸于肤浅的快乐中，他就注定不会领悟生活的真谛。审美的人执着于追求外物，被外物牵着鼻子走，而不知返璞归真，最终沦为外部环境下的牺牲品。总有一天，梦寐以求的事物随风而逝，人们会陷入无穷无尽的烦恼里，也许，这种烦恼的感受能让人们惊醒过来，开始追求另一种生活。

其次，道德阶段。有道德的人应该清醒地认识到善恶的标准远远比苦乐的标准更重要。换言之，他不再从苦乐的层面而是从善恶的层面去看待生活、选择生活。有道德的人根据行为准则履行各项义务，他具有正直、克制、善良的美德。他意识到，人们一旦失去这些美德，生活也随之变得冷酷无情、毫无意义。然而，处于道德阶段的人们并不能与感性生活完全决裂，他虽然远离酒池肉林的堕落生活，但是，他还在苦苦寻觅人生最终的归宿，并陷入无尽的彷徨与困惑里。

最后，宗教阶段。在挫折和厌恶的纠缠下，人们会从审美阶段步入道德阶段，对于处于道德阶段的人来说，他们如若不能圆满地履行义务，就会倾向于转向宗教信仰。

就审美阶段而言，人们按照苦乐的标准来评价生活；到了道德阶段，人们则以善恶的标准来审视人生；处于最高级别的宗教阶段下，人们依照宗教标准来判断生活。在该阶段下，人们不再受缚于各种物质或世俗的束缚，摆脱了道德准则的约束。这时候，人们作为一个个独立的个体赤裸裸地呈现在上帝面前。然而，任谁都未曾见过上帝，他是否真的存在？克尔凯郭尔这样写道，每当我想到这个问题，我的内心就开始迷茫。然而，他仍坚信上帝是存在的，并具有某种神秘色彩。在他看来，只有成为真正的基督徒，人生才能达到完满的境地。

就这三种人生态度来说，在克尔凯郭尔看来，后一阶段总是比前一阶段更高级，但是，它们并不是人生按顺序选择的三个阶段。也就是说，人们可以自由地选择其中的一种人生态度，也可以从其中一种人生态度转向另一种人生态度。当一个人倾向于审美的时候，他就会过上声色犬马的生活；当一个人追求道德境界的时候，他就会成为真正有德行的人；当一个人沉迷于宗教生活的时候，他就可能成为虔诚的基督徒。

总而言之，人们的生活可以由自己选择。然而，让人遗憾的是，大部分人不愿意独立选择自己的生活，正如克尔凯郭尔所说，大多数人像小学生那样总结自己的生活，他们从书本上抄袭答案，用来蒙骗老师，却从来不靠自己解题。事实确实如此，大多数人都会受公众舆论的影响，据此来做选择和决定。在克尔凯郭尔看来，他所处的时代尤其重视公众意见，却全然忽视了个人的特殊性。人们如此重视公众的意见，为了迎合大众的需求，甚至连基督教教义也被重新加以诠释，这一点尤其让克尔凯郭尔不能理解。久而久之，所谓的公众舆论一跃成为真理的同义词，这更让他忍无可忍。

**13**

# 「 找不到自己的人，真正"无家可归" 」

阿尔贝·加缪是大文豪，也是存在主义的先驱人物，他利用文学形式来追寻人存在的价值与意义。

1956 年，加缪的中篇小说《堕落》正式出版，他在书中为处于同一时代的人们描述了心灵与生活上惟妙惟肖的可怕肖像。现代人在他的笔下成为了极端的利己主义者，他们死死抓住"我""今天""享乐"这三件东西。

在《堕落》一文里，加缪借一位律师之口，向世人展现了他内心世界的空虚与卑鄙。对于现代人来说，这就像一面镜子，人们可以从中窥见自己的灵魂。文中的律师说道：我希望，地球上的所有人或大多数人能转向我，他们似乎永远不为他人占有，也缺乏独立生活，随时随地准备着响应我发出的召唤。总之，为了我能幸福地生活，其他人就不该生活，他们只是在讨好我的过程中讨着生活。

然而，加缪文中的"我"并不是中世纪的君主，可以享有任何权利而无须承担任何义务。这里的"我"，不过是现代社会中普通的一员，换言之，抬头望望"我"的四周，有无数个与"我"一样的"我"。他们潜伏在自我防范的堡垒里，贪婪的目光四处寻觅，高举手中的投枪，随时准备着猎杀他们的猎物——"我"。于是，"我"演变成"我们"，"我们"之间再也没有亲情、友情、爱情，甚至连同情心也彻底消弭。

根据加缪在《堕落》里的描述，地狱并不在地下，而在人间，每个人脸上都有一张面具，剥开面具，每个人真实的身份和灵魂都展现了出来，这就是人间地狱。

不妨想想看，拥挤的街道上挂满了招牌，人们却无从解释，这是真正的地狱。将街道上行人的服装都剥光，他们赤身裸体，面面相觑。对于真实到近乎赤裸的丑陋，人们会惶恐不安，最终却选择忍受。但是，如果将人们道德的遮羞布也剥光，让灵魂赤裸裸地展现出来，"互相关照"，就无异于将人们投入地狱中滚滚翻腾的油锅里，让人们饱受煎熬。

在《堕落》中，律师对现代人的判断如下：对于现代人而言，一句话足以概括，即通奸和读报。我敢说，这个有力的断语下定后，文章也到头了。偶尔，人们会从"通奸"或"读报"的烦闷中抬起头来，却发现自己被孤零零地抛下，遗留在荒芜的世界上：左边是灰色的沙丘，右边是灰色的长堤，而脚下则是惨白的海滩。目之所及，大海一片死灰；灰白的水光被浩瀚的天空反射着；诚然，这是个生气全无的地狱。天地失色，生命枯萎，这片刺眼的虚无让人茫然失措。在这个最终荒芜了的世界里，没有其他人，只有"我"。

# 第三章

# 哲学家谈死亡

## 生命的终结不过是
## 自然予以的恩惠

# 1

# 「　不死的灵魂是不朽的　」

　　苏格拉底在《斐多篇》的后半部分多次对灵魂不朽这一问题展开论证，然而，他的学生齐贝对此仍然心怀困惑，并对其论证提出了质疑，即灵魂是高于肉体的存在，但灵魂也许和肉体一样，也有着一定的寿命，只是灵魂的寿命比肉体更长久一些。大限一至，灵魂也会随之湮灭。

　　苏格拉底在临死之前对灵魂不朽展开了最后一次论证：灵魂碰到了死，它也不会因为死而灭亡。当灵魂碰到死的时候，它会选择挥别死亡，因此，不死的灵魂也是不朽的。

　　在苏格拉底看来，善是一切能保存的、有益的，而恶是一切能破坏的、能毁灭的。任何一件事物都具有善与恶两种特性，它们都因为本质上所固有的恶而最终灭亡，比如身体生病、水果腐烂、牙龈发炎、树木枯朽等。如果事物自身所固有的这种恶不能最终破坏它或毁灭它，就再也没有任何东西能将其毁灭。因为善或者存在于善与恶之间的"中"，即不善不恶都不会毁灭任何事物。心灵的恶有很多种，比如不克制、软弱、无知、不公正等，但它们之中的任何一种都不足以让心灵分崩离析。一个没有正义感的愚蠢的人在做坏事的时候被其他人抓住了，但我们不能因此就说是不正义毁掉了他，因为任何一件事物都不会被其他事物所固有的恶毁灭。

　　苏格拉底举了一个例子来说明这个问题，如果一个人吃了一枚腐败的水果，结果生病了，这只能说明他的身体是因为食物而被自己所固有的恶，也就是疾病所损毁了。对人来说，水果等食物的恶是外来的，它可能引起身体生病，也可能不会引起身体生病，这种来自外界事物的恶并不能毁灭人的身体。因此，对于肉体的各种惩罚都是肉体的恶，它与灵魂的恶完全无关，因此也不可能毁灭灵魂。古希腊人普遍认为，热病或其他一些疾病、千刀万剐等对肉体的惩罚最终都会让灵魂毁灭。这种观点是错误的。灵魂永远不会被来自外界的恶所毁灭。当时的人们认为，灵魂的恶是用来毁灭外界其他事物的，但是倘若外界事物所固有的恶无法让灵魂灭亡，那么，那些原本试图用来毁灭别的事物的灵魂的恶则既毁灭不了其他事物，也毁灭不了灵魂。如此一来，无论是固有的恶，还是外界的恶，都无法摧毁灵魂，它就肯定是永恒的、不朽的。

在确定了"灵魂不朽"这一观点后，苏格拉底又进一步指出，灵魂的不朽就决定了它的数量是一定的。灵魂不会增加，也不会减少，因为它既不会诞生，也不会灭亡。正如苏格拉底所指出的，如果不朽的事物会增加，势必就会有可朽之物成为不朽之物，这样一来，一切事物都可能成为不朽的，然而这种想法是为理性所不容的。

## 2

## 「 哲学家的生活无异于"死亡练习" 」

纵观西方哲学史，柏拉图是第一个把死亡从宗教神话中抽离出来并赋予其哲学思维的人。根据理念论中有关两个世界的划分原则，柏拉图比较明确地把生与死区分开来。他在《斐多篇》《斐德罗篇》等对话篇目中对生死问题进行了具体阐述。

首先，柏拉图以灵肉分离作为其阐述灵魂不朽的前提条件，同时，这也是他有关两个世界划分必然导向的结论。柏拉图认为，在多变的现实世界中，人是由肉体与灵魂共同组成的复合体。在他看来，灵魂的运动就如同巧妙的合力，就好比两匹飞马同时拉一辆马车，其中一匹马克制且谦逊，另一匹马则冲动且飞扬跋扈，加之驾驭马车的车夫技术并不高超，因此，灵魂从天庭的悬崖边坠落人间，以人的肉体为依附，人因此获得了生命力。柏拉图指出，现象界的物体是静止的，而"自动乃灵魂的本性"。当灵魂与肉体结合，人随之诞生，肉体为灵魂提供种种感官享受，灵魂让人能够运动并思考。

其次，柏拉图提出灵魂不朽的观点。他在《斐多篇》中通过苏格拉底在临死之前的一段话对灵魂不朽的观点进行了详细阐述。他认为，"活人也好，活的东西也好，都来源于死的东西"，这是对灵魂不朽的高度概括。接着，他还着重提出，人类学习的过程其实就是不断回忆起另一个生命体所拥有的知识。然而，柏拉图最后抛弃了上述种种论证，直接提出了一个更简捷明了的想法，甚至带有一些强迫性：真、善、美皆是永恒的，在人降生前，灵魂就直观地感受或领悟过这些东西，因此，灵魂与真、善、美一样，皆是永恒不朽的。在柏拉图看来，拉车的两匹马就犹如人类的理性与感性，柏拉图通过灵魂生动地刻画了人性。然而，令人遗憾的是，灵魂不朽的观念让人性趋于符号化了。

最后，在柏拉图看来，对哲学家来说，他们的日常生活就是一场场"死亡练习"，这也是柏拉图死亡学说的核心内容，鲜明地反映了他的人生价值观。柏拉图指出，灵魂拥有一定的自由，一方面处于神灵的监管之下，另一方面却有权选择向善或向恶。可见，一方面，现象世界中的色相、权势、财富时刻诱惑着灵魂；另一方面，灵魂时刻回忆起来自理念世界的真、善、美，竭力在种种诱惑面前保持着冷静与克制，从而避免陷入罪恶的深潭。因此，灵魂若试图早日摆脱痛苦的深渊，重返真、善、美的理念世界，就必须先彻底拒绝现象世界的各种诱惑，约束本能，每时每刻都将理念世界的种种景象在心头回放。只有这样，当肉体最终死去时，在神的指引之下，灵魂才能重回理念世界。在柏拉图看来，进行哲学学习是回忆理念世界的最佳途径，因此，对哲学家来说，他们的生活无异于"死亡练习"。

柏拉图在《斐多篇》里写道，人若想免除对于自己灵魂将来命运的种种忧虑，唯一的办法就是在生前抛弃肉体的欢愉，对于他所追求的事物而言，这些外在事物弊大于利。把一生奉献给知识并乐在其中，这样一来，

他的灵魂之美就并不是从他处借来的，而是拥有其自身的美。这样的灵魂
必然是善良、克制、自由的，他也能在另一个世界自由地遨游。

## 3

## 「 不谈死亡，并习惯相信死亡与我们无关 」

人们时常自问，为何自己的灵魂会纷扰而不安？早在数千年前，伊壁
鸠鲁就针对这个问题给出了答案，引起人类灵魂纷扰的原因有两方面：第
一，天象不朽观；第二，死亡观。

伊壁鸠鲁指出，无穷无尽的原子构成了天象，因此，天象并非不朽的。
日升月降、昼夜更迭、寒来暑往，人们从这些自然现象中感受到了天象不
朽的神圣性，进而联想到自身生命是如此短暂易逝，于是对永恒的天象产
生了恐慌，灵魂陷入惶惶不安之中。于是，伊壁鸠鲁将他的原子论哲学融
入人生哲学中，就是想告诉人们：偌大的宇宙中，一切事物都不是永恒不
灭的，换言之，"世界最终走向毁灭"。

伊壁鸠鲁认为，当人们不了解自己面对的对象时，恐惧也就随之产生
了。因此，他告诫人们，一定要在日常生活中培养理性的思维，学会慎之
又慎地推理，明确地辨析个中因由，这就是安顿人们心灵的最佳方式。他
尝试着告诉人们用理性来分析死亡，也不要因为如影随形的"非理性的死
亡预感"而惶恐不安。一般情况下，每个人面对死亡时都会感到一种难以
言说的恐惧感，在伊壁鸠鲁看来，这种恐惧正是产生于人类对于不朽的欲
望。他认为，既然天象都会走向毁灭，那么，人类走向死亡岂不是太自然
了。因此，身而为人，应该"不谈死亡，并习惯于相信死亡与我们无关"。
只有正确地认识这一点，我们才能愉快地接纳以死亡为固有属性之一的生
命。要达到这种境界，并不是依靠让生命无尽地延续下去，而是逐渐让不

朽的欲望消除掉。唯有如此，人们才不会终日生活在死亡的阴影下。

为了阐述这一哲学观，伊壁鸠鲁试图直接告诉人们怎么应对终将到来的死亡，当我们活着时，死亡尚未降临；死亡来临之际，我们已然不再存在。因此，死亡于生者或死者而言，都是毫无关系的。死亡在某个地点等待着我们，但它尚未来临，并不值得恐惧。可见，让人们害怕的是未来的死亡，害怕某个并不存在的东西，在他看来是荒谬不经的。

基于对死亡的看法，伊壁鸠鲁又从中引申出了另一个重要的人生理论：就本质而言，生命不是善的，也不是恶的，它只是自然的。他之所以提出这一观点，目的是抨击当时一度风靡的一种情绪，那就是人活着是如此痛苦，而死亡是不可避免的人生终点，既然如此，最好的办法就是不要降生到人世间，这样才能避免一切烦恼。伊壁鸠鲁质问持有这种观点的人们：既然他们"真的相信这种观念，为何不放弃自己的生命呢"？可见，伊壁鸠鲁讨论死亡的目的是鼓励人们追求快乐的人生，也是为了反击这种消极厌世的情绪。他认为，人们不应该厌恶生命，也不应该恐惧死亡，这是因为"好生好死都是一种优良的教养"。

对于死亡，伊壁鸠鲁的态度是如此达观。他劝告世人，从理性的角度出发，消除对死亡的恐惧。从另一个角度来看，其实他是在竭力劝告人们不要将人生白白浪费在追求那些终究难圆的梦想上。然而，从人类出生之日起，死亡就如影随形，而死亡又从反面佐证着人类的存在。

**4**

「 **死亡是每个生命必将走向的终点** 」

弗洛伊德关于死亡本能的讨论是他后期思想的重要内容。早在 1900 年，死亡本能的理论就开始在他脑中萌生，最终，他在于 1920 年出版的《超越快乐原则》一书中正式提出了这个理论。在他看来，死的本能是一种毁灭生命的力量，而它的外在表现形式就是死亡。而死亡是每个生命的最终目标。

每个人从出生之日起，就有一种本能，希望通过对自我生命的毁灭而重新回到那种无机形态的状态下，这是一种源自本能的自我毁灭，任何生命历程都不可能超越这种死之本能。征服、攻击、暴虐、残忍、自杀、谋杀、侵略、损毁、伤害等，都是死之本能所催生的具体表现。

在弗洛伊德看来，这种本能是人们普遍具有的一种内在天性。他说：任何生命个体都会因为内部原因而最终死亡，没有例外，如果我们将这一点视为真理，那么，我们就必须承认，死亡是所有生命的最终目标。我们如果回顾一下历史，也会发现早在有生命的东西存在之前，无生命的东西就已经存在了。

究竟是什么触动了弗洛伊德，让他开始研究死之本能呢？就客观层面而言，第一次世界大战对弗洛伊德产生了巨大的影响。他生活在一个正逢激烈变革的年代，他与所有人一样，都对未来满怀着希望，热切地期盼着幸福与安宁降临人间。1914 年，第一次世界大战突然爆发，这让弗洛伊德觉得难以置信，他从未曾想过人类能达到如此癫狂而残酷的程度。于是，他借助精神分析学的相关原理进一步提出了死亡本能的思想，这与他之前提出的生的本能的观点是相辅相成的。

就个人的主观层面而言，弗洛伊德曾患过死亡恐惧症，这也促使他提出了死亡本能的相关学说。死亡如影随形，在他 40 岁以后，他几乎每时每刻都处在死亡的恐惧之中，甚至有时候在与朋友分别的时候他还会额外加上一句："也许明天你就再也不会见到我了。"他对死亡有着敏感而强烈的反应，究其根源，可以追溯到他的孩提时代。

在他 6 岁那年，有一天，他的母亲对他说："人是用泥巴捏成的，因此，人总有一天还会回到泥土中去。"弗洛伊德听后感到深深的不安，后来一个声音久久地盘旋在他的脑海里："你早晚都会死！"由此可见，"人终究会回到泥土之中"深深触动了小小的弗洛伊德，成年后，他的内心深处产生了对死亡的恐惧，凡此种种促使他开始投入到对死亡的相关研究中去，并提出了死亡本能的学说。但如果从事实的角度来看这些推测，似乎又有些不合逻辑。真实的情况是弗洛伊德于 1923 年被确诊患有癌症，而那时距他提出死亡本能的理论已经有好几年。但是，如果他在尚未得知罹患癌症时就对死亡有所感知，得病之后，这种感觉变得愈发强烈，并由此产生生与死之间的冲突是人类体验的中心这一思想，倒是合乎情理的。正是这些源于现实生活的思考让他认识到死其实是生命隐藏的最终归宿，人终究会死去，这对于当时的他来说或许也是一种安慰，或多或少能缓解他对死亡的恐惧。

# 5

# 「　人类极其强烈的生的本能从何而来　」

　　每个人的情绪无非有两种倾向性，即向生和向死。举个例子，一个妙龄少女在街头偶遇一个英俊男子，顿生爱慕。之所以英俊男子会对少女产生这种吸引力，其实根本是指向人类的繁殖。正是因为这种繁殖的可能性，每个生命个体才会生生不息，这是直指向生的。

　　人类通过生存和繁殖的方式来满足自身的许多心理需求，而生的本能是这些心理需求里最典型的代表。生的本能效果明显，也尤其引人注意。生的本能包括两部分：其一，是性本能，促进种族的不断繁衍；其二，是生存本能，以实现自我保护与保存。

　　性本能在生的本能里占据着很重要的位置，性本能与身体的性感区联系在一起，同时，也与人的其他本能发生关系。比如说，在人们看来，嘴最常见的功能是进食和说话，而当人体受到一些适当的刺激后，嘴也是众多会产生性欲的部位之一。就纯粹的生物意义层面而言，性本能的最终目的是让两个各有特性的生殖细胞，即精子与卵子得以结合。精子与卵子结合之后，细胞的生命得以延续下去，于是生命代代相传。

　　弗洛伊德在书中花费了大量篇幅深刻阐述了自我保存的性本能，他写道：经过对单细胞生物的实验，我们发现，一旦结合发生，两个细胞都会产生一种神奇的效果，生命力得以巩固，活力得以恢复。再观察一下那些经繁殖产生的后代，这种效果在它们身上也保留了下来，没有丝毫退化的迹象，而且仿佛能更持久地抵抗自身的新陈代谢作用所产生的某些有害影响。

在弗洛伊德看来，这个实验充分证明了两性的结合会产生一种很神奇的效果。两个生殖细胞其实只存在细微的差别，但是为何它们一经结合，就会有更新的生命体产生呢？科学家通过化学或机械等手段进行了全方面的刺激试验，最终还原了原生动物性结合的方式，并确切指出：因为注入了新的刺激，才由此产生了更新的生命。

弗洛伊德在此基础上指出：很多类似的重复现象在胚胎的发展过程中多次出现，无论是两个生殖细胞结合在一起展开有性生殖，还是它们自身的生命史，归根结底，都是在重复着有机体生命开端时的状态。但是，性生活是以两个生殖细胞的结合为最终目的的，只有通过这种结合才能让高级有机体的生命物质获得永恒，代代相传。

在他看来，还应该在更广阔的视野里探讨性生殖、性本能的起源问题。他写道：迄今为止，专家们仍没能解决这道难题。目前，我们在思想领域获得了一些线索和见解，除此之外，几乎没有任何来自科学的坚实的理论知识。倘若说性欲起源的相关问题的研究现状仍处于一团漆黑之中的话，那么，甚至没有丝毫假设性的光亮渗透进这团漆黑之中。

## 6

## 「 禁欲是摆脱痛苦的唯一途径 」

在叔本华看来，快乐是短暂的，痛苦是永恒的，而痛苦的根源是欲望。那么，摆脱痛苦的唯一途径也许只有禁欲。叔本华指出，禁欲分为几个阶段，第一阶段就是要隔断对世界的迷恋，随时随地压抑突然萌生的欲求，对外界种种诱惑毫不动心，这是一种超脱的态度。

叔本华认为，禁欲需要彻底，因此，他指出禁欲的第二阶段是要隔绝性欲和食欲。如他所说的，"人类通过性器官表示身体的性欲"，但是，他要做的是否定意志、惩罚身体。无论处于何种情况下，他都不接受性的满足，彻底而自愿地与女色隔离，否定生命意志是禁欲的第一步。正是因为他本人对于禁欲的这番"高论"让他对结婚持疯狂的反对态度。在他看来，婚姻制度是大自然为人类设下的一个大陷阱，简直是罪大恶极，他还犀利地指出："一旦结婚，就意味着无穷无尽的要求和战争"，"我遇见过一对情人，他们焦灼的目光在空中相遇。那目光躲躲藏藏，满是神秘与胆怯，这是为何呢？因为这些情人都是叛徒，人类的欲望和苦难原本已经快走到尽头，而正是他们将其延续了下去"。

叔本华指出，与女人陷入情网简直愚蠢不堪，这是任何尚存一丝理智的男人都不该干的事情。然而，叔本华有时候也难免心口不一，就像他曾说过的，哲学家的责任是教人们如何去做，而自己大可不必这么做。

叔本华曾经疯狂地迷恋上一个名为卡诺岑林格曼的女人，她娇小迷人，皮肤白皙，是当时皇家宫廷戏院里人气最旺的伶人，还给魏玛公爵当过情人。公爵去世后，叔本华结识了这位女子，两人陷入热恋，轰动一时。据说，卡诺岑林格曼还为叔本华生下了一个孩子，但他始终不愿承认。

禁绝性欲是第一步，而禁绝食欲则是第二步。然而，绝食必将导致个体生命走向死亡，这是不可避免的结果。叔本华说：斋戒绝食是自辱、自苦的办法，以食不果腹的痛苦将意志逐步降服并瓦解……直到听到死亡来临的脚步声，意志也将获得解脱。那么，死无异于一种对解脱的渴望，应当大受欢迎并被欣然接受。按照这段话的逻辑，叔本华莫非是鼓动人们自杀？事实并非如此，叔本华认为自杀是最愚蠢的行为，他只是认为人们有权自觉自愿地选择绝食而死的禁欲方式。虽然叔本华就禁欲问题发表了一系列"高论"，主张人们"绝食而亡"，但他本人在这方面又一次心口不一。他非但没有自杀，反而很珍爱自己的生命，且活了很长时间。

叔本华宣扬的禁欲论其实是要彻底瓦解人的生命意志，而最终的归途则是彻底的虚无。他在代表作《作为意志和表象的世界》所写的最后一段正是他对自己悲观主义理论的总结。他写道：随着自愿的否定，意志的放弃，则所有那些现象，在客体性的一切级别上无休止、无目标的，这世界由之而存在并存在于其中的那种不停的熙熙攘攘和蝇营狗苟中都消亡了；随着意志的取消，意志的整个现象也取消了。最末，时间和空间等这些现象最普遍的形式也都取消了，没有意志，没有表象，没有世界。我们必须承认，对于那些意志尚存的人来说，意志彻底取消后剩下的就是无，反而言之，对于那些意志已经倒戈而全盘否定了自己的人们来说，包括银河系在内的这个真实的世界，也只是无。

7

「　正视死亡的过程，让生存的勇气与智慧得以彰显　」

关于存在本身，海德格尔无意探求，而是致力于探寻存在的意义。时间性总是与生和死有着微妙的联系，在《存在与实践》第二篇探讨时间性时，海德格尔专门花费了一章的篇幅来探讨死亡。然而，海德格尔对时间的认识与传统时间观有所区别，因此，他的生死观也超越了传统的生死观。

海德格尔认为，就传统哲学而言，自亚里士多德以来，都以现在这一时间维度作为阐述存在的标准，然而，"现在"其实只是时间上的一个向度，以现在作为出发点来阐述时间，时间就被物化了，成为了一种永恒的存在。只有处于这种传统时间观念的背景之下，近代主体形而上学才能行得通。在康德那里，时间被作为一种先天形式，事实上，指的就是现在的时间：以现在为核心，以一种机械的方式将时间划分为过去、现在和将来。正所谓"逝者如斯，不舍昼夜"，时间维度上的每一时、每一刻，都只是计时单位不同，它们的本质并无区别。

海德格尔从存在的基本形式出发，划分出三种时间性概念：过去、此在和未来。然而，它们不同于传统的时间概念。海德格尔所强调的"此在"是一种可能性，"此在需要某种能自身存在的见证，用来见证此在根据可能性而言已经是这种能自身存在"，也就是说，这里谈到的"此在"是一种可能性的存在，而它的最终归宿是死亡。海德格尔认为，"先行于己"才能直面死亡、领悟死亡，才能回归本己的曾在。显而易见，只有这种此在曾经存在，才能在未来重返归途，换言之，此在必须先融于世界，沉沦于世界，才能真正回归本己。

由此可见，在海德格尔看来，此在是真正的存在者，被抛入时间、领悟死亡：首先，死是生趋向于的可能性之一，人生本就是一个让可能性不断实现的过程，在没有实现这种可能性之前，人都是不完整的。对于生而言，死是一种"悬欠"，和其他多种可能性一样，都等待着生将它终结。就此而言，人的生存正是无数种可能性的徐徐展开。其次，死无法超越，是命中注定的归途。人的有限性就是由这种绝对的可能性体现的，而人的有限性也确保了此在的自我性和特殊性都是无法消除的。最后，人的生命过程就是"向死而生"，从出生之日起，人的结局早已注定，就是死亡。在不断走向死亡的过程中，人生存着。这些话语看似简单，背后却蕴含着深刻的内涵，那就是人必须以死亡为出发点，筹划自己的生存，怀着对死的敬畏让生更加深刻。就像海德格尔说的，此在本身会产生一种持续不断的威胁，而"生"的意义在于直面这种威胁，栖身于这种威胁之中，并不断淡化或消弭这种威胁对"生"的影响。

人的一生是不断迈向死亡的一生，生而为人，可以不惧死亡，但不能无视死亡。正视死亡的过程，也让生存的勇气与智慧得以彰显。"向死而生"让生存更完整、深刻而高远。

## 8

# 「 生命的终结不过是自然予以的恩惠 」

成年人对死亡的畏惧，就像孩童深深害怕陷入黑暗之中。关于死亡，培根认为，那些古老传说让孩童天性里的恐惧越来越深，而成年人对死亡的畏惧也是如此。在培根看来，人们怀着神圣而虔诚之心对死亡凝神沉思，他们视死亡为来自原罪的报应和去往彼岸的桥梁。

培根认为，在人们虔诚的凝思之中，往往还掺杂着虚荣与迷信。有的修道士留下了一些以禁欲为主题的书籍，里面写道："人应当时常自省，如果指甲被狠狠折断，这种折磨将带来何种痛苦；随后，你不妨想象，当死亡降临的时候，整个身体逐渐腐败，这会是何等的痛苦。"然而，事实上，伴随死亡而来的痛苦有时候比躯干之一遭到虐待所承受的痛苦反而要轻缓，原因在于人的生命由脏器维系，但它们并不是人体中最敏感的器官。在这里，培根引用了某位颇具天赋的哲人的话语："与死亡相伴而来的事情，比死亡本身更令人惧怕。"

纵然如此，培根并不认为人们对死亡的恐惧是不可战胜的，人们大可以凭借心中微弱的激情来克服对死亡的恐惧。培根联想到，多年之前奥托皇帝引颈自尽，那份柔和而绵长的悲悯之情触动了众多将士慷慨赴死，正是因为他们对君主这份发自内心的同情与悲悯，他们才成为了最忠诚的追随者。

此外，培根还强调，如果一个人拥有高尚的灵魂，那么，即使死亡步步紧逼，也丝毫动摇不了他的信念。哪怕濒临死亡，他们依然故我。正如培根所说，在临死之前，奥古斯都·凯撒仍专注于赞颂："永别了，亲爱的利维亚，希望你永远不会忘记我们婚后共度的美好时光。"提比略亦如此，临死之前，仍保持着自己固有的姿态，正如塔西佗所描述的："你看，提比略的身体日渐消瘦，然而，他始终如一。"而苇斯巴芗大帝呢，临死之前，他端坐在凳子上，嘴里仍自顾自地说着俏皮话："我想，我马上要变成神了！"诸如此类，不胜枚举。

在培根看来，斯多葛学派为死亡附加了太多深邃的含义，也为或早或晚总会降临的死亡进行了太多的准备。毋庸置疑，正因为这些心理预设让死亡变得愈发可怖。他认为，与其这样，不如像有些人所说的，"生命的终结不过是自然予以的恩惠"。在培根看来，死亡与出生一样，都是自然而然的事情。对于婴儿来说，死亡与出生的痛苦程度也许是一样的。在热切追逐的一生里，濒死之人就如同在热血沸腾的时候身负重伤，在那一刻里，他感受不到任何疼痛，"正因为这样，那些有着坚定信念的善良之人确实能避开来自死亡的痛苦"。此外，死亡还是通往名誉之门的钥匙，能够消除人们的忌妒，试想，"那些生前饱受人们忌妒的人，死后反而获得了人们的爱戴"。

## 9

## 「 人只有面对死亡时，才能深刻体会自我的存在 」

克尔凯郭尔与叔本华几乎生活于同一时代，是著名的丹麦哲学家。对于传统哲学以及当时风靡的黑格尔哲学，克尔凯郭尔提出了犀利的批评，在他看来，黑格尔僵硬地套用某个概念以此推演出一套冗杂的哲学体系，试图对宇宙进行穷尽式研究，以解释一切困惑。

对于这些努力建立体系来解释永恒本质的哲学家，克尔凯郭尔讽刺说：他们搭建起富丽堂皇的宫殿，自己却住在茅草房里。为了探究永恒的本质，他们却忘掉了最重要的东西——人。每个生命个体都是独一无二的，短暂且不可复制，理所应当作为哲学关注的核心。他振臂高呼，让人们多关心一下自己和自己所处的群体，多关怀一下"这个时代孤独的个体"。正如他所说，如果我战死沙场，只要在墓碑上刻上"那个孤独者"这几个字。

每个人拥有不同的世界，不同的梦想与追求，不同的道路、书籍与房屋，不同的人际交往与情感，各种要素共同构成了他独有的世界。对于其他人来说，这个世界也许无关紧要；但对他本人来说，却是如此重要。他的世界独独属于他，他就是他的世界，他选择并创造了这个世界。对于他来说，他的世界是一个永远开放着的世界，一切都是未知的。就像克尔凯郭尔说的，在他本人的有生之年，他的世界无时无刻不在变化着。

就这样，每个人都孤零零地存在着，怀揣着漂泊不定的意愿，面对着纷繁复杂的外部环境，迎接着不可预知的未来，他要独自决定，没有任何启示。对于每个孤独的个体而言，他的一生都在冒险中决定着，当他面对飞来横祸或死亡的威胁时，他最隐秘的生存状态就显现出来了。在这个过程中，他体验着痛苦、厌倦、失落、热情、情欲、需求等，在模棱两可的状态中感受着恐惧与绝望。这些生存状态来无影、去无踪，人们可以体验并感受它们，却难以用言语进行描述。对于这些瞬间消逝的情绪，很难找到词语或概念准确地表达出来。然而，人生最本真的自我蕴藏于此，显露出最深刻的人生真谛。

克尔凯郭尔一生被恐惧纠缠着，饱尝忧郁与孤独，对他来说，人生最基本的存在状态就是厌倦、恐惧、忧郁、绝望等因素交织在一起。他认为，人是瞬间存在的，有很多种自我实现的可能，人最终会成为什么样子，无从把握，无法自主。人唯一能做的就是在冒险的选择与决定中成就自我、实现自我。

克尔凯郭尔认为，当厌倦达到心烦意乱、难以排解的程度时，就演化为忧郁。当恐惧、厌倦、忧郁等负面情绪主宰着某个人的时候，他深陷于绝望的状态里。克尔凯郭尔将绝望分为两种：一种是因为不愿做他自己而绝望，另一种是因为不得不做他自己而绝望。

通俗来说，不愿意做自己而绝望就是不满自己当前的处境，却无法摆脱而由此萌生的绝望，比如说，失恋的时候人们就会产生这种情绪。不得不做他自己而绝望，也就是说，人的生命是有限的，死亡是必然的结局，然而，有人却想超越有限，与无限的上帝融为一体，这种强烈的欲望永远无法实现，从而产生深深的绝望。克尔凯郭尔称这种绝望为"致命的痼疾"，这并不是说人的肉体会因此死亡，而是说，一个人深切地了解到生命的短暂和死亡的必然，与此同时，他又了解到世界一片虚无，他只能眼睁睁地看着自己逐渐迈向死亡，任何挣扎都是徒劳，只能体会着其间的焦虑、郁闷与绝望。

由此，他提出，只有当人们面对死亡的时候，才能深刻地体会到自我的存在。只有当一个人真切地体会到死亡的感觉时，才能把自我与他人、社会、世界彻底分离开，才能坦诚地面对自我，从而领悟自我的存在价值。唯有面对来自死亡的恐惧，人才能清醒过来，获得独一无二的特殊性，成就真正的自我。

# 10

# 「　古之真人，不知说生，不知恶死　」

《庄子》从始至终探讨着一个人类永恒面对的问题，即生与死。庄子有很多关于生死的故事，其中大家最耳熟能详的就是他在妻子去世的时候鼓盆而歌。正如庄子说的，"古之真人，不知说生，不知恶死"，古代那些真正领悟生命真谛的人们，并不觉得拥有生命有何可喜，也并不觉得死亡降临之时有何可怕。

面对生死，君子全然不担忧自己从何而来，又要去往何方。在这些人看来，生也好，死也罢，不过是生命形态的一种变化。庄子倡导的这种对待生死的态度看似洒脱，然而，如果要贯穿于芸芸众生整个生命历程里，实属不易。

面对死亡，庄子采取了豁达的态度，这是因为他顺应生命，既然古往今来谁也难逃一死，那么，死亡又有何可怕，有何可悲呢？在《大宗师》篇里，庄子讲述了这样一个故事：

有三位方外之人，他们分别是孟子反、子桑户、子琴张。这三人心意相通，将生死置之度外，结伴度日，成为生死之交。后来，子桑户最先死了。孔子闻讯，专程派学生子贡帮助料理后事。子贡到了那里，只见孟子反和子琴张二人席地而坐，一人抚琴，一人编着挽歌，对着子桑户的那具尸体唱着歌。歌声时而低沉，时而高亢："子桑户啊，子桑户啊，现在你已回归本真，我们还寄居在人世间。"

子贡听罢，心中大惑，问道："你们三人情同手足，如今子桑户先走了，你们还有兴致对着他的尸体唱歌，这合乎礼法吗？"然而，孟子反和子琴张却笑着说："你根本不懂'礼'的真意啊！"

子贡回到孔子身边，问他的老师："他们这么做，究竟是出于什么心思啊？"

孔子听罢，说："他们一心在世外遨游，我却一心拘泥于世内，我不应该派你去帮助他们料理丧事啊！是我孤陋浅薄了。他们这些人早已超脱于生死之外，他们追求的是心神在天地之间自由遨游。对他们来说，身体这具外在的形骸已不重要。因此，一个朋友去世了，其他两人心中坦然，就像送他去远行一样。"

庄子讲这个故事，是为了告诉人们一个道理，那就是在生命的历程中，每个人都能以各不相同的形态存在下去。

在《大宗师》篇里，庄子还讲了一个故事：子来生病了，命不久矣。子犁去看他，只见子来的妻儿围在他身侧，痛哭流涕。于是，子犁上前对他们说："你们让开一下，不要惊扰到一个马上要大变化的人。"接着，子犁对子来说："上苍接下来会让你变成什么呢？是虫子呢，还是老鼠呢？"子来听罢，长嘘一口气，说："夫大块载我以形，劳我以生，佚我以老，息我以死。"庄子借子来之口，用短短四句话道出了短暂的生命历程：天地造化之间，塑造了我的生命，赋予了我的形态。初来人世，就要让这个生命融入社会，经历人生，因此，"劳我以生"。纵观人的一生，往往要历经磨难，没有不受劳苦的。垂垂老矣，终于可以悠闲地安享晚年。然而，晚年的休息时光是短暂的，每个人最后的安顿是"息我以死"，只有死亡能带给人们最长久的休息。

说完这番话，子来安静地睡过去了。一觉醒来，却觉得浑身清透，缠身多日的大病也痊愈了。其实，这是庄子讲的一则寓言，他以此来告诉人们：当一个人从内心深处将生命视为一场穿越的时候，死亡在他内心里也许就成了生的延续，死亡被超越了。

# 11

## 「　时光流逝并不仅仅意味着人的老去　」

《论语·述而》曰："发愤忘食，乐以忘忧，不知老之将至。"言下之意，我发奋读书，明白事理，以行仁义，甚至忘了吃饭与睡觉，高兴得把所有忧愁抛之脑后，甚至忘了会有逐渐老去这一回事。事实上，并非忘了老去的事实，而是无所谓老不老。孔子明白，任由谁也留不住时光。人在时光的流逝中成熟，时光的流逝也让人感叹不已。生而为人，无法享受无限的时光，然而，只要好好珍惜和享受人生有限的时光，就会收获无穷的回忆与快乐。

孔子说上述这番话的时候正当壮年迈向老年的过渡阶段，可以说是人生中最微妙的时期。那时，他四处漂泊，在列国周游，我们可以从这番话的语气里感受出一番夫子自道的意味，也就是孔子在向他人表明他为人处世的原则。这番话可能是他对某国的国君说的，也有可能是对他的弟子们说的，又或者只是为了自勉。

"发愤忘食"，只要有恒心和毅力，每个人都能做到。

"乐以忘忧"，做到开心快乐也并非难事。

然而，对于常人来说，"不知老之将至"绝非易事，大多数人都会受到生、老、病、死的困扰，每每念及"老"字难免会想到"死"字，真真切切地意识到衰老和死亡正在一步步逼近。哪怕正值韶华的少年儿郎，伴随着对死的恐惧，也总会有一种对生的恐惧油然生起。

这种心境是何其的复杂，他们既怕生，又怕死，对"老"字更是避之唯恐不及。然而，正是因为这样，他们以更快的速度衰老，因为恐惧总是让人老得更快。唯有心胸豁达的人才能悟透生死之间的玄机，视生命为一个自然更迭的过程，不欢喜，也不悲伤。

孔子的时间观大多在他对其他具体事件进行探讨时间接体现，他对时间的看法也比较复杂。

在看待过往历史时，孔子一般将时间视为破坏性因素。孔子所处的那个年代礼崩乐坏，他内心时时涌动着一种今不如昔的悲愤感。他对盛世圣人心怀仰慕，然而，他们所处的年代早已逝去。他对尧、舜、禹毫不吝惜溢美之词，他称文王、泰伯为"至德"，还发出"中庸之德也，其至矣乎，民鲜久矣"的感叹。在他看来，历史上确实有过盛世至德，然而，在他所处的时代却早已消失，这些美好的事物随着时光的流逝逐渐磨灭。他认为，从西周到春秋的数百年间，时间并未缔造功德，反而泯灭了至德；时间非但没有遗留下稀世珍宝，反而让人们后患无穷。当然，孔子也认识到，并不是时间本身在起作用，而是社会随着时间的推移一直在变化。

当把关注点从过去转向未来，从社会转向个人的时候，孔子有关时间的看法出现了两重性，他认为时间兼具创造性与破坏性。

孔子曾满怀豪情，许下一番豪言壮语："如有用我者，吾其为东周乎"，他坚信自己一旦有机会做官，必将让西周制度重生。可见，他这时候是将时间视为从事创造性活动的前提条件的。他还说过，"一日克己复礼，天下归仁焉"，意思就是，只要以礼约束自我，在很短的时间里天下就能向善的方向转变。然而，对于当时的望族三桓，他又断言道"三桓之子孙微矣"，也就是他们的子孙会很快走向没落。对三桓家族而言，时间是具有破坏性的不祥之物。

　　放眼未来，孔子认为时间的创造性与善行有关，时间的破坏性与恶行有关，他将善恶作为划分时间双重性的标准。孔子对治国平天下需要耗费的时间做了如下预测："苟有用我者，朞月而已可也，三年有成"，"如有王者，必世而后仁"，"善人为邦百年，亦可以胜残去杀矣"。也就是说，如果让他治理国家，小治只需一年，大治只需三年。王者则要耗时三十年，善人则要耗时百年。孔子素来以圣人自居，在道德上，圣人、王者、善人是从高到低的三个不同等级。可见，为善之人的等级越高，创造力也越强大，速度也越快。善行如此，恶行与时间的破坏性之间也存在着类似的关系。

　　《论语·为政》曰："吾十有五而志于学，三十而立，四十而不惑，五十而知天命，六十而耳顺，七十而从心所欲，不逾矩"，讲述的正是他修身立德的践行过程。这段话反映的是孔子随着年龄不断增长而逐渐趋于成熟的各个阶段，每十年是一个阶段。在漫长的几十年光阴里，逐渐实现了个人的自立、自明与自觉。孔子明显将时间视为创造性因素，时间让他增长了知识，加深了见解，行动也步入自由之境。孔子对时间有着很深的感悟，因此，他也渴望拥有更多时光来实现自我修炼，"假我数年，若是，我于易则彬彬矣"。

# 第四章

## 哲学家谈德行

至善的真理带来光明，
照亮人的灵魂

# 1

## 「　至善的真理带来光明，照亮人的灵魂　」

　　公元前 5 世纪时，雅典城邦里出现了一系列问题。在《理想国》一书里，柏拉图针对这些问题拟建了一个理想化的国度，其中涉及该国家政治、经济、文化、教育等方方面面。一开篇，《理想国》就从正义这个角度入手，通过描写苏格拉底与其他哲学家之间展开的边路，虚拟了一个全新的统治者。这个统治者有着健壮的体魄和良好的音乐素养，极富哲学素养，尽心尽力地守护着他的城邦。而生活在城邦里的每个人都恪守本分，和谐共处。《理想国》所描述的理想图景就是柏拉图终其一生所追寻的理想，他为此倡导治国者认识关于善的理念。

　　在《理想国》第六卷，柏拉图就开始探讨何为善。只不过，柏拉图认为，自己当时尚且无法准确地为善下一个定义。他写道：我担心我的能力尚不足够，单靠着一腔热情，画虎不成反类犬，反而是闹了笑话。若想把我此刻心中细细琢磨的想法解释得一清二楚，对我来说当下还很难。我如何付诸努力，都还难以办到。于是，柏拉图另辟蹊径，先谈论了那些看上去与善类似的东西，他称之为"善的儿子"。在柏拉图看来，光是一种奇妙的物质，它将视觉与可视的世界紧密连接起来，而来自太阳的光让人类能用眼睛更好地看万事万物，也能让万事万物更好、更容易被看见。于是，柏拉图用这个生动的比喻来向人们说明在其所处的这个可以感知的世界里善所处的地位和所发挥的作用。至善的真理在照亮人的灵魂的同时，也带给了人们光明，让人们能更深刻地体会到这个世界的源泉，那就是善。

　　可见，柏拉图所提倡的善的理念能让人们产生认识这个世界的能力。正如柏拉图在《理想国》里写的：太阳让我们能看清这个世界，还促使诸多事物随之产生、成长并获得养分。换言之，善赋予了世间被认识的种种事物一种可知性，而这些事物还从善那里获得了它们的存在与实在。可见，善本身并非实在之物，但是比起那些实在的事物，它的地位和能力都远远在其之上。

唯有那些灵魂达到至善境界的人们，才能成为真正的统治者。正如柏拉图所说，只有那些有着良好的天赋与品性的人们，在接受了良好的教育之后，才能靠理性获得善的理念这种可知世界里最高等级的知识。然而，这一部分人往往是人群之中的极少数。因此，只有当理性在灵魂深处占据一席之地时，那些极少数人才能认识并理解善的理念，而这些人往往有着惊人的记忆力和理解力，生性豁达、温文尔雅、追求真理，并具备勇敢、克制、正义等种种美德，堪称真正的哲学家。唯有这种人，才能成为城邦真正的统治者。

究其根源，柏拉图之所以不厌其烦地阐述种种关于善的理念，都是在为建立一个正义的城邦做铺垫。唯有那些将善的理念根植于心的哲学家，才能齐家治国，让整个城邦井井有条，带领人们走出人性的困境。在理想国里，权力与智慧完美地结合；在和谐、稳定的正义城邦里，善的理念光芒普照。

## 2

## 「 公正是真正关心他人的善 」

在众多品德之中，最受人们青睐的要数公正，它被人们摆放在很高的位置。在亚里士多德看来，在众多品德里，公正是唯一关怀他人的善。不公正可以分为两种，即不公平和不守法。相应的公正则表现为公平和守法，一般情况下，人们习惯将公正与公平画上等号，当人们遭遇不公平的时候，往往会诉诸法律这个第三者。因此，作为法律的裁决方，应该时刻彰显公平的原则。

在亚里士多德看来，在各种品德里，公正是最重要的，它汇集了一切品德的美好，比天上的星辰更闪耀。公正是趋于完满的品德，人们一旦拥有了这种品德，就能以德性对待他人。芸芸众生之中，很多人都能以德性善待自己，对待他人却不能如此。正如毕亚斯说的，"男子汉表现在领导之中"，作为领袖人物，必然要关怀他人。

在诸多品德之中，公正是真正关心他人的善，它与他人息息相关，以领袖或同伴的身份为他人造福。最邪恶的人，不但有损于自己，更有损于亲友；而最善良的人，不但以德性对待自己，更以德性对待他人。人世间最困难的事情就是待人以德。在亚里士多德看来，公正绝不是品德的一部分，而是品德的全部；相应的，不公正也绝不是邪恶的一部分，而是邪恶的全部。

在亚里士多德看来，从某种程度上来说，公正是一种比例，不公正则意味着有悖于这一比例。不公正的人占的比例多了，更多的人遭受不公正的待遇，他们的利益也被瓜分。在作恶这方面则相反，相比那些大的恶来说，小的恶在比例上可以被视为善。因此，在作恶的时候宁小勿大，在为善的时候则宁大勿小。

人们一旦陷入喋喋不休的争论之中，就会向裁判者求助。裁判者被视为公正的代名词，求助于裁判者，就是寻求公正。从某种意义上来说，诉诸裁判者就是诉诸中间，有时候，人们称裁判者为中间人。也就是说，一旦达到了中间状态，也就获得了公正。可见，公正有某种中间意义，裁判者也因此成为中间人。裁判者让一切回归公平的状态，就好像面对一条分割不均的线段，他从比较长的那条线段里取出一部分，添加到比较短的那条线段上，从而平均分割这条线段。正如亚里士多德对公正的诠释，"按照算数比例，公正处于大和小的中间"。因此，公正意味着平均分配，有的人也因此将公正称为平分，将裁判者称为仲裁人。

此外，亚里士多德多次强调，做任何公正的事情都必须以自愿为前提。

一个人遭受了虐待并施以报复，不能认为他做了不公正的事情，然而，一个人伤害自己，他就既是受害者又是施害者。此外，在某些情况下，有的人也许会自愿接受某些不公正的对待。此外，除非某些不公正的事情真的发生，否则谁也不能任意指摘他人是不公正的。比如说，任何人无法闯入自家家门进行抢劫，无法与自己的妻子通奸，无法偷窃自己的财产，等等。按照人是否出于自愿而被施加不公正的待遇来分析问题，人是否能不公正地对待自己这一让人头疼的问题也就解决了。

3

# 「　德性高于一切其他品质　」

在亚里士多德看来，道德范畴中有一对重要概念，即广泛道德水准和与之相应的至高无上的德性。他认为，人群中只有少数身居高位的人才真正拥有至高无上的道德。后世的基督教哲学家也继承了这一思想，正如马丁·路德所说："一个人一丁不识不会被人嘲笑，但是，他的粗俗无礼却会让全城人笑倒。"

谈及社会道德，哲学中常常涉及广泛道德水准这一概念，亚里士多德很认可这种说法，他也认为社会道德水准必须是完备且让人满意的。在伦理学中，亚里士多德最先谈及政治学投影问题。在探讨礼让问题时，亚里士多德指出，良好的社会体制总能解决相应的伦理问题，比如说，它可以要求社会内部成员按照其地位完成分配事宜：地位高的人理应获得最好的东西，地位低的人应该对次品心满意足，而他们为城邦的付出决定了他们的地位。

在《申辩篇》里，柏拉图借苏格拉底之口说道，先知说，我从没见过一个正直的人去讨饭。但是，在亚里士多德看来，善良的人得到的一切与他的德性是一致的，不会太多，也不会太少。换言之，富人或穷人在德性上必然是有所缺失的，因此，他们才收获了与之并不相称的财富。这一逻辑很荒谬，显然是用收入作为标准来衡量德性了。

在《伦理学》一书中，亚里士多德阐述了那些身居高位的人具有至高无上的德性的事实。那么，怎样的人才是真正有德性的人呢？有德性的人的存在又有何意义呢？对此，亚里士多德的回答是，道德的意义是那些人在理性的驱使下付诸行动，它最为难能可贵的一点是选择过一种有意识的生活，在可能的各种途径中选择最恰当的那个目标。可见，他尤其关注"目的""意志"这些命题，后世的基督教哲学家也完全继承了这一点。在基督教教义里，比起有德性的人，天资聪颖的人、学识渊博的人、大权在握的人、富可敌国的人都不值一提。在一些极端的基督教传说里，人们随时随地都面对着命运之神安排好的两条路，一条是引向美好的正确之路，另一条是引向罪恶的错误之路。有德性的人会保持初心，在心灵的指引下抵达善之彼岸，因此，面对魔鬼的种种诱惑时，德性是最好的武器。

在亚里士多德看来，道德是抵达至善的唯一途径，就像柏拉图所说的，只有以道德为媒介，才能"收获哲学带来的洞见的快乐"。具体而言，德性在亚里士多德的哲学理论里有两重含义：第一，它是实现幸福的重要手段；第二，它是人们在现实生活中重要的行为内容。以此为基础，亚里士多德进一步将德性的含义阐述为两个方面，即理智的德性和行为的德性，前一种代表目的，后一种代表手段。

4

「 善与人的伦理情感相符合 」

亚里士多德的伦理学对现代伦理学产生了深远的影响，功利主义伦理学也在此列。功利主义伦理学的核心观点是"一个人之所以付诸行动，其目的是获得最大程度的幸福"。罗素就是功利主义伦理学的代表人物之一，他曾说："我们应该以产生最小的恶与最大的善为行为准则。"

那么，真正的善究竟是什么呢？在罗素看来，如果一件事物因其自身而非结果而产生价值，那么它的本质就是善的，我希望在使用这个术语时产生的效果亦是如此。罗素关于善的看法或多或少受到了亚里士多德关于善的观点的影响。然而，罗素还指出，有时候，我们不得不对某些事态是否应该存在做出选择或判断，这时候，我们首先要考虑的就是它会带来什么结果。这是罗素的思想里尤其强调的"效果论"，在他看来，人们在付诸行动前必须区分清楚目的和手段，不可将二者混为一谈。以残忍的行为为例，当它作为一种手段的时候，它会给受害方带来痛苦，它就是恶的；但如果它没有给受害方带来痛苦，那它也就不是恶的。

接着，罗素指出，任何一种事态及其结果都存在着一种内在属性，在它的影响下，我们会根据具体情况做出判断，最终选择或放弃这一事态。当这是一种善的属性时，人们往往会有选择它的倾向；当这是一种恶的属性时，人们往往会有放弃它的倾向。罗素也不确定这种内在属性究竟是什么，但是人们正是基于这种属性才产生了不同的倾向和欲望。

罗素试图以欲望为切入点，来界定善的含义。他认为如果人们没有欲望，就丝毫不会关心包括自己在内的一切事物，也不会试图延续快乐的感受或摆脱痛苦的感受，自然也不会产生善或恶这些彼此对立的伦理观念。因此，在罗素看来，必须以欲望为出发点，来探讨善的本质。他写道：一个善的事物是可以满足欲望的，也就是说，真正的善就是满足欲望。他认为比起其他人给善下定义，善的这个定义显然与人们的伦理情感更加相符。接着，他还指出欲望有正当和不正当的区别，前者能与其他欲望和谐一致，而后者则会让其他欲望得不到满足。

罗素又把普遍意义的善缩小到个体意义的善，指出"我的善"就是"满足我的欲望"。每个人对善有不同的追求，因此，当人们追求不同的善的时候，冲突也就产生了。他还对普遍的善和部分的善做了区分：前者是满足人类全体的欲望，后者是满足一部分个体的欲望。由此可见，人与人之间的善可能是矛盾的，这个群体与那个群体之间的善也可能是矛盾的，而普遍的善与部分的善也可能是矛盾的。

调和各种各样的矛盾正是伦理的一个重要目标，但是，这些矛盾永远不可能被完全消除掉。所秉持的道德体系不同，对于不同类型的善的追求也大不相同，这其实也是不同的幸福观的真实反映。就基督教的伦理观而言，它主张普遍的善是最可贵的，鼓励人们去追求。正如基督教徒所信奉的"爱邻如己"，其实就是教导人们像爱自己一样爱他人、爱天下，这是普遍的爱的一个缩影。而人们也都从这种普遍的爱中获得幸福。

既然善就是欲望的满足，那么欲望与道德之间显然有着千丝万缕的联系。在罗素看来，欲望凌驾于道德准则之上，并控制着它。正如他所说，在人的欲望之外，是没有道德准则的。他认为，欲望最重要的组成部分就是它的目的，而任何形式的正当行为都只是手段，是为了实现欲望所规定的目的。可见，人们的欲望决定了行为的目的，理性在其中发挥的作用就是从诸多手段里挑选一个最正当的。

那么，为何罗素这样强调欲望呢？这是因为他把欲望和善等同起来，认为其是幸福的来源。人有了欲望，才进而产生了爱情、亲情、友情、情趣、爱好等，并从中获得了幸福感。

5

「　人要成为自己的主人，而非受制于传统的道德观　」

在任何形态的文化中，道德都占据着重要地位，也构成着人们的生活方式、行事准则。近代哲学家早已拆除了作为现代道德基石的神学，但是，对于道德仍不敢有所冒犯。早在尼采之前，哲学家们就从理论层面入手，推翻了基督教在心理学、形而上学等方面的内容；但是，鲜少有人敢触及基督教的核心——道德观。也就是说，思想界的伟人们反复探讨着上帝的起源或存在，而尚未涉及基督教的道德价值。

透过前人所取得的非凡硕果，尼采敏锐地察觉到了其中的缺憾。于是，他选择以批判基督教的道德观为切入点，提出了一套全新的价值观，而这套价值观的基本立足点就是反对基督教。

尼采以一种豁出一切的态度反对并摧毁着那些腐朽的道德观，力图为他所希冀的"超人"开辟一条康庄大道。他竭力把人们的注意力引到对基督教道德观的批判上，启示人们思索怜悯道德的起源，以及它对世人产生的影响。剥开重重迷雾后，人们才发现，基督教主张的那套道德体系力图让人们接受这个现实的世界是原罪，要彻底地抛到一边。可见，基督徒试图逃离这个现实世界，而虚构一个其乐融融的天国，让人们在虚幻的快乐中忘却肩负的责任与义务。在那个虚幻的天堂里，人们能获得渴望已久的幸福与宁静。而通往天国的唯一途径就是心怀虔诚，不顾一切地侍奉上帝，遵从所有戒律。在基督教的伦理道德观中，怜悯、和睦、爱人、诚信、宽容、利他、慷慨等都被视为主流价值观，为人们所推崇，尼采却无情地斥之为虚伪的谎言，是"奴役他人的道德观"。

对于人们所倡导的传统美德，尼采统统嗤之以鼻，全盘否定。

首先，他反对基督教的道德观。基督教的道德观提出，人们从出生之日起就背负着原罪，教导人们要以利他主义为出发点，对弱者心怀怜悯，信奉那个无所不能的上帝。而尼采则认为"这根本是自欺欺人""撕毁基督教的道德面具，同时也撕毁了那些并不值得相信的各种价值的面具，无论在此之前人们相信与否"。

其次，他反对理性的道德观。理性的道德观致力于为人们设定目标和价值，在理性的逻辑里，人们渐渐失去了自我与本能。在尼采看来，这是一种彻底的谎言，与基督教的道德观环环相扣。在阐述理性与幸福的关系时，苏格拉底认为二者的媒介是美德，并提出了"理性—美德—幸福"的经典公式，尼采则直接指出"这是全世界最不可思议的公式""它力图制造一个匪夷所思的白昼，让人们接受劝善的道德，相信绝对的理性"。可见，苏格拉底把人的本能与幸福完全对立起来，而尼采主张人们尊重本能。

最后，他反对传统的道德观。传统道德被尼采称之为"医生的道德"，他认为，当生命丧失了价值与权利后，这种腐朽、颓废的传统道德随之出现。对于处于上升阶段的生命，要维护自身的最高利益，就必须将任何使生命趋于衰退的场合都排斥在外，要自己为自己负责，如掌握自己的生育权、生存权等。因此，人要成为自己的主人，而不应该受制于传统的道德观。

对于基督教的兴起、发展和崛起为世界性宗教，尼采也进行了重新诠释。在他看来，基督教徒以极其阴险的方式发动了一场革命，"比如萨勒斯的这位耶稣，他是基督教对爱的人格化，以福音的方式把胜利和祝福传递给普天下受苦受难的人们。从他登场之日起，遍天下就弥漫着爱的毒液"。在之后漫长的两千多年里，世世代代的人们把自己的世俗生活当成了祭祀品，统统献给了耶稣这位为全人类慨然赴死的"救世主"。在尼采看来，信奉基督的人们在本质上与耶稣并无不同，他们都背负着十字架这道沉重的枷锁，并以此为荣。他们心甘情愿地沦为奴隶，再也不追求任何高尚的理想。"人类以成为奴隶为荣光"，正是这一点让尼采感到深深的悲哀。

### 6

## 「 道德失去了真诚，就会自相矛盾 」

基督教总是教化着它的信徒，让他们服从于道德。尼采赋予了这种现象一种形象的说法，即侏儒道德或奴隶道德。尼采认为，这种奴隶道德正是基督教文化颓废的根源，让基督教成为了一个弱者不断沉沦的集团。病态、胆怯、虚伪、哀怨、守旧、失去自我、丧失个性……这些都是奴隶道德的典型特征。

尼采之所以说奴隶道德是病态而怯弱的，是因为一旦人们沾染上了这种道德的"毒液",就失去了实现自我的勇气,只知道一味地服从,而不敢问"为什么"。一旦背上了奴隶道德的枷锁,人们只会人云亦云,追随他人的脚步,从不思考这样做的原因是什么。道德奴隶最根本的性格面貌就是胆怯、懦弱。尼采素来强调生命的本能与个性的独特,他认为,一个有着坚强个性与充沛生命力的人,总是孜孜以求地探索着人生的奥秘与意义,并在此过程中收获丰满的人生。与之相反,奴隶道德则让人们失去个性、迷失自我。奴隶是没有自我的,无权决定自我价值,甚至根本不会萌生这样的想法。尼采把奴隶道德比喻成一道大大敞开着的门,任何人想要穿过这扇门,就必须先低下高贵的头颅,展现谦卑的姿态,"看吧,奴隶的头颅上高悬着上帝的荣辱,酒神偌大的殿堂里,服从者的意志找不到一席之地"。

在尼采看来,奴隶道德拘泥于小的善与恶,让人心生厌烦,渺小而可笑。一旦这种渺小好不容易取得优势,却足以抑制并摧毁所有伟大。"笼罩在习俗或伦理的阴云下,一切初生事物都难逃厄运,终将遭受恶意的摧毁""人们抵抗强者,以保护弱者为借口"。

在奴隶道德的观念里,创造力是万恶之源,特立独行的思想者是危险的野兽,以生命积蓄而成的积极向上的力量都付诸东流。那些满怀着生命力与创造力的灵魂,极力挣脱当时的习俗与道德的束缚,用满腔热情点燃沉睡已久的热情,以牺牲自我的癫狂为新思想的产生开辟道路。可是,这些满怀激情的灵魂却被诬蔑为恶人,甚至罪人,他们注定被同代人所唾弃,只有孤独如影随形。正如尼采所说,"历史正是这帮当时的坏人、后来的好人的一场场纠纷"。

在尼采看来,奴隶道德才是麻痹灵魂的鸦片,它循循善诱,引诱着人们,让他们顺从,满足于现状,在心安理得中陷入昏睡。"虚幻的天国正是安抚奴隶的最佳方式,他们如同一群群温顺的绵羊,舒适地躺在天国的草地上。在奴隶道德的催眠下,人们丧失了创造的冲动和生命的热情,并对一切充满激情的行为嗤之以鼻。他们以谦卑的姿态渴求并拥抱着渺小的幸福。在荒芜的精神世界里,他们是垂垂老矣的老农,颤颤巍巍地挖掘着腐朽的思想,而对任何崭新的理想视而不见。"基督徒就是尼采嘴里的绵羊,他们善待他人，容易满足，却早已丧失了希腊先哲对人生的满腔热情。在早已逝去的古希腊时代，人们总是冲动而善战，他们骨子里就带着忌妒，他们嘲笑自己，也嘲笑他人，在前进的路上永远不知满足。与之形成鲜明对比的，就是被驯化的奴隶，他们胆怯、懦弱，没有自我，按部就班地遵循着习俗与道德观，在舆论的狂潮里随波逐流，"从来不认为自己是独立而自由的个体"。在尼采看来，道德训练的力量是毁灭性的，"日日听着对我们的批评，甚至揣摩他人对我们的看法，即使是最强悍的人也会被摧毁"。

在尼采看来，奴隶道德的另一大特点是虚伪。虚伪是奴隶不可缺少的盔甲，他们早已失去了面对真实世界的勇气。尼采写道："虚伪是善人生存下去的先决条件，也就是说，不愿意正视真实的世界。真实本来就不能滋养善意，而近视者温和的手也难以企及。"懦弱的人总是随波逐流，虚伪地把他人的看法视为自己的看法，最后养成了虚伪的习惯，让虚伪演变为了一种天性。虚伪在历史的演进中逐渐取得了合法性，人们早就遗忘了真诚是什么。自苏格拉底伊始，人们迷信理性，遗忘真实。"无论是苏格拉底，还是基督教，他们的道德观里从未见过真诚的身影。真诚是最年幼的品德，它尚未成熟。""以我所见，凡今之世上，再没有比真诚更罕见、更可贵的了。"

可见，离开了真诚，又如何谈道德呢？道德失去了真诚，就会自相矛盾。一个真诚的人，必然对人生有最真实的感悟，以满腔热情体验着人生中的喜怒哀乐、悲欢离合。

7

「 巨额财富的很多用途不过是徒劳无功的幻想 」

培根在他的随笔中写道："财富之于德行，不过是包袱。"他用了"impedimenta"这一拉丁字眼来表达包袱的含义。在他看来，财富与德行的关系，就如同辎重与军队之间的关系。对于军队来说，辎重是不可或缺的，但也存在缺点，辎重有时候会有碍于行军，甚至贻误战机，最终妨碍取得胜利。

培根认为，在满足基本的生存需求之后，巨额财富并没有真正的用处，除了可以用来修斋布施之外，其他用途不过是徒劳无功的幻想。正如所罗门之言：财富越多，食者越众；除却饱饱眼福，于财主又有何益处呢？任何人满足个人的吃穿用度都无须巨额财富，拥有巨额财富，不过是保管着巨额钱财，或者拥有施舍捐赠他人的权利，或者享有富甲一方的声名，然而，对于他们来说，财富并没有实际意义上的用处。正如培根所说："君不见，有人为了区区几颗小石子开出天价？君不见，有人为了巨额财富而推进某些铺张浪费的巨大工程？然而，也许有人会说，财富能帮助人们消灾解难，就像所罗门说的，在富人心中，钱财就犹如一座城堡。"然而，事实上，这座城堡只存在于人们心中，而绝不会存在于现实生活中，任谁也无法否认，钱财带给人们的灾祸远远比消解的灾难更多。

培根告诫世人，永远不要为了满足虚荣心而追逐财富，而只应该谋取那些取之有道、用之有度、施之有乐且遗之有慰的钱财。然而，也无须像修道士那般不食人间烟火，全然不屑钱财。同样是挣钱，却有有道与无道的区别。多年之前，西塞罗为波斯图穆斯进行辩护，他说道："显然，他追逐财富的增长并不是为了满足一己之私，而是为了拥有行善的实力。"这句话正应了所罗门对世人的谆谆教诲："别急着发财，对于急着发财的人来说，他只会更快地失去清白。"

培根认为，人世间有千千万万种发家致富的手段，但其中大部分都是歪门邪道，最清白的要数吝啬，但其也绝不是毫无瑕疵的，因为它阻碍了人们乐善好施。接着，培根指出，众多生财之道中靠土地致富是最合情理的，因为来自土地的钱财是大地之母施予的，只是这条致富之路相对缓慢。然而，在一个人已经拥有万贯家财的情况下，如果他还能耐下性子来经营土地，那么，他的家财有朝一日肯定会大幅增加。

培根提到，他与一位德高望重的英格兰贵族素有交情，他当时富甲一方，拥有大片的果园、田地、牧场和林场，还有煤矿、金矿、铁矿等诸多产业，因此，对于他来说，大地就像是一片汪洋大海，源源不断地为他提供财富，永远不会枯竭。

有人嘲讽这位英格兰贵族，认为他不过是小打小闹，很难赚到大钱，此言不假。然而，倘若一个人真的如他一般拥有巨额财富，完全可以恃强凌弱、囤积居奇，这样一来，财富就如同滚雪球一般。大多数行当挣到的都是辛苦钱，赚钱途径可以分为两种：首先，辛勤劳作；其次，诚信不欺。除此之外，任何发家致富的行为都会有失于德行。培根举了做投机买卖的例子，也就是购买货物而不为自己所用，反而是囤积居奇，以更高的价格售卖。对于原来的卖家或顾客而言，这种行为都无异于敲诈。

此外，培根还提醒世人，"永远别相信那些表面上对财富嗤之以鼻的人们，他们之所以蔑视财富是因为他们已经对财富不抱希望。一旦他们发家致富，就会比别人更惜财、爱财、贪财"。

## 8

## 「 道德的需求源自各种欲望间的冲突 」

关于道德，罗素有着明确的观点，"道德产生的实际需求是同一个人或不同人在同一时间或不同时间里各种欲望之间的冲突"。比如说，一个人有饮酒的欲望，同时，他还能担当起第二天的所有工作，那么，我们不妨认为他只是小小地满足他的欲望，这并非是不道德的。然而，有的人则过于放纵欲望，那么，虽然他们只是损害了自己，而并没有损害别人，我们同样可以认为他们是不道德的。

在罗素看来，谨慎是构成美好人生的重要因素。在罗素看来，教育儿童的时候，道德教育尤为重要，他们在日后如果能够严格奉行道德，世界肯定会变得越来越美好。这些美好的品德能有效地让他们避开战争，这是因为"战争不是理性的行为，而是感情的产物"。然而，且不论谨慎何其重要，归根结底，它始终不是道德中最重要的那部分，也不能引发任何理智方面的思考，这是因为它只是与个人利益紧密联系在一起。

接着，罗素指出，就总体上而言，超出谨慎范围之外的那部分道德是与法律或规则相似的东西，在他看来，"这些东西类似于某种疗法，让人们能在同一个社会里共处，而不管欲望是否有彼此冲突的可能性"。

大体上来说，罗素将这部分道德分为两部分：

第一种是刑法，目的在于通过施加让人不快的惩罚来抑制人们的欲望，从而实现表面上的和谐。然而，这种方法备受社会责难：如果被接纳自己的社会认为是不道德的，就会受到惩罚，为了逃避这种惩罚，大部分人都会竭尽所能地避免让其他人知道他们违背了社会的某项规定或准则。

第二种则更为彻底，一旦取得成功，其结果也更让人满意，也就是在最大程度上减少人与人之间产生冲突的机会，从而从根本上改变他们的性格和欲望，归根结底，就是让一个人与另一个人欲望上的满足一致起来。对此，罗素说："爱比恨更好，这是因为爱能协调人与人之间的欲望，从而避免他们之间的冲突。两个彼此相爱的人，荣辱与共；两个憎恨彼此的人，这一方的失败于另一方而言则是成功。"

罗素认为，无论在哪个时代，道德始终是迷信与功利主义结合在一起的其他产物，较之功利主义，迷信在其中占据的比例更大。他指出，道德准则源于密西。最初，人们认为有的行为是不为诸神所喜欢和接受的，于是，他们制定法律法规来禁止这些行为，因为一旦触怒诸神，包括罪犯在内的全社会都会遭殃。"罪"的观念也由此产生，久而久之，这些禁令也演变成了高高在上的权威。

教育同样是培养与塑造道德观念的过程，然而，迷信对教育各阶段的影响都是毁灭性的。早在孩童时期，一部分孩子就具备了思考的习惯，然而，教育的目的之一就是将他们的这种习惯连根拔起。但凡有人提出某些看似荒诞又难以回答的问题，他们都会遭到斥责或惩罚。在教育的过程中，集体情感被借助于灌输某些信仰，尤其是民族主义的信仰。在教育方面，资本家、传教士、军阀、官僚努力同心，这是因为批判主义的缺乏与情感主义的盛行为他们权力的滋生提供了土壤。

在中等、高等学校里，牧师完全掌管着道德教育的事宜。作为道德教师，牧师的失误主要表现在两个方面：对于无害的行为，他们进行谴责；对于有害的行为，他们却选择宽恕。大多数牧师谴责节制生育，然而，却很少有人谴责丈夫迫使妻子因为多产而丧命的残酷行径。

对此，罗素举了一个犀利的例子：在短短9年时间里，一个牧师的妻子接连生下9个孩子。医生警告她，如果她再生一胎，难逃一死。她在第二年生孩子的时候死了。然而，却没有一个人谴责牧师，他保留着圣职，很快又娶了一个年轻貌美的女人。对此，罗素说道："作为道德的守护者，如果牧师谴责着无辜的人而宽恕着残酷的人，那么，处于迷信笼罩下的道德就永远不会回归正途。"

## 9

## 「　属于正派人的时代即将过去　」

罗素认为，在他所处的社会里，遗老们大权在握：他们控制着教育，并卓有成效地维护着教育领域中维多利亚时期的伪善标准；他们控制着被人们称作道德问题的立法权，在他们的纵容之下，包括走私、贩酒在内的庞大职业群体正在兴起；他们确保那些为报纸写稿谋生的年轻人传达的并不是他们自己的观点，而是正派人的观点。在他们的掌控之下，很多所谓的欢愉继续存在着，倘若没有他们的维护，这些欢愉很快就会走向终结。

在罗素看来，在他们的倡导之下，人们对打猎的兴趣才如此经久不衰。那些氏族居民居住在偏远的乡村里，比如英国的某个郡里，猎杀狐狸是不被允许的，因此，猎杀狐狸就必须付出高昂的代价，有时候，这种活动还伴随着重重危机。就这方面来说，追捕人类反而成为了一项新奇有趣的游戏，然而，正如罗素所说，"如果不是在正派人的号召之下，人们也很难找到冠冕堂皇的理由去追捕人类。那些人人得而诛之的猎物正是被正派人士所谴责的人们。只需正派人士吆喝一声，人们就兴师动众地前去围歼。"

罗素指出，正派人士一般都会花上一笔钱财，雇佣一部分人专门维持世界的治安。在正派人士看来，他们自己不应该承担如此重负。另外，对于那些以诽谤或造谣为目的的机构，正派人士不愿意参与其中。依靠各种花言巧语，人们总能进入正派人士的行列之中。

在罗素看来，正派人士最鲜明的特征之一，就是试图改善现实。正如有的神学家认为亵渎神灵的言语和行为是不正派的，正派人的想法也与之类似，只不过他们将神灵偷换成了自己。

他们竭尽所能，力图让人们一直过着麻木不仁的生活，而处于这种生活中的人们一旦觉醒过来，就会受到各种诽谤，从而牢牢地处于正派人士的掌控之下。罗素举例说，英国的纺织业蒸蒸日上，从事棉花贸易的商人不知不觉间与传教士建立起了紧密的联盟关系，原因在于传教士极力倡导野蛮人把自己的躯体遮掩起来，因此，人们对纺织品的需求量也大大增加。如果当身体裸露的时候人们并不觉得害羞或羞愧，棉纺织业也就丧失了赚钱的机会。

罗素还发现，正派人士无论在何处发现了何种形式的快乐，他们总是能找到各种各样的理由来怀疑它、否定它。他们坚信，当一个人学识增加的同时，他的忧愁也相应地增加了，于是，他们有理由相信，当一个人的忧愁增加的同时，他的学识也增加了。因此，他们坚信自己散发出种种忧愁时，也在向世人传播着学识。学识是如此珍贵，他们也因此觉得这种行为是在为人类造福。这样一来，他们就为自己找了诸多理由，比如说，他们为了塑造乐善好施者的形象，就为孩子们修建了偌大的游乐场，接着制定出各种条条框框，结果，孩子们在游乐场里还比不上在闹市里玩得痛快。在罗素看来，正派人士的这种态度已经渗透到了生活的方方面面。

但是，罗素也客观地指出，如今，属于正派人的时代即将过去，它的远大前程正在被两件事情葬送：第一，人们相信只要在不损害他人利益的前提下，任何快乐都是无害的；第二，无论是道德上的欺骗，还是美学上的欺骗，都为人们所深深厌恶。在战争的影响下，这两种具有反叛精神的思想进一步发展。激烈的战争冲突下，各国的正派人士试图牢牢控制住本国的青年人，以所谓最高尚的道德引诱他们，让他们自相残杀。然而，战争结束了，这些死里逃生的人们，不禁开始怀疑由仇恨和谎言引起的苦难究竟是不是高尚的道德。这一现实让罗素备感欣慰，"也许，正派人士要经过漫长的时间才能再次说服人们相信并接受自己有关崇高道德的种种说教"。

## 10

## 「　善是对博爱的响应，过于仁善容易犯错　」

在培根看来，所谓善，就是关心大众的福祉。在希腊语里，善对应的词汇是"philanthropia"，而培根认为，英语中"humanity"一词的分量过轻，不能完全表达善的含义。正如培根所说，性善是天性，行善是习惯。在人类的诸多美德中，善是最伟大的，甚至上升为神的品格。人类一旦脱离了善，就沦为一只只可怜虫，庸庸碌碌，无所事事。在某种程度上，善是对博爱这一号召的响应，在善的感召之下，允许人们犯错，但不允许贪婪之心滋长。

培根认为，人世间的大多数事物都要遵循一个度：过分追求权势，天使会走向堕落；过分渴求知识，人类会走向堕落。然而，诸事之中只有博爱是例外，博爱是无边无涯的，人也好，神也罢，他们都不会因为过于博爱而堕入危险的深渊里。在他看来，人性被烙下了深深的向善的倾向，一个人如果没有爱其他人的机会，他就会把这份爱施予其他生物。培根发现一个有趣的现象可以佐证他的观点：在很多人看来，土耳其人生性残忍，对于其他种族的人类尤其如此；但是，他们却对动物有仁爱之心，常常对生病或受伤的小鸟、小狗施以援手。

同时，培根也意识到，有时候仁善也会犯下错误，就像意大利人经常挂在嘴边的一句俗语："他太好了，甚至好得窝囊。"尼古拉斯·马基雅维利是意大利的一位著名学者，他曾在文章中犀利地写道：基督教教义让好人沦为猎物，让他们遭受暴君的欺凌。他之所以这么说，原因在于世界上没有任何其他的宗教、学说、法律法规比基督教更鼓励并指引人们向善、行善。因此，培根劝告世人，为了避免陷入危险或丑闻的深渊，在行善之前，最好从别人的错误里吸取教训，不要成为滥好人。在他看来，我们要悉心学习别人的优点，但也不能被他们虚伪的面孔或花言巧语所蒙蔽，因为软心肠或轻信而葬送自己。其实，对于那些老实人来说，软心肠和轻信是人生的镣铐。

在培根看来，人性具有双重性，向善与向恶是共生的。他认为，虚荣、倔强、暴躁等性格特征还算不上最坏的，忌妒才是其中最坏的品性，也往往祸及他人。有一种人以落井下石为乐，他们活下去的意义就是为他人制造麻烦。培根认为，这类人甚至还比不上《圣经》里那条以舔疮为生的恶狗，他们就像苍蝇，靠吮吸尸体的汁液为生。

而善良也不是单一的，它由多种成分组成，被贴上了各种标签。当一个人以和蔼、有礼的态度对待陌生人时，他就是一个称职的世界公民。面对他人遭受的痛苦，有的人心怀同情。他们的心脏如世界上最高贵的树，流淌出香树脂，可以用来治疗或镇定他人的伤痛，同时，自己也因此受伤。

此外，还有一类为善的人，他们能发自内心地谅解并宽宥他人，这说明他们的头脑是凌驾于一切伤害之上的。哪怕面对微不足道的好处，这些人都能心怀感激，比起钱财，他们更珍视人们的心智。尤其是，一旦他们拥有了圣保罗的至善——圣保罗为了拯救兄弟，宁可遭受基督的诅咒，就说明他们具备了非凡的神性，与基督抵达了同一境界。

11

「 因人性本善，故而施仁政 」

孟子是战国时期邹城人，名轲，字子舆，被后世尊称为亚圣。

孟子年幼时，父亲早逝，他与母亲相依为命。孟母靠织布维持生计，为了让孟子能受到良好的教育，孟母曾三次搬家。断杼教子，讲的也是与孟氏母子有关的故事：有一天，孟子大白天逃学，回到家中，孟母一怒之下将自己辛苦织好的布匹剪断，为的就是让儿子明白做事情半途而废就什么也干不好的道理。孟子深受感动，从此以后发奋学习，终成一代大师。

孟子自称是孔子的徒子徒孙，"得圣人之传"，他以孔子为榜样，常常说"乃所愿，则学孔子也"。孟子也曾效仿孔子，周游列国，试图游说各国君主，让他们接受自己的理念。而孟子周游列国的规模也比孔子大很多，"后车数十乘，从者数百人"，所及之地，受到了诸侯国国君的欢迎。久而久之，孟子也有些飘飘然，于是吹嘘自己说："如欲平治天下，当今之世，舍我其谁？"然而，他不明白，各国的君主、诸侯之所以欢迎他，奉他为座上宾，并非真正想接纳他或接受他的政治理念，只不过想借着他的名望来装点门楣，让世人知道自己求贤若渴的心理。而孟子的学说与思想，则被当时的人们认为不合时宜。正因为如此，孟子一生也没有得到真正参政的机会。归根结底，孟子所倡导的仁政就是被人们认为不合时宜的政治主张。孟子提出的仁政以人性本善的性善说作为思想基础，尤其强调要以民为本。

正如孟子所说，"人皆有不忍人之心……恻隐之心，仁之端也；羞恶之心，义之端也；辞让之心，礼之端也；是非之心，智之端也"。这里的"端"就是萌芽。孟子所说的"人性本善"，人性的善主要表现为人的仁、义、礼、智是与生俱来的，从出生之日起就开始萌芽。正因为人性本善，因此，作为君主就应该施行仁政，以民为本。在孔子的年代，他主张统治者实施礼治，到了孟子所处的时代，礼教已经彻底崩溃，没有了思想基础。于是，孟子试图说服统治者用仁政来取代孔子的礼治。孟子认为，礼无外乎是一种外在的表现形式，而仁才是一切的内在心理基础，也就是说，礼是在仁的基础上产生的。究其根本，仁就是善；实施仁政，就是实施善政。

在政治上，孟子提倡"民为贵，社稷次之，君为轻"，主张统治者把平民百姓的利益摆在首位，国家利益次之，而君主的一己私利则是最轻的。孟子还提倡"乐民之乐者，民亦乐其乐；忧民之忧者，民亦忧其忧"，也就是说，作为君主，应该与天下苍生同乐同忧，同甘共苦。这些主张都反映了孟子所提倡的以民为本的思想内涵。

# 第五章

## 哲学家谈心智

懒惰扼杀了大多数
人生而为人的创造力

# 1

# 「　认识你自己　」

作为古希腊时期最杰出的哲学家，苏格拉底提出的许多问题都发人深思，对后世产生了深远的影响。追随他的门徒众多，其中比较有名的思想家，如柏拉图、色诺芬等。苏格拉底以"爱智者"自诩，他一生之中最关注的问题当属伦理学。他劝诫世人，要"认识你自己"，简言之，就是让人们努力认识"真正的我"。苏格拉底哲学语境中的"我"，指的是心灵、灵魂，也就是理智。在他看来，每个人都应该关注自己的灵魂，因为人们唯有借助灵魂的理智才能明是非、辨曲直。一个人倘若将自己的灵魂或理智摆放在至高无上的位置，那么，他自然也能辨别何为善、何为恶，进而成为一个有道德的人。

在苏格拉底看来，那些自然哲学家关于哲学对象、方法论等方面的看法都是错误的，他们的注意力都放在自然上面，而不愿去关注自身。这些自然哲学家在探讨宇宙之间万物本源的时候，往往以感官作为依据，以自然之物作为原因，其结果往往是众说纷纭而不得其法，让别人无所适从。苏格拉底认为，物质性的本源并不是宇宙万物真正的主宰，若要追溯其根源，莫过于万事万物内在所蕴含的目的，也就是善。人类的潜质尚且不足以认识自然的本性，因而也认识不到哲学真正的对象并非自然，而是自我。可见，苏格拉底所提倡的"认识你自己"，也就是认识人自身的善。在他看来，所谓的善是一种神力，蕴含于万事万物之中。

苏格拉底门下有一个青年名叫尤苏戴莫斯，很是骄傲自大。一天，苏格拉底为了教育他，与他展开了一场充满睿智的对话。当时，尤苏戴莫斯野心勃勃，想要参与城邦领袖的竞选。苏格拉底得知后，跟他说："一个希望成为领袖的人要具备一定的素养，他要懂得如何齐家治国平天下。但是，一个非正义的人能够掌握这些本领吗？"

尤苏戴莫斯想都没想便，回答道："当然不能。一个非正义的人甚至没有资格成为一个良好的公民。"

苏格拉底继续发问："你说说什么是正义的行为，什么是非正义的行为？"说着，他掏出一张羊皮纸，分别在羊皮纸的两侧写下正义和非正义两个词，让尤苏戴莫斯一一列举出来。

尤苏戴莫斯沉思片刻，把欺骗、懒惰、偷抢、奴役等行为都列到了非正义的那一侧。对此，苏格拉底用一些截然相反的事例一一反驳了这些看似非正义的行为。

他接连发问道："两军交战，潜入敌方阵营，偷取其作战图，这是非正义的吗？兄弟亲朋深陷绝望的情绪里，把他藏在枕头下的刀悄悄拿走，这不应该吗？女儿生病了，母亲骗她，把药掺入饭中喂她，很快，女儿康复了，这种欺骗的行为又应该如何看待呢？"

一连串的问题让尤苏戴莫斯如坠云端，摸不着头脑，也无从辩驳。

就这样，苏格拉底破除了尤苏戴莫斯的成见，也瓦解了他的傲慢之心。接着，他又从正面引导尤苏戴莫斯，循循善诱，让尤苏戴莫斯理解了认识自我、了解自我的观点。接着，他明确地向尤苏戴莫斯指出，"认识你的自我是人生最重要的一部分知识。唯有认识自我、认识生命内在的善，人们才能直面人生，领悟生命的真谛"。

2

## 「 由好的天性指引坏的天性，成为自己的主人 」

柏拉图延续了苏格拉底"认识你自己"的思想，开始继续探索人生的意义。在他看来，肉体与灵魂沟通构成了人，而人的灵魂又可以一分为三，即理性、激情和欲望。可见，就本质而言，人的生活有双重性：一方面，人是理性的，生活在理念的世界里，分享着理念世界也就是神的生活；另一方面，人有欲望，会产生原始的动物性冲动。激情位于理性与欲望这二者之间，是它们的终结，情感与意志一同构成了激情。就其本质而言，激情本无善恶之分，只有在理性的指引之下，人生才会呈现积极向上的状态。因此，激情不应该服务于欲望，而应该听命于理性，这样一来，个体才能达到内部的和谐统一。

所谓理想的人生秩序，应该是在善的理念的指导之下，达到的一种有序的和谐状态。这正是柏拉图所描述的"我们只能在那些颇具天赋又接受过良好教育的人群中看到，他们能在理智与信念的帮助下，有分寸地指引着那些简单的欲望，而他们只是人群中的个别现象"。换言之，柏拉图描述的这种有序而和谐的生活一定是由好的天性指引着坏的天性。

想要做自己的主人，就要先知道自己需要成为什么样的人，以及如何才能成为那样的人。欲望与生俱来，是人们生存下去的基础；然而，人们不能放任欲望，任由它控制意志，否则人们就会陷入欲望的深渊里，而理性则沦为欲望的帮凶。因此，人们必须有一个崇高而普遍的目的，它凌驾于个人的私欲之上，有能力支配欲望或激情。要想获得这种崇高而普遍的目的，人们就必须求助于理性，当人们接受了良好的教育后，才能依靠理智彻底地支配激情和欲望，这也是真正意义上的"成为自己的主人"。克制、勇敢、智慧是与理性、激情、欲望这灵魂的三部分一一对应的三种品德，它们各司其职，才能最大程度地完善人类的灵魂，达到人生的最高目标。

在柏拉图看来，克制的本质是和谐，"克制是一种良好的秩序，能自如地控制某些快乐与欲望"。那么，既然克制意味着控制某些快乐或欲望，那一定是发现了更好的人生目标，比起那些纯粹的感性快乐，这种更好的人生目标更深刻，也更有意义。作为一种好的秩序，其实克制也象征着理性自身的秩序，也就是自发自觉地迈向更好的人生目标。

勇敢则是一种保持。无论处于何种情况下，都要保持一种信念，即将通过教育手段所树立起来的那些应该心存敬畏的事物牢记于心，而且无论如何都不抛弃这种信念。

智慧，并不是用来思考国家某个特定的方面，而是将整个国家视为一个整体来思考，不断促进其内部与外部的和谐统一。智慧是国家守护者应当具备的，从严格意义上来讲，统治者就是真正的国家守护者，这种智慧应当时常从他们头脑中一闪而过。根据自然规律，总是只有最少数的人能具备这种被柏拉图称之为智慧的知识。对于任何人来说，他都必须先拥有健全的理性，然后才能拥有智慧。只有以智慧为手段，才能让理性、激情与欲望这三者各自的利益及其共同利益达到和谐统一的境界。

3

「　人的灵魂由三个部分组成　」

柏拉图是古希腊最有名望的哲学家，也是最有才情的作家。他留下的成果大部分并不是哲学论文，而是形式上各自独立的对话集，对于很多不懂哲学的人而言，其中很多对话也很吸引人。这种独特的对话形式在写作上发挥了文学的奇妙效果，又在形式上让柏拉图与对话中涉及的人物所持的观点保持着一定的距离，这样一来，读者就会自发地思考对话中谈论了哪些观点，结论又是什么，而不会将柏拉图的一己之见全盘接受。

柏拉图认为，人的灵魂是由几个部分组成的，为此，他举了例子。某个人有着强烈的饮酒欲望，但是，理性让他认识到这样做是不对的，因为这有损于他的健康。这样一来，他一方面有饮酒的欲望，另一方面又在理智的驱动下抗拒着这种欲望。争论随之而来：不可能有正反两种力量同时影响着同一件事物，因此，一定不是作为统一体的个人处于这种矛盾之中，那就是自身分为若干个部分，各部分朝着不同方向或反方向拉扯着。也就是说，静下心来思考一下，我们会发现想饮酒的并不是"我"，而是"我"

的某一部分，也就是被柏拉图称为欲望的那部分"我"想饮酒，而"我"的另一部分，也就是被柏拉图称为理性的那部分不想饮酒，并努力克制着"我"饮酒的欲望。

在柏拉图看来，人的心理活动是复杂多变的，不能简单从欲望和理性这些方面来诠释。除了欲望和理性，还有第三个部分，那就是精神，其中涵盖了绝大部分情感，它有时候与欲望是对立的。比如说，柏拉图在《理想国》第四卷里就谈到了二者间的一种冲突：人们臣服于病态的欲望，进而会对自身产生一种羞辱感。这种情感与理性不同，即使是没有推理能力的小孩或动物身上也会表现出来。

在柏拉图看来，灵魂的各部分并非处于同等的地位；理性是独立存在的部分，与此同时，它还能洞悉其他部分乃至人类自身整体的利益。柏拉图认为，理性在灵魂各部分中占据着主导地位，这是基于理性对于自身和其他各部分需求的了解，相较之下，灵魂的其他部分却有局限性，它们只能了解自身的利益。可见，理性与灵魂的其他部分存在着本质的差异：灵魂的其他部分局限于自身需求之中，唯有理性足以代表作为整体的人的利益。弄清楚了这一点，我们也就能明白为何柏拉图会花费大量笔墨来描述分为三部分的灵魂，但就其理论的核心内容而言，灵魂各部分的区别仍在于理性与非理性，因此，这与其他将灵魂分为两部分的学说其实是一致的。

④

「　懒惰扼杀了大多数人生而为人的创造力　」

"你的良知在说什么？——你要成为你自己"，在《快乐的知识》第二百七十节中，尼采如是说。

在哲学的观念里，"自己"是一个宏大的词汇。我们也时常扪心自问，何谓自己？我们只知道，它是一个与人称类似的存在，是当与外部世界进行对比时的一种内在指向。然而，少有人自己思考过，真正的自己是什么，换言之，本性是什么，它是如何释放的？然而，对于真正的哲学家来说，他思维世界的深度远不止如此，正如尼采对人之本性发出的拷问，那就是"我们该如何成为真正的自己呢"？

针对"成为你自己"这一哲学命题，尼采如此说道，大多数人随波逐流，宁可追随大流，也不愿意向世人展现那个真实的自己，这大抵是因为人类的惰性。世人更愿意沿着他人的轨迹去过自己的生活，在他人亲身体验的保障之下过自己的生活，用世俗与舆论紧紧地包裹住自己。纵然有万丈光芒，也吝于彰显它，而是掩盖它，磨灭它。一切的根源在于，创新性的人生需要不断思索，不断探险，不断发掘自我，而大多数人宁愿过着"二手生活"。人们被表象的"我"所迷惑，并不了解那个真正的自己，即本性，是如此迫切地渴望着一场"解放"。

在尼采看来，没有创新的人生是毫无色彩的，而懒惰则扼杀掉了大多数人生而为人的创造力，堪称是阻碍人类挖掘自我的"元凶"。比起胆怯，懒惰更加面目可憎，它如阴云般笼罩着某个人，终其一生难以摆脱，才华也湮没其中。是什么桎梏了你的天性？人们投向你的目光，在你背后的窃窃私语，世俗的枷锁，道德伦理的牢笼，而懒惰则是最后一把镣铐，让人疲于挺身而出。久而久之，大多数人成为了尼采所说的"笼子里毫无思想的野兽"，如猛兽害怕饲养员的鞭子一般畏惧着他人的言论。

尼采认为，人们最原始的生命力正是在西方唯物主义传统中逐渐泯灭的；而人们的自我则是在基督教传统中逐渐丧失的。在尼采看来，正是道德在束缚和制约着人类与生俱来的激情。要想成为真正的自己，人们就要竭尽所能地克服所谓的道德。克服自我，重估一切价值，对西方文化的基础进行一次彻底的反思。尼采认为，当上帝并不存在时，人的一切完全取决于自己，也就是说，自我是独立存在的。"成为我自己"是人生必需的一种践行，"我"要有"我"的个性，"我"要保持独立。

可见，尼采所倡导的这种"成为你自己"是一种带有反思性质的自我肯定，毫无疑问，这对当时社会意识形态的发展有着重大意义，对于那些陷入人生困境的人而言，就犹如漆黑汪洋之中的一座灯塔，为他们指引着方向。

从苏格拉底的"认识你自己"到尼采的"成为你自己"，是对自我的两种态度。所谓"认识你自己"，是对内在灵魂的一种拷问，其是为了更深入地探索既已存在的真理，完善自身的德行。"成为你自己"则致力于扭转人们的气质，激励人们在漫漫人生路上奋发向上。因而，尼采提倡的"成为你自己"是一种人生的价值取向，抛开其中的积极或消极因素不谈，它至少可以激励我们为了发掘自我、实现自我价值而不断努力。

## 5

## 「　心灵与身体是否密不可分　」

勒内·笛卡尔于1596年出生在法国的图赖讷拉海，是17世纪法国著名的哲学家、神学家、物理学家、数学家，是二元论的杰出代表人物，被黑格尔尊称为近代哲学之父。

心身关系是笛卡尔哲学思想的重要组成部分，主要探讨的是人类的心灵与身体之间的关系。在笛卡尔看来，心灵与身体（又称为物体）是两种处于绝对对立关系中的实体。接着，一个难题接踵而至，那就是心灵与身体之间是如何沟通与联系的？归根结底，这既是一个本体论的问题，又是一个认识论的问题。

笛卡尔提出了心身二元论，认为它们都是实体，二者各自独立、互不干涉。但是，心灵与身体之间的相互关系是如此明显，而二元论根本无法解释它们之间的关系，也无法阐述心灵究竟是如何认识身体的。于是，他不得不渐渐放弃了绝对的心身二元论，试图探索它们之间的关系。接着，他指出："当灵魂与肉体联合在一起，就形成了人类。虽然二者存在本质上的不同，但不得不承认它们有着密切的联系。当外部世界的事物通过运动的方式而对人们的感官产生影响的时候，人们的身体会产生疼痛或发热等感觉，与之相应的，心灵会萌生躲开的念头。此外，当人们心起一念，想抬起手时，手就会随之抬起来。这两个过程截然不同，但又是如此协调，它们之间似乎有一道无形的桥沟通着彼此。"接着，笛卡尔深入研究了生理学、人体解剖学等学科，试图探析这种运动是以什么为媒介从一方传至另一方的。最后，他发现大脑里有一种腺体名为松果腺，并指出，正是松果腺充当着沟通心灵与身体之间各种运动的桥梁，完成了身体的语言与心灵的语言间的相互转换。笛卡尔将他的这套理论称为心身交感论。

笛卡尔之后，他的后继者也相继提出了许多方案试图解决心灵与身体的关系问题，其中最为人们所知的是先定和谐论、偶因论、两面论、副现象论等。其中来自法国的马勒布朗士是偶因论的代表人物，他认为，心灵与身体都不能互相影响，它们之所以能协调一致，是因为上帝在其中发挥作用。也就是说，身体不能引起心灵活动，心灵也不能引起身体活动，它们对彼此而言都是机缘巧合罢了，上帝才是它们活动的根本原因。而副现象论则是试图从庸俗唯物主义的角度来解释心灵与身体之间的关系，这一理论指出只有生理活动是真实存在的，而心理活动只不过是它的影子罢了，副现象论也由此得名。这一理论的代表人物是斯宾诺莎，他尝试将一元论原则贯穿于该理论的始末，并解释说心灵与身体的关系其实就是一个实体的两个方面。

笛卡尔认为，心灵与身体都是实体，二者各自独立，没有联系。就属性而言，心灵与思想有关，而身体与广延有关。因为心灵是没有广延的，所以它也是不可分的；因为身体是没有思想的，所以它也是无限可分的。这样一来，在笛卡尔的努力下主体性的原则被确立起来了，但是心灵与身体或物体之间的关系却成了大问题，这个难题在之后也始终困扰着近代哲学界。原因在于，笛卡尔虽然将主体性确立起来了，但这是以主体与客体之间的区别作为大前提的，因此，当之后的哲学家以此作为出发点试图来证明思维与存在之间的同一性时，就无论如何都不可解了。为了解决这道难题，作为唯理论者，笛卡尔只能用上帝作为思想与物体之间的润滑剂，实现二者之间的一致。作为经验论者，洛克也在经验的泥潭里越陷越深，绕不出"心中只存在着观念"和"心外有物"这对矛盾，最终，休谟将经验论进一步推向了神秘莫测的不可知论。

## 6

「 完全对立的情绪总是同时存在于内心世界 」

19世纪末到20世纪上半叶，在西方，工业文明发展到了巅峰，自然科学与生产技术都以让人不可思议的速度突飞猛进。社会也越来越强调个人的理性与智力。在这样的背景下，社会阶层不断分化，加之宗教式微，战争频发，人们的精神世界一片荒芜，精神疾病的发病率也越来越高。

1875年，卡尔·荣格出生在瑞士凯斯威尔，是瑞士著名的心理学家。荣格从1907年开始与弗洛伊德合作，在之后6年的时间里，将精神分析学说进一步发展与推广。但是，二人后来在理念上产生了分歧，随后分道扬镳。在此之后，荣格创建了荣格人格分析心理学理论。

荣格将他的心理学归属为深层心理学。所谓的深层心理学，是以"在我们人类的心中，意识的控制以及超出意识的无意识的作用占据了相当大的比例"这种观点作为出发点的心理学。在此基础上，荣格心理学的相关内容涉及了许多方面，在他涉及的众多领域里，以心理疗法和学问研究两个领域用力最勤、研究持续时间最长。我们从中不难发现，荣格心理学其实是以对话为根本的心理学。

为什么这么说呢？这是因为荣格心理学是以荣格自己与自己进行内心对话、自己与患者进行内心对话为基础而展开的。荣格很重视他与患者之间的对话。在临床实践的过程中，很多精神分析师最常用的做法就是让患者躺在诊室的躺椅上，自己则坐在患者背后，静静地倾听患者的心声。而荣格呢，每次他都会坐在患者的正对面，与其进行对话。

也就是说，荣格的心理疗法其实是心理学上的一次变革，患者与治疗师之间的关系发生了彻底的变化：患者无须再彻底服从于治疗师绝对的科学权威，而是双方展开更具人情味的互动。

荣格心理学所提倡的对话，并不是传统的单方面的倾听或治疗师对病患进行的分析或断言，也不同于人们日常生活中为了交流信息而进行的言语对话。荣格心理学对话的主要目的是捕捉对方在这个过程中每个微小的反应，使双方进行一种"有默契的交流"，并努力产生"新的发现"。

在荣格看来，在心理疗法进行的过程中，治疗师与患者间的交流是一种辩证式的过程。简单来说，并不是由治疗师依靠医学的科学权威来对病患展开治疗，而是与患者进行平等的交流，在此基础上进行交流。患者与治疗师之间不再是一厢情愿，而是一种良性的互相作用。

在荣格看来，"人的内心总是有着两种心情或倾向，而它们是截然相反的"。比如说，爱与恨两种极端的情感总是同时存在于人们的内心世界。当人们纠结于与恋人分手的时候，其实内心存在着想分手和不想分手这两种心情，而且二者几乎同样强烈。此外，这种情感的对立并不只局限于爱与恨这种简单的有意识的情感，人的内心世界还经常会产生截然相反的无意识的情绪。比如，我们满怀希望，能像母亲包容孩子一般来包容自己的爱人，与此同时，又害怕这种爱会侵蚀掉自我，最终还是选择放弃这样一种爱。换一个角度来看荣格的这些理论，我们就会发现，正义与邪恶、阳刚与温柔、胆怯与坚强等完全对立的情绪几乎都同时存在于人们的内心世界。

可见，这些来自各个层面的完全相反的情绪同时在人的心里产生影响，我们不可能用一个原因导致一个结果这种简单的推理来解释任何一种与内心有关的问题。这就是为何荣格在心理疗法的理论中致力于用对话这种平等的形式来观察人们内心世界的细微变化，以此来解释人们复杂而细腻的内心世界。

⑦

「 理智是心灵永恒的部分 」

　　人的心灵是永恒的吗? 心灵的整体是永恒的, 还是只有部分是永恒的? 如果是后者, 那么究竟心灵的哪部分是永恒的? 我们从斯宾诺莎的字里行间寻找着答案, 在《伦理学》第五部分的命题 38、39 中把心灵明确分为两个部分, 一部分是永恒的, 另一部分是随着身体而消逝的。可见, 就本质而言, 斯宾诺莎认为心灵的一部分, 而非心灵整体是永恒的。

　　然而, 究竟哪部分心灵是永恒的呢, 斯宾诺莎对于这一点的说法前后并不统一。他在《伦理学》第五部分命题 23 中指出, 上帝之内必有一种概念或观念表示人的身体的本质, 而这个概念或观念必然是某种属于人的心灵本质的东西, "这种东西是心灵的本质, 它是永恒的"。接着, 他又在第五部分命题 40 中写道: "心灵永恒的那部分就是理智, 心灵中会随着身体而消逝的那部分是想象力。"

　　无论是从整个西方哲学传统来看, 还是从近代理性主义哲学来看, 斯宾诺莎以上两种说法都是矛盾的。就西方哲学传统而言, 上至柏拉图、亚里士多德, 下至笛卡尔、莱布尼茨, 都认为心灵是实体或者准实体, 心灵还具有分析和推理的能力, 即理智, 而观念或概念正是源于理智。可见, 理智乃认识的主体, 而概念或观念乃知识和结果, 二者不是一致的。可见, 斯宾诺莎有关心灵的观念与上述几位思想家有着根本的差异, 他明确指出, 心灵只是实体的样态, 而不是实体。很多高度复合的个体结合在一起, 共同组成了身体, 因此, 那些构成人的心灵的知识或观念也是复杂的。而这些只是最基本的部分, 除此之外还有许多其他的成分。斯宾诺莎在他的早期著作里写道: 观念构成了人的诸样态, 这些观念根据对象各自产生的方式，又区分为意见、真的信仰、清楚而明晰的知识等。除了知识之外，他认为构成心灵的诸多要素中还包括情感。

斯宾诺莎既认为观念是构成人类心灵的主要部分，又认为心灵还包括理性、想象力等要素。因此，想要更深入地了解他有关心灵的理论就要明确他有关观念与理智以及二者之间关系的各种观点。

首先，就观念是什么的问题，斯宾诺莎的见解与经验主义有明显区别。他不认为观念是眼睛或大脑里产生的形象。他指出：我认为，观念是构成心灵的概念，因为心灵是有思维的。我之所以用"概念"而不用"知觉"，是因为"知觉"似乎表示心灵之于对象是被动的，而"概念"则表现了心灵的主动性。因此，斯宾诺莎所说的观念不同于经验主义所说的影像，他的观念其实就是概念。因此，他对心灵的种种阐述虽然有着明显的理性主义倾向，但与笛卡尔和莱布尼茨有根本区别。

其次，我们需要进一步了解斯宾诺莎对理智的看法。他是一名奉行理性主义的哲学家，他认为，理智与意志的关系与这个观念与那个观念或这个意愿与那个意愿之间的关系，就如同石头的本质属性与这块石头或那块石头，或是人的性质与彼得和保罗的关系如出一辙。显然，斯宾诺莎是将理智与观念归入了一般与个别的关系之中，理智与观念之间既是因果关系，又是整体与部分的关系。然而，斯宾诺莎并没有解释清楚作为整体的理智是如何成为观念的原因的，此外，他也没有解释究竟是什么样的观念结合在一起，组成了理智。不可能是心灵的全部观念一起构成了理智，因为心灵是由理智和想象力共同构成的，因此，只可能是心灵的部分观念构成了理智。这部分观念是斯宾诺莎所说的真观念或充分观念，而想象力则是这些之外的其他观念构成的。

8

# 「　心灵与历史的发展处于一种永恒的规律之下　」

维科出生于 1668 年，是意大利著名的哲学家，他的代表作名为《新科学》，目的是表明作者对于人类历史不同于以往的理解。18 世纪，人们对历史的理解还停留在宗教阶段，认为是上帝或神创造了人类历史。而维科的历史观却颇具前瞻性，带有浓厚的世俗意味。从某种程度上来说，维科的历史观是对马基雅维利历史观的一种延续，但两人也有区别，马基雅维利更侧重政治方面，而维科更侧重历史方面。

维科认为，历史与人性的发展都处于一种必然的、永恒的规律之下，所有人、所有民族都必然遵循这种规律，因此，这是一种普遍规律。当然，这种规律是内在的，所有人、所有民族都不自觉地遵循着。如果套用现在的术语，那么，这种普遍规律其实就是全人类的一种集体无意识，是一种不自觉的判断。

维科在《新科学》里指出，人类在认识一切事物时始终遵循着两条规律：一是对于无知的事物，人类总是以自身想象力为标准，进行评判；二是对于未知的事物，人类总是将其纳入已知事物的范畴内，来理解并诠释它们。历史上各种各样的谬误也由此产生。比如说，几乎任何一个民族都认为自己是世界上最古老的民族，而且拥有比其他民族更健全、更完善的智慧，而称其他民族为未开化的蛮族。

总体而言，任何民族的历史都可以分为三个发展阶段，根据信仰不同可以分为三个发展阶段，即信奉神的阶段、信奉英雄的阶段、信奉人的阶段；语言发展也经历了三个阶段，即象形文字阶段、象征语言阶段、书写语言阶段。相应的，还可以根据习俗、政府、理性、法学等将任何民族的历史划分为各不相同的三个阶段。以上的三个阶段都有着类似的特点，可以一一对应。这些三个阶段是同时并存的，只是在不同的历史时期有一种占据着最重要的地位，而其他两种则处于较次要的地位，并没有彻底消失。

维科将人类最初的思维形态称为诗性智慧，想象力是这种思维形态最明显的特征。因此，无论是哪个民族的早期历史阶段，都有着丰富而多姿多彩的传说、神话或故事，这就是人类早期诗性智慧的直接体现。诗性智慧依靠的是人的感觉，而非理性。这种灵动的感觉萌生于健壮的身体，丰富的想象力也由此衍生，在想象力的驱动下，神灵、鬼怪、精灵等超自然事物也随之出现。

这种原始思维尤其生动，擅长于虚构各种事物，并认为万事万物都有灵魂。因此，正如我们所知道的，那些原始人类总是有着远远超过我们的模仿能力；与之相反的，他们的推理能力则并不完善，甚至完全没有抽象思维。到了文明社会，人们将一切都诉诸真实，将一切虚构排除在外。这也解释了为什么原始人类能创造出属于各民族的犹如史诗一般的神话体系。

维科指出，人类是先开始认识自己的身体，才渐次进一步认识其他事物，"原始人类习惯于用人体的各个器官以及自己的主观感受来生动地比拟自己对世界的理解"。这种比拟具体表现在语言上，就是所谓的隐喻。比如，在人们的语言里，裤有"腿"、稻谷有"须"、果有"肉"、山有"腰"等，也就是说，人类以自己的身体结构为参照物，最终建立起了这个世界，人们对于世界的种种认识都是对自身身体的一种延伸。

上述种种是人类语言的普遍规律，为什么会这样呢？远古时期，不同民族的人们相距甚远，受高山河流所阻隔，少有往来，甚至根本就没有往来。可见，并不是后天因素在其中发挥作用，而是先天因素。维科在《新科学》里将这种人类所共有的先天因素称为心头词典。他指出，这种先天因素是各个民族生而有之的共同因素，正因如此，不同民族的人们才表现出了心灵上或历史上类似的发展规律。

维科所说的心头词典先于人类意识而存在，他将其解释为天意，也就是自然的必然性规律。这种心头词典是语言的核心内涵，且不受限于任何语言形式。世界上存在着多少个不同的民族，就存在着多少种不同的语言，而这些截然不同的语言却遵循着某种必然的规律，传达着相同的意思。因此，各种不同的语言都源自这部心头词典，可以说它就是远古人类所共有的意识。诚然，各民族有着不同的观念、文化、行为等，但归根结底，都是以各自的方式在诠释着心头词典这一全人类的共同意识。

# 9

## 「　人类心智将原则凌驾于经验之上　」

也许，康德是继亚里士多德后最伟大、最具影响力的哲学家。他出生于哥尼斯堡，几乎一生都生活在那里。这位哥尼斯堡的著名教授有一个故事广为流传，他终生未婚，生活规律，每天定时定点出门散步，当地的很多家庭主妇都按照他经过她们家门口的时间来校准钟表。这个故事很可能是后人杜撰的，但是从这个故事中我们可以发现一个事实，那就是康德并不是一个富有冒险精神的人，他对音乐、绘画或其他艺术形式毫无兴趣，而是醉心于逻辑、数学等科学。康德在自己的著作中表明他发现人类思维存在着普遍规律，这种规律永远适用于全人类，并对其进行了深入的阐述。

康德对后世的影响主要是他三大批判著作中的前两部，即1781年出版的《纯粹理性批判》，这部著作庞大而晦涩，他致力于发现并论证有关实在的客观判断的潜在原则；1788年出版的《实践理性批判》则更加浅显易懂，康德在书中试图为道德判断做出理性论证。较之前两者，1790年出版的《判断力批判》受到的关注较少。

康德的第一批判，即《纯粹理性批判》的总体内容可以分为两部分：上部分主要论述科学知识如何才能成立；下部分主要批判那些旧的形而上学家在形而上学的有关问题上的种种谬误。表面上看来，这两部分所探讨的问题并无多大关联；而事实上，康德探讨它们都是为了对人的主体性及自由进行阐述。

康德指出，世界可以划分为本体与现象两部分：本体是人类的经验难以企及的，是非经验的对象；而现象是人们的经验可以企及的，是经验的对象。知性认识的现象是有限范围内的东西，得到的是自然科学知识，是受必然性支配的；理性要求把握无限的本体，这乃是人的信仰，是自由的。由此可见，限制现象范围，为本体留下了余地；限制知性范围，为理性留下了余地；限制知识，为信仰留下了余地；限制必然性，为自由留下了余地。进而得出实践理性在理论理性之上，本体在现象之上，信仰在知识之上，自由在必然性之上，以上思想在康德的三大批判中融会贯通。

在第一批判里，康德主要论证形而上学作为探究主题的合法性。康德认为，诸如莱布尼茨等理性主义者或休谟等经验主义者之间久久僵持不下的局面让形而上学一度名誉扫地。被理性主义者称为"形而上学判断"的这一所有知识建立的基本原则完全是通过理智来认识和论证的。经验主义者则持截然相反的观点，他们声称人类心智就如同一张白纸，或是一块白板，等待着经验世界在上面书写。

康德聪明地找到了一种折中的办法，将这两种截然相反的观点糅合在一起。他的基本见解源于这个问题的提出："获得任何经验是以什么作为必要先决条件的？"在他看来，人类想要诠释这个世界，人类心智必须利用某种框架来组合、整理感官接收到的五花八门的信息。在康德的哲学体系中，他将实体、因果、必然、可能、交互、实存、总体、统一、复多、限制、现实和否定等统称为范畴，接着，他梳理了以上范畴与作为直观形式的时间和空间之间的关系。他认为，人类心智可以将这三者置于现象经验之上，以弄清种种经验现象。康德骄傲地将这种思想称为一场人类心智的"哥白尼式革命"，传统观念认为太阳围绕着地球转，哥白尼彻底打破了这一观念，而康德则解决了人类心智是如何从经验当中获取知识的这一关键问题。在他看来，人类心智将原则凌驾于经验之上，进而产生了知识。这一观点对20世纪的格式塔心理学家影响深远。

**10**

「 不要在幻想的驱使下构建虚无缥缈的空中楼阁 」

纵观我们周遭的事物，要么让我们幸福，要么让我们痛苦，叔本华在此基础上指出，我们要尤其注意不要在幻想的驱使之下构建那些虚无缥缈的空中楼阁。在叔本华看来，来自想象的空中楼阁有诸多弊端：其一，我们将为之付出昂贵的代价，我们若不尽快地将这些虚幻的想象推翻，种种悲伤与痛苦也会随之而来。其二，我们还应该时刻提防，不要想象那些莫须有的灾难并为之黯然神伤。某些灾难发生的可能性很小，我们应当尽快地从幻梦中清醒过来，认识到这不过是一场虚幻。

叔本华认为，基于想象的空中楼阁于人们的生活是无益的。我们只有推翻这些空中楼阁，才能以更大的热情投入现实生活中，而幻想唯一的作用也许是告诫人们不幸仍有发生的可能性，而这种可能性微乎其微。

在叔本华看来，那些来自想象的可怕梦魇甚至比真实的灾难更直接地威胁着人们的生活。人类总是习惯透过想象力那一层虚幻的面纱，去窥视可能发生的灾难。这种水中望月、雾里看花的境况，让它们比现实生活中的灾难更可怕、更面目可憎。叔本华认为，人们一旦从那些令人愉悦的美梦中清醒过来，就能立即摆脱，回归现实；而这种奇特的梦幻却如梦魇一般，如影随形。究其原因，那些愉悦的美梦在现实中很快破灭，最多留下一丝丝若有若无的希冀。然而，与之相反的，一旦我们沉浸于悲观、沮丧的情绪里，幻觉就不会轻易消散，而会对我们的生活产生持续的影响。人们总是能轻易意识到幻觉，却无法精确估量可能性的范围，可能性总能在一定条件下转化为可能的事物。于是，我们免不了陷入自我折磨之中。因此，叔本华告诫世人，"我们切不可杞人忧天，而要从容不迫地思考并解决问题。在此过程中，我们不应该放任想象发挥作用，因为想象并非判断，它能促使种种幻觉产生，而这些幻觉又会引发一系列痛苦而沮丧的心情，直到拉着人们坠入深渊"。

到了暮霭笼罩的黄昏，哪怕点燃烛光，思想就像眼睛那般，不能像在白天那样清晰地看待并辨别事物。叔本华提醒人们，黄昏时分不适宜进行理智而严谨的思考，尤其不要陷入那些让人不快的事物的沉思之中。我们要知道，对于人们的沉思而言，每天清晨是最好的时机，因此，不管精神还是肉体上，我们都应该竭力利用好这个时间段。清晨，人们的体魄强健有力，能自如地运用各项能力。因此，我们要好好珍惜清晨那段宝贵的时光，不要在徒劳无功的事务中将其消磨。在叔本华看来，就某种程度上而言，清晨那段宝贵的时光乃是生命的根本。每个新的一天都是一次短暂的生命之旅，万物在清晨复苏，宛如获得新生；尔后，万物陷入安静的沉睡之中，睡眠就像一次暂时的死亡。

叔本华认为，抑制想象，不要任由其肆虐，就会阻止那艘风帆驶向让人痛苦、沮丧的过往，让我们渐渐忘却肉体或精神上曾受到过的伤害。这样一来，我们就会振奋精神，以勃勃的朝气投入新生活，彻底埋葬那些面目可憎的情感。对于那些让人不快的事情，与其一味地沉溺于其中，更理智的做法是选择漠然置之。唯有如此，面对困难的时候，我们才能应付自如。

## 11

## 「 在天真无邪的状态中享受快乐 」

《论语·为政》有云："《诗》三百，一言以蔽之，曰'思无邪'。"天真无邪是人的一种纯真状态，这样的人总能让其他人获得安全感。然而，普天之下却有一道大难题：人们都喜欢让对方纯真无邪，但自己却难以做到。

在孔子看来，一句话就足以概括《诗经》，那就是纯洁无瑕。孔子是个不折不扣的妙人，他的有趣的证明之一就是他将《关雎》这首情诗纳入《诗经》里并作为开篇第一首。毫无疑问，《关雎》是一首纯粹的情诗，而孔子将其作为《诗经》开篇第一首，无异于暗示读者：《关雎》是整部《诗经》要表达的核心内容，甚至可以说是它的灵魂。

《诗经》被后世奉为经典，很多人甚至希望从它的开篇就能读到多么高尚的字句，然而，他们却失望了。他们不能理解，为何孔圣人要把这首平凡无奇的《关雎》放在最前面。原因在于他们不懂孔子的苦心，也不理解《诗经》的妙处。

有不少人曲解《关雎》，甚至说它是为了歌颂并宣扬后妃之德，言下之意也就是歌颂皇帝的功德。这样一来，好好一首情诗又脱不开与政治的关系了。但是，孔子早在千百年前就明确指出《关雎》是情诗，正所谓"夫情诗者，为情所作也，为情人所作也"。事实上，除了《关雎》，《诗经》里还有很多情诗，比如《有女同车》《河广》诸篇。甚至《诗经》里还有直白描述幽会野合的诗篇，比如说《野有蔓草》一篇："野有蔓草，零露瀼瀼。有美一人，婉如清扬。邂逅相遇，与子偕臧。"其中的"臧"与"藏"同义，"邂逅相遇，与子偕臧"的意思是，今天与你相遇，我们就藏起来一块儿玩吧。除此之外，《诗经》里还有直接歌颂男女性爱的诗篇，比如说《野鹿有死》："野有死麕，白茅包之。有女怀春，吉士诱之。"

从《关雎》里君子对淑女的追求，到《野有蔓草》草丛间的男欢女爱，再到《野鹿有死》对男女性爱直白的描写，这本就是《诗经》要表达的核心内容。《诗经》由孔子亲自编订而成，他倾尽一生的学识与智慧，才成就了这部"情诗大全集"，究竟是何用心呢？其实，孔子早已直言不讳地道出了心中所想："《诗》三百，一言以蔽之，曰'思无邪'。"人心最完美的状态就是，既不纵欲，也不禁欲，情之所动，随心而为，这也就是真正的无邪。从某种角度来说，"思无邪"与孔子所提倡的快乐主义是彼此相通的，也就是后世所说的畅情论，即让情爱和情欲欢畅愉悦，抵达人性的完美境界，畅游于天地之间享受人生，沐浴在阴阳之道对人类的厚泽之中，在成长的过程中享受自然之道的补偿。

孔子告诫世人，"游于艺"，也就是让人们在艺术天地里畅游，而人生是诸多艺术中最关键的一门。孔子对世人遭受的痛苦心生悲悯，于是给人们的心病开出了"思无邪"这剂药方，让人们在天真无邪的状态中享受快乐。

# 第六章

## 哲学家谈幸福

人当渴望生之欢愉，
追求生之快乐

# ①

# 「　不愿生活在现实中的人会与幸福渐行渐远　」

苏格拉底经常出现在公共场合，清晨的时候，他尤其喜欢在公共场合锻炼身体。其他的时候，他也经常出没于人多的各种场合，在那里发表演讲，人们只要有兴趣就可以随意听。

然而，人们几乎没听苏格拉底就事物的本质进行过任何辩论，苏格拉底在这方面与其他哲学家截然不同。一般来说，哲学家热衷于探讨宇宙的起源是什么？宇宙中的万事万物按照怎样的规律形成？宇宙是否是永恒的、不生不灭的？宇宙最终又会走向哪种结局？对于这些深奥的问题，苏格拉底总是避而不谈，他认为这是一些蠢问题，探讨这些问题毫无意义。

他经常问那些哲学家：你们为何研究这类问题呢？究竟是因为你们已经足够了解这些有关人类的事物，还是因为你们已经放弃了研究与人类相关的事物，转而研究更浩瀚的宇宙中的事物，还认为这是正确的选择呢？接着，他又问道：你们这些人一心研究天上的事物，是否发现事物根据某些规律展开活动，并由此产生了风云雨雪以及各种时令气候？还是说你们根本不抱任何希望，只是满足于了解这些事物的源起呢？

通过苏格拉底的这番话，我们可以发现，他对古希腊哲学是很不满的，我们甚至可以将这番话理解为他对古希腊哲学的一种批判。而他自己始终只关注与人类有关的各种问题，用他自己的话来说，就是"有关人类幸福的事"。

他总是在思考：哪些事物是正确的，哪些又是错误的；哪些是全面的，哪些是片面的；哪些是公正的，哪些是偏袒的；哪些是正义的，哪些是邪恶的；哪些是勇敢的，哪些是懦弱的；哪些是政治家或哲学家应该担负的责任，哪样的政府才是为国为民的，诸如此类。在他看来，只有对这些问题进行过深入思考的人才能获得民众的尊重，如若不然，他们不过只比奴隶强了一星半点。我们从中不难发现，比起同一时代的其他哲学家，苏格拉底更务实。他着重探讨有关人类幸福的问题，这已经比其他哲学家高明许多了。

正如我们所知，古希腊哲学是西方哲学史的发端。那么，苏格拉底之前的那些哲学家又在忙什么呢？借用苏格拉底的话来说，他们致力于探讨"天上的诸多事情"，也就是有关宇宙或万物的起源，然而，探讨的深度也只是停留在"说说罢了"的层面上。苏格拉底明智地避开了这个话题，在他看来，关于该话题的观点永远难以论证，只会让人们陷入更虚无缥缈的状态里。不如着眼眼前，主要处理人类的事务。

同一时代的哲学家都对苏格拉底的这一观点嗤之以鼻。一直到死，苏格拉底都被雅典的当权者——伯利克里指摘为一个妖言惑众的伪哲学家。然而，历史总是能还人以清白，如今，我们可以直言不讳地说苏格拉底是人类社会学的创始者，正是在他的努力下，人类社会学才应运而生。

世界上最了解幸福真谛的也许就是苏格拉底，在他看来，人们幸福与否，主要取决于他们是否生活在一个让人身心愉悦的环境里，以及他是否具备享有幸福的能力，比如正直、勇敢、坚强、智慧等，若不其然，一个人永远难以抵达幸福的彼岸。

有的哲学家总是竭尽所能让这个世界更明确，让人们对周遭事物更有把握。然而，事实上，他们不仅没弄清楚这个世界，反而还混淆视听。他们总是尝试着解答那些也许根本没有答案的问题，或是那些无关幸福的问题，这样一来，他们自己也永远得不到幸福，也不可能带给其他人幸福。正如苏格拉底所说，如果人不愿意生活在现实里，而执迷于追求其他虚无缥缈的事物，那么，他就会与现实渐行渐远，也与现实中的幸福渐行渐远。

# 2

## 「　需求越少的人越容易获得幸福　」

在大多数人看来，奢华度日才算真正幸福的生活，因此，烦恼总是如影随形。当无穷无尽的物质集聚在一起，人们的欲望仍得不到满足时，于是，人们日复一日陷入内心的无穷欲望里不可自拔。数千年前，苏格拉底与安提丰有一段对话，他苦口婆心地劝告世人，只有放下虚荣之心，正确定位生活目标，尽可能地克制内心欲望，才更容易获得幸福。

有一次，安提丰竭力想让与苏格拉底交好的那些人都离开他，就在他们面前跟苏格拉底说道："苏格拉底，在我看来，研究幸福的哲人应该比其他人更幸福，但是，你从哲学中却收获了截然相反的果实。你过着清贫的生活，甚至连奴隶都不愿与你一同生活。你的饮食或着装都粗劣不堪，甚至没鞋子可穿。你努力传授给你的弟子各种知识，希望他们效仿你，但是，倘若那些与你有好交情的人都纷纷效仿你，他们岂不是也会如你一般不幸？这样看来，你或许就是一个传播不幸的人吧？"

苏格拉底回答道："安提丰，你认为我的生活这样不幸，那么，你应该无论如何都不愿意像我这样生活。我生活中究竟有什么事情让你如此不快呢？是不是别人讲授知识的同时获得酬金，我却没有要求酬金，我就没有向他人讲授的权利呢？是不是我的一日三餐不像你那般丰盛、营养、健康，你认为不好呢？然而，食物是否可口并不是因为调味品，而是因为人们青睐不同口味的食物。对于懂得欣赏食物的人来说，他们甚至不需要调味品。那么，为何我一直以来都赤脚走路，春夏秋冬都穿着一样的衣服呢？这是因为我不像其他人那样，我能忍受不同的天气，也能忍受光脚走路的疼痛。人们天生的体质都很脆弱，然而，经过后天的锻炼会逐渐强壮起来，比起那些忽略锻炼的人，我更能经受住考验。我不愿意沦为任何欲望的奴隶，这样一来，我锻炼了自己，还从中获得了愉悦，最幸福的事也莫过于此吧。"

接着，苏格拉底又说道："那些一事无成并不自知的人感受不到快乐，那些事业正朝着预期的方向发展的人会更快乐一些。然而，这些愿望得以满足而感受到的快乐是否比拥有越来越多良师益友更让人快乐呢？你再想想，一旦城邦或朋友需要帮助，究竟哪一种人更能提供有力的帮助呢？是我这种人，还是你这种人呢？一旦城邦有事故发生，究竟哪一种人会奋不顾身，投入沙场呢？是像我这种粗茶淡饭、随遇而安的人，还是你这种离开了珍馐美味就活不下去的人呢？如果城邦被包围了，究竟哪种人更容易屈服呢？是像我这种易于满足的人，还是像你这种奢靡度日的人呢？安提丰，你以奢华与否作为评判幸福的标准，然而，在我看来，人的需求越少，就越幸福。"

由苏格拉底与安提丰之间的对话，我们可以得知，在苏格拉底看来，需求越少的人越容易获得幸福。那些不幸福的人对幸福往往缺乏感知能力，不能领悟幸福的内涵。他们习惯于为幸福设定一个抽象的高度，但凡达不到这个高度，他们就认为这是不幸福的。每个人都在欲望与不满的泥潭里挣扎着，最终在郁郁寡欢中结束一生。然而，正如苏格拉底所说，幸福绝不是以外物衡量的，而要用内心感知。如果对现实生活感到满足，就会幸福，这时候，幸福也就真正降临了。如果每天被欲望驱使着，那么，他就永远不会察觉近在咫尺的幸福，也就永远不会幸福。

有一次，一些朋友去苏格拉底家里吃饭。饭菜简陋，他的妻子羞愧难当。苏格拉底却说："你别担心，如果他们有智慧，他们就会用心感受；如果他们没有智慧，那么，我们何必庸人自扰？"在苏格拉底看来，不饥饿的时候，哪怕吃珍馐美味也体会不到其中的鲜美；当饥饿的时候，粗茶淡饭也是至上的美味。因此，苏格拉底在生活中奉行的原则就是"不饿的时候就不吃，不渴的时候就不喝"，这样一来，无论哪一种食物都能大快朵颐，无论哪一种饮料都能甘之如饴，任何调味品都比不上食欲。苏格拉底选择过在世人眼里最差的生活：从来都不穿鞋，严寒的冬天里还穿着短衫，住在最简陋的房屋里，吃着最廉价的食物。但是，在他眼里，这一切都足够了，他将自己的需求降到最低，从最少的需求中获得最大的满足。于是，他时时刻刻都处于幸福之中。

3

# 「　真正的幸福是适中的　」

亚里士多德在《尼各马可伦理学》一书中写道："幸福存在于闲暇中，我们为了闲暇而忙碌，为了和平而战斗。"关于亚里士多德的这个观点，我相信很多人会表示认同。诚然，幸福确实是人生的目的。但是，恐怕很少有人可以对"幸福是什么"这个问题做出确切的回答。那么，我们不妨听听亚里士多德有关幸福的观点，也许能从中获益。

在亚里士多德看来，就外在形式而言，幸福的生活其实就是一种适中的生活。人的行为可以划分为三种状态，即过度、适中、不及。无论是过度，还是不及，都是于人生无益的，都不能让人幸福地生活下去。真正的勇敢都是适中的，勇敢一旦超过某个限度就成了莽撞，而一旦不够又沦为了懦弱；而放纵与冷漠的两极之间，克制是适中的状态。可见，只有处于适中状态的生活才是符合德行的，换言之，符合德行的生活才能称其为幸福的生活。

然而，适中究竟指的是什么呢？就理论层面而言，适中指的就是在合适的时间和地点，面对合适的对象，以合适的方式来做合适的事情。如果一个人能圆满地处理以上诸多要素，那就是真正的适中，也就完美地符合德行了。拥有这般天资的人能避免过度与不及两种极端，过一种舒适的适中生活。

然而，这个适中的度在现实生活中却也是最难把握的，因为所谓的适中不能进行量化，而是随时随地都处于变化之中的。人们不可能遵循某个固定的、僵化的模式去把握它。也许，这种做法在此情境下做是正确的，但是在彼情境下做却是错误的。事与愿违乃是人们生活之常态，人们在具体实施某件事情前，可能都认为这么做是适合的；然而，事实却并不如此，人们经常在并不合适的时间与地点，面对着并不合适的对象，做了不合适的事情。因此，要获得幸福的生活，我们就应该慢慢体会和琢磨所谓的适中究竟是什么。

亚里士多德又指出，就内在方面而言，幸福其实是自足，也就是无所欠缺。这并不是说一个人想要什么就能拥有什么才是幸福。也许有的人认为，自己拥有巨额财富，就是幸福，然而，这绝非幸福的本性。所谓真正的幸福是自足的，也就是说除了诉诸幸福这种活动之外，人们不做贪求，并且不以任何别的事物或人等外在因素作为实现幸福的前提条件；相反，如果以物质财富等外在因素作为实现幸福的前提条件，那么，这种幸福就是不真实、不自足的。倘若幸福以任何外在事物为前提，这就意味着人们得到了该事物就获得了幸福，失去了该事物就失去了幸福，这样的幸福是完全不确定的。人若被外物所束缚，就会失去自由，也更别提幸福了。因此，真正自足的幸福就是不求诸外物。

因此，亚里士多德所说的"幸福存在于闲暇中"，也就是幸福存在于自由中。当一个人不求诸外物时，他的心灵是闲暇的，也是自由自在的。他的一举一动、一言一行全发乎本心。

亚里士多德又指出，"诸多幸福之中，思辨是最高等级的幸福"。也就是说，唯有思辨活动才与幸福的本性完全契合。这是因为思辨活动从头至尾都是自足的，它只为了个体的自身而存在，从不依赖于别人。更何况，这种源于思辨活动的快乐是最持久、最稳定的，它不像任何其他形式的快乐，外部环境一旦变化了，也会随之变化。而思辨是稳定不变的，除了思辨活动之外，思辨者不存在其他需求。这种哲学性的思辨是最持久、最纯净的，而思辨者也能从中获得最持久而纯净的快乐。

亚里士多德对哲学满怀着热爱，因此，从哲学的角度思考了幸福的内涵。也许，我们未必能体会思辨的快乐，但他关于幸福的思考告诉了人们，自由其实才是幸福一般性的条件。幸福的前提无关乎其他，唯有自由。不论在我们看来幸福究竟是什么，不同的人对于幸福有何不同的见解，这个前提条件却是永恒存在的：先拥有自由，才拥有幸福。

# 4

# 「　善行是幸福的本质　」

幸福几乎是人类一切活动的最终目的。那么，幸福究竟是什么？

在古希腊时期，人们对幸福持有两种对立的观点：有的人认为只要在财富、权势、地位等物质方面获得了满足，就拥有了真正的幸福人生；还有的人则对这些物质欲望充满鄙夷，主张人们完全忘掉它们，过那种苦行僧一般的修道生活，摆脱所有欲望，精神上才能获得最终的解脱，才能拥有真正的幸福。

然而，亚里士多德并不赞同这两种观点，在他看来，前者过于追求物质欲望，后者则矫枉过正。他指出，幸福的本质就是善行。一个生命不断成熟与完善的过程就是善行。对于一个小孩来说，他并不拥有真正的幸福，因为他能力有限，难以从事那些完善的活动。然而，仅仅付诸良好的行动并不是幸福，充足的物质基础也不可或缺，换言之，良好的出身、姣好的容貌、顺遂的命运、三五个良师益友，都会为一段幸福人生加分。然而，就幸福来说，任何外部的物质上的善行都是消极的。比如说，当一个有德行的人遭遇极端的不幸时，这虽然妨碍了他的幸福，但他并不会因此而沮丧。

然而，对于品德高尚的人来说，在他短暂的一生里，哪怕是遭遇厄运的时候，也总能收获幸福。在苦难当中，高贵的灵魂饱受磨炼，再也感受不到痛苦，这本身就是一种幸福。换言之，有时候，人们可以通过放弃幸福而最终得到它。另外，以善行作为自己行事准则的人绝不会被人们视为是不幸的，因为这类人永远不会"做任何卑鄙无耻之事"。按照亚里士多德的观点，唯有始终遵循善的准则行事，一生都享有充足的健康、财富与友谊的人，才能称之为完完全全幸福的人。

在亚里士多德看来，人们最终的目的就是让每个个体在情感和理智上都能得到安顿，这也是永恒的目的。也就是说，当人们处于不健全的状态下时，总是寻求某种补偿，比如在生病时视健康为幸福，在贫穷时视财富为幸福，幸福正是由这些自给自足的目的构成的。

此外，亚里士多德还认为，无论一个人是否有教养，至善于他而言都是幸福。因此，倘若所有行为都以某个共同目的为指导，就是要竭力在实践中追求善；倘若以多个目的为指导，那么，多个目的汇聚在一起，就构成了善。虽然有很多种目的，但是，我们只能通过别的渠道选择其中的一种。毋庸置疑，并不是所有目的都是最终的那一个，唯有至善才是完满的、终极的。

同时，亚里士多德提出了一个区分善的客观标准，即"自为的"和"为它的"。在他看来，虽然有的善本身也是目的，但并不是最终目的，它同样以其他目的作为目的。比如说，有的人忙着追求财富和荣誉，然而，他并不将财富和荣誉视为人生的最终目的。那么，为何他们还要苦苦追求这些东西呢？因为一旦他们拥有了财富和荣誉，之后的人生才能享受幸福。因此，在亚里士多德的观念里，财富和荣誉只是"为它的"，还远远不是"自为的"最终目的。唯有幸福才是最终目的，也是"自为的"目的。

5

## 「 人当渴望生之欢愉，追求生之快乐 」

在哲学发展的早期阶段，哲学家致力于探索物理世界的各种问题以及人性的内在原理。但是，随着科学不断发展，在这些领域的难题都可以通过科学手段得到合理的解释后，那么，哲学又该做什么呢？对于这一问题，罗素给出了自己的回答："这多多少少取决于你处理问题的方式。"

罗素被人们誉为"世纪的智者"，他在哲学、天文、逻辑学、数学、文学、教育等诸多领域展开了大胆的探索，堪称是 20 世纪最具影响力的思想大师，而他的思想也为后世读者所广泛接受。

罗素生前以极大的热情投入到与人类命运及人类社会息息相关的研究领域中。他著作等身，一共出版了 70 余部书和小册子，展现了其庞杂而自成一派的思想体系。罗素对数学基础和数学逻辑有着极高明的见解，是历史上第一位为逻辑实证主义发声的思想家，也是逻辑原子主义的创始人。著名的罗素悖论就是以他的名字命名的，这个理论对 20 世纪的数学产生了非凡的影响，第三次数学革命由此展开。

罗素一生崇尚人道主义，在他看来，哲学的意义就是帮助人们获得身心上的快乐与和谐，享受人生的幸福与自由。他在《自由之路》一书里写道："无论哪一种快乐，只要它不会危及他人，就值得珍视。"因此，他也认为性欲是人类的一种本能，人们不必过分克制自己的性欲。因此，出于一个人道主义者对于每个个体身心健康与幸福人生的关怀，他提倡试婚和离婚，对于同性恋、私通也很宽容。

罗素试图让人们知道，幸福并不是悬挂在枝头的成熟的果实，只要时机到了就会轻松地落入嘴里，幸福其实是人生的一种追求。在他看来，人之所以不幸福，主要有两方面的原因：第一，不合理的社会制度；第二，个人不健康、不完善的心理状态。在此基础上，他进一步提出了相应的解决办法：第一，人们要努力改造社会，推动人类过上更幸福的生活；第二，要尽可能地认识到不健康的心理状态对生活造成的危害，并了解这种心理产生的原因和形成的过程，致力于塑造健康而完善的心灵，在安宁与幸福中度过一生。

通过对周遭人与事的细致观察，罗素发现，有的人过分地沉浸在与他人的竞争中，并很享受成功带来的喜悦，视其为人生最主要的快乐之源。然而，罗素认为，成功仅是快乐的一小部分，如果为了获得成功带来的这一小部分快乐而牺牲了其他的快乐，付出的代价实在是太高昂了。有的人将竞争看成了生活的主旋律，他们的生活太执着，也太残酷。长期沉迷于竞争之中，紧张的肌肉与坚硬的意志都会一点点损耗人的幸福感。应对的办法就是努力让生活的各方面保持平衡，宁静而健全地享受当下的每一刻。

在罗素看来，真正的聪明人总是懂得在条件许可的范围内尽可能地享受快乐。他指出，生活中能给人带来快乐的事物很多，诸如爱情、友谊、工作、家庭、性爱、个人兴趣等。对于任何个体而言，有越多东西能唤起他的热情，他就有越多的机会获得快乐，越不容易受制于命运，也就越容易战胜种种不幸。

罗素早就在自己的著作里一点点地渗透着他的快乐哲学，努力地告诫着后人："渴望生之欢愉，追求生之快乐，这是人的天性，亦是人的权利。"因此，以正当地享受人生的快乐为目标，大步向前迈进。

# 6

## 「 人类征服命运的唯一途径就是服从它 」

塞涅卡生于公元前2年，是古罗马时期著名的哲学家、作家。他自幼体弱多病，很多次觉得不堪重负甚至想结束自己的生命。但是，他又心怀悲悯，担心父亲难以承受丧子之痛，而最终放弃了自杀的打算。成年后，塞涅卡进入政坛，在元老院担任元老，后因故被判处死刑，最终又被幸运地赦免。尼禄是当时出了名的暴君，他是尼禄的老师和顾问。后来，尼禄被人谋杀，有人控告塞涅卡也参与了谋杀行动，他最终被判处自杀。

塞涅卡的哲学思想致力于劝告世人要过一种清心寡欲的生活，而他本人却言行不一致，奢华度日。当时有人抨击他，说他的思想与言行并不相符。他反驳说，我的思想是劝诫人们应当以怎样的方式生活，而不是描述我是怎样生活的；如果我能够，我也会以最正确的方式去生活。也就是说，塞涅卡认为他的哲学思想是试图探讨一种理想的生活方式，但这种理想化的生活模式在现实世界里未必能实现。

到了晚年，塞涅卡以书信的形式写了一本名为《道德书简》的书，书中主要对人生和德性进行了探讨。全书包括 124 封书信，都是写给他一个名为吕西里的年轻朋友的。这本书行文流畅，文辞优雅，态度亲切，就好像在夜深人静之时一个挚友与你轻声倾诉着最真挚的情感，字里行间都流露出一个老者的稳重与智慧。

塞涅卡在《道德书简》里提出，人们只有服从命运，才能拥有幸福。他认为，整个宇宙以必然性为基础，这是不可抗拒、不可扭转的。宇宙的规律支配着自然界，也支配着人类社会及其精神生活。而必然性正是这种规律的本质。宇宙是一个整体，处于规律的普遍统治之下，因此，万事万物才井井有条。作为宇宙的一个部分，人也不可能摆脱这种必然性的束缚。必然性有着巨大的力量，远远凌驾于人类之上，是人类无法掌控的。

既然如此，人类征服命运的唯一途径就是服从它，这是因为命运的力量不会屈服于任何人。每个人的命运中都可以捕捉到这种必然性的影子：倘若服从于命运，痛苦也许会减少分毫；倘若不服从于命运，后果只会更糟糕。正如塞涅卡所说的，服从的人，命运领着走；不服从的人，命运拖着走。显而易见，领着走与拖着走恐怕是两番滋味。那么，为何要服从命运呢？原因还在于命运是不可捉摸、变幻莫测的。只有真正服从命运的人，才能保持内心的宁静，而不甚在意自己当前的处境。

想要拥有幸福，还要打消对死亡的顾虑。一个终日因为死亡而惶惶不安的人是不可能感受到幸福的。那么，如何消除对死亡的恐惧呢？塞涅卡也提出了自己的看法：第一，在死亡来临之前，要反复预习死亡。当人们为死亡而惶恐时，死亡往往没有真正降临，这时不妨设想，如果死亡真的降临到了自己头上，会是怎样一番场景？只有事先预习并体会了死亡的滋味，当死亡真的降临时，因为心理层面上早就感受过一次死亡了，就不会那么恐惧了。第二，人们非但不应该害怕死亡，还应该随时随地等待着死亡降临，因为死亡有其随机性，我们只能选择被动等待。既然我们已经在心理上接受了死亡终将到来的事实，等它真的到来时也就不再那么恐惧了。

7

## 「 人生犹如无涯苦海上的一叶扁舟 」

西方理性主义文化以发展科技为主要特征，它一方面极大地促进了社会的进步，另一方面也产生了巨大的负面效应。在这种巨大的负面效应的影响下，一种新思潮应运而生并极大地冲击着现代西方文化，即非理性主义思潮。反对科学是非理性主义的最大特征，它贬低人的理性，而致力于抬高本能、意志、直觉等人的非理性成分，还将其视为人的本质。

阿图尔·叔本华从小就受到印度佛教的影响，在他看来，生命乃至全世界的本质是意志。事实上，他所说的意志就是来自生命的欲望和冲动。后世也将叔本华的相关理论称为生命意志论。

叔本华说：人生就像一幅画卷，飘忽不定。在它无穷无尽的画幅上，意志的笔墨犹如游戏一般随意书写着。在时间和空间上，画像得以短暂停留，经过近乎于零的片刻，就被轻易抹去，为的是给新的画像腾出空间……

人生就如同钟表器械，上好了发条，就向前走，而不知道为什么要走。每当一个人降生到人间，这就是一块"人生的钟表"又上好了发条。

这一个个比喻生动之余，更让人觉得可怖，在叔本华看来，人生是痛苦的深渊。他认为，比起《天堂篇》，但丁的《炼狱篇》更真实、更可信，这正是因为但丁笔下炼狱种种惨象其实是对人生种种苦难真实的写照。叔本华认为，痛苦乃生命意志的根本，而生命意志的现象愈是趋于完善，生命所承受的痛苦就愈沉重，比如，植物没有痛的感觉，低等动物有微弱的痛感，高等动物则有强烈的痛感。

叔本华认为，人生就像一个不停摇摆着的钟摆，一端是无聊，另一端是痛苦。如果人们的欲望没有被满足，就会产生痛苦、焦灼等情绪；而人们的欲望被满足了，无聊也就随之而来，觉得之前盼望的种种也不过如此。百无聊赖之中的人们，又会有新的欲望产生，渴望着新的外部刺激，如此往复，在痛苦与无聊之中过着日复一日的钟摆生活。

那么，为什么叔本华说痛苦是人生的本质呢？或者说，痛苦为什么是人们注定的命运，无法摆脱呢？究其根本，人的欲望是与生俱来的，当意志欲望被客观化后，就成为了人这种表现形式。正如叔本华说，作为宇宙本体的意志，它总是处于无尽的挣扎中，挣扎乃是它唯一的本质。只有在外部力量的阻碍下，才能短暂地停止。瞧瞧！自然的重力就是这样，它一个劲儿地朝着某个无限广袤的中心挤过去，固态的物体向着液态的物体挣扎着，液态的物体向着气态的物体挣扎着。再看看，生物界四处流行着丛林法则，每时每刻都上演着你死我活的战斗。

那么，人类呢？在叔本华看来，人类本身就是成百上千种欲望的集合体，带着各种各样的欲求，存活在这个世界上，自己是唯一的依靠。在一切的迷茫和未知中，只有个体的需求和缺憾是肯定的。由此可见，漫长的人生都处于这种沉重的需求的桎梏下，人们为了维持起码的生存而忧心忡忡。除此之外，第二种需求也与这种忧虑密切联系着，那就是延续种族的需求。同时，来自四面八方的危机也时刻威胁着人类，他必须时刻小心翼翼，胆战心惊地走在人生坎途上。

叔本华认为，人生就是无涯苦海上的一叶扁舟，在无穷无尽的欲望的鼓动下踽踽前行。在他看来，人的欲求受到外部的阻力，就是痛苦；而人的欲求获得短暂的满足，就是幸福。航行在人生的苦海中，偶尔也能享受到片刻的宁静，获得他渴望已久的片刻幸福。然而，这不过是漫漫痛苦偶尔的间歇期，痛苦绝不会就此消失。在两个痛苦之间，真实的幸福绝不会将人类的心灵充实；相反，无聊与孤寂早在一旁窥探已久，肯定会在这个短暂的间歇乘虚而入。

# 8

## 「 世界上最伟大的事情是学会如何皈依自己 」

文艺复兴时期是思维的活力与生命力集中爆发的时代，同一时代涌现了大批思想家、文学家和哲学家。在这璀璨群星之中，蒙田绝对是最具个人特色的一颗。他是文学家，但是他既不写剧本，也不写小说，而是凭借着极具个人风格的散文在文学界为人们所熟知。同时，他还顶着思想家的名头，但他既不注重理论素养，也从不写理论方面的文章，仍然靠着极富个人风格的散文而闻名。

与同一时代的其他思想家不同，蒙田并不具有旗帜鲜明的理论风范，他最关心的是那些与自己的日常生活息息相关的寻常小事，他以人的需求、感受、希望等为根本立足点，观察和思考那些他感兴趣的事物，有时候他甚至摆脱全体人类的框架束缚，而只是专注地站在他个人的角度展开思考。在他看来，思考的意义在于思考本身，无关乎最终结论的对错与否，他甚至根本不在乎最终有没有结论。在蒙田看来，我照着我所看到的写出来了，我又把我写的拿来给各位看了。而至于看客同意与否，他毫不关心。

在蒙田所处的那个时代里，神的地位越来越被忽视，人的地位越来越被彰显。在那个时代里，人与神之间的关系发生着天翻地覆的变化。蒙田的人文思想并不是致力于批判神，他从未试图将在过去的岁月里高高在上的神拉下来，而是他从来就对神的种种毫不在意。作为一个人文主义者，他从来不希望通过战斗获胜。他所采取的手段最终可以归纳为一种，那就是关心人。

蒙田不失为那个时代真正的智者，他满怀着对生活的热情和生命力，并十分崇尚享乐。正如他所说："一个人若能正当地去享受他的存在，他绝对是近乎完善的神圣的人。"非但如此，他还全然无视传统权威，指出人不是为别人而活着，而是为自己而活着。他说：我们为他人活得够久了，那么，至少让我们在余生的日子里为自己而活。世界上最伟大的事情不就是学着如何皈依自己吗？

"我知道什么"是蒙田一生中最推崇的一句话。他甚至按照当时流行的方式，找了一枚勋章，把这句话铸在了上面，同时还将一只天秤铸在了勋章的另一面上，用一种生动而形象的方式表现这句话。

蒙田的怀疑主义对后世影响深远，他把怀疑的矛头对准了中世纪经院哲学这一传统观念。在他看来，中世纪经院哲学琐碎不堪，毫无价值，他犀利地指出其中自相矛盾的内容，批评它们毫无生气。他主张的怀疑主义另辟蹊径，最先从自己而非他人谈起，反复发问"我知道什么"。正因为我不知道什么，所以，我才会怀疑。我怀疑，是因为我想知道自己所知道的东西正确与否，通过一系列的怀疑达到批判的目的，从而回归到人性本身。

蒙田认为，人就是整个世界上最复杂的研究对象。人的复杂表现在两方面，其一是人作为一个群体本身就是复杂的；其二是人的个体的性质也极具复杂性。可见，蒙田一方面是基于人文主义的思想对周遭的事物展开观察，另一方面是用怀疑主义对周遭的事物进行审视。当这两点融合在一起的时候，就完整地呈现了蒙田的思想。

⑨

「  我是凡人，就只求凡人的幸福  」

弗兰奇斯科·彼特拉克是文艺复兴时期人文主义的先驱人物和杰出诗人，他出生在意大利佛罗伦萨的一个贵族家庭，他的父亲是但丁的好朋友，与但丁一起遭到放逐。在父亲流放期间，彼特拉克出生，他从小与父亲一同在法国南部的阿维农城生活，长大以后开始学习法律，在欧洲列国周游，四处搜集各种文物，悉心研读古罗马的经典著作。有很长一段时间，他在寺院里潜心抄写古代遗留下来的稿本，受到希腊、古罗马文化的熏陶。他十分热爱古典文化，毅然放弃了律师职业，开始投身于拉丁语和通俗语文学作品的创作中，掀起了古典文化与中世纪经院哲学对抗的浪潮，他的名望也逐日见长。

1343 年，彼特拉克的兄长盖拉多决定将世间的浮华抛之脑后，投身于为上帝效劳的崇高且神圣的事业中。彼特拉克得知后，陷入了纷扰的情绪中，他既想追随兄长远离世俗生活，却又没有勇气彻底抛开功名与情爱。1348 年，彼特拉克挚友劳拉的死讯传来，他悲痛欲绝，抛开一切，开始了长期的流浪生涯。

彼特拉克在古罗马文化研究方面颇有造诣，他认为古代文化与中世纪文化有本质上的区别，前者是先人智慧的结晶，展现了实实在在的生活；后者是宗教神学人为的虚伪产物。他将自己对古典文化的深入研究称为人文学，并将自己称为人文学者，他也因此成为历史上第一个人文主义者。

在彼特拉克看来，与人有关的问题才是哲学应该关注的首要问题。他首先向束缚人们思想的罗马教廷发出挑战，直指经院哲学，用人学来反抗神学，对基督教宣扬的禁欲主义和原罪思想展开批驳，认为人的一生应该致力于追求现世的幸福与爱情。他振臂高呼：我不愿成为上帝，也不愿拥天地入怀，居住于永恒里……我是凡人，我只要求凡人的幸福。

他在《歌集》中高歌大自然的美好和爱情的纯真，真切地展现了人文主义者对生命个体的关怀，也展现了与宗教神学思想分庭抗礼的胆识与气魄。他呼吁人们实现个人价值，追求事业上的辉煌，不能在平庸和虚无中度日。他说道：我认为，人们在人世间的荣光与追求都是合理的……作为凡人，应该关心凡间的事物。他渴望着在创作上获得更大的荣耀，形象地将自己比喻成在百花之中辛勤采蜜的蜜蜂，他不辞劳苦，只为给世人酿造出馥郁芬芳的精神"蜜汁"。正如他所说，我希望沿着先人走过的路，继续走下去，但又不愿意总是踩着他人留下的足迹……我喜欢模仿他人留下的东西，但又不愿意只是依葫芦画瓢，哪怕是模仿，也不应该太过。我乐于寻找合我心意的地方一脚踩下去，有时候还会走上前人未曾涉足的道路。

虽然他把古典文化与中世纪的宗教传统对立起来，但是，他也没能彻底摆脱封建宗教传统的束缚，纵观他的作品，多多少少能看见些许经院哲学的痕迹。在他的思想体系中，宗教信仰占据着很重要的位置。他写道：我的心灵始终与基督同在……这颗心灵思考或谈及宗教的时候，在思考或谈及真理、幸福或永恒的灵魂救赎的时候，我是虔诚的基督徒，而不是柏拉图主义者或西塞罗主义者。他还写道：为了进行真正严肃的哲学探讨，我们首先必须热爱并崇拜基督，要成为真正的哲学家，要先成为真正的基督徒。

**10**

「　让人性从禁欲主义的牢笼中解脱　」

乔万尼·薄伽丘是欧洲著名文学家，也是文艺复兴时期的先驱人物。1313 年，他在巴黎出生，是一位佛罗伦萨商人与巴黎女人的私生子。他在20 多岁时，经常到那不勒斯做生意，与宫廷和贵族骑士频频接触，还与当时的人文主义者很有交情。他热爱古希腊罗马文化，是欧洲第一个熟谙希腊文的人文主义者。他于 1341 年返回佛罗伦萨，参与这座城市愈演愈烈的政治斗争。他坚定地拥戴共和政权，与封建专制战斗。

他先后用拉丁文、希腊文进行文学创作，对希腊、罗马古典著作进行专门论述，还公然挑战中世纪的天主教会、禁欲主义，极大地推动了现实主义文化的传播。他一方面与天主教神学关系密切，并不是无神论者；另一方面又是新兴资产阶级的代表人物，极大地振兴了资产阶级文化。薄伽丘从小受到人文主义思想的熏陶，这一点在他的文学作品里有着直观的体现，尤其是其代表作《十日谈》。他创作《十日谈》的那个年代，封建专制思想仍占据着主流地位，然而，他却不留情面地驳斥这种腐朽、落后的思想。在薄伽丘看来，所有的教会人士"看上去满嘴仁义道德，实际上一肚子男盗女娼"，他毫不留情地撕开了他们虚伪的面纱。他指出，虽然那些教皇、主教、僧侣看上去神圣，实际上"每一个都是寡廉鲜耻，是贪财又贪色的恶棍"，以致"无恶不作，坏到了极点"。他们搬出了禁欲主义作为教条，欺骗信徒行善、吃素、看破红尘，而他们自己却享受着人世间的荒淫与欢愉。

在他看来，这些"圣徒"各种荒诞不经的行径，都是因为教会大力推行愚民政策，民众沦为他们手中的玩偶。虽然薄伽丘是天主教徒，但他对天主教也颇有微词，他犀利地描述道，天主教就像是一座早就被蛀虫蛀空了的大厦，本应该倒下去，却仍勉强支撑在那里。对于天主教而言，这是毫不留情的讽刺。就这一点而言，薄伽丘极大地继承了前辈哲人对教会的批驳精神。

此外，薄伽丘还大力倡导平等、友爱的精神，反对阶级分裂和压迫。在他看来，"我们人类生而平等，品德是区分人类贵贱的唯一标准""所谓'贵'，就要发挥大才大德，否则就是'贱'"。接着，他还举例说，即使是专门伺候国王的马夫也丝毫不逊于国王。

薄伽丘讲述了不少出身低微却为了追求幸福而不懈努力的人的故事，他们总是依靠自己的聪慧、果敢与毅力战胜贵族和封建主。《十日谈》中第四天里的第一则故事是绮思梦达的故事，讲的是一位亲王的女儿爱上了一位年轻的侍从，对于等级森严的封建秩序而言，这段爱情本身就是对封建观念的挑战。面对父亲的责骂，绮思梦达毫不退却，她说道："您不妨看看满朝的达官显贵，考量一下他们的言行举止、他们的德行，然后您再看看基斯卡又是怎样的。您若公正地下一个定论，就一定会承认，他才是众人之间最高贵的，而满朝显赫不过是莽夫罢了。"接着，薄伽丘还借女主人公之口提出了自己在政治方面的诉求："为何那些昏庸无能之辈总是能身居高位，而那些英雄豪杰却在草莽间默默度日？"

薄伽丘不遗余力地宣扬人性，反对神性，他呼吁人们不要把现世的希望寄托于来世或天堂，而应该解放个性，追求当下的幸福。在他看来，人才是缔造现实生活的主人，每个人都享有追求理想与幸福的权利。在《十日谈》里，他鲜明地表达了必须让人性从禁欲主义的牢笼中解脱出来的诉求：

"倘若谁企图阻拦人的天性，那么，不过就是白费心机，到头来会落得头破血流的下场。"他大力倡导人们摆脱神学的桎梏，将个人的情感、思想、智慧解脱出来，拥抱自然，痛快淋漓地享受生活。

薄伽丘呼吁人们着眼现实生活，尤其强调爱情这一主题。他认为，爱情是人之本性的一部分，是不可遏制的。爱情神奇且伟大，是幸福的源泉，它可以鼓舞人，亦可以改变人。但丁对爱情满怀着同情，彼特拉克则赋予爱情抽象的赞美，那么，薄伽丘则是全面而具体地展现了现实生活中爱情的美好，并由此提出"幸福在人间"的哲学观，激励人们在现世里寻求幸福。

## 11

「　快乐是个人生活的最终目标　」

伊壁鸠鲁热衷于探讨人生问题，但他将个体生活的社会背景与现实情况淡化，而更加关注对个人生命的安顿，以个体的肉体与灵魂等方面的需求为出发点，为人们规划幸福人生。

伊壁鸠鲁提出了原子论，他在其中指出，世界上不存在任何高于个人的事物，因此，个体也在偌大的宇宙里孤单徘徊。事实上，唯有当人们所有的心灵能力都丧失了它们的对象化功能的时候，快乐才能成为人生历程中的最终目标，换言之，只有当人们全然关注自身，为了摆脱烦恼、恐惧、孤寂、忧虑等情感上的缺憾，就势必会追求将快乐作为至上目标的人生观。以此为前提，他进一步指出，快乐乃是个人生活的最终目标，是至善的。对于快乐，伊壁鸠鲁给出了明确的定义：快乐不是肉体上的放荡不羁，而是肉体无痛苦、灵魂无纷扰。

在他看来，不需要从理性的角度出发去寻求善的本身，人的主观情感里本来就包含了善。在人类各种复杂的主观情感里，快乐最让人们怡然自得，于是，人们本能地希望避开有碍于快乐的事物。在他眼中，快乐是"天生的、最高的善""也是幸福生活的起点与终点"。在他看来，除了快乐之外，再没有第二件事物值得作为人生的终极目标。试想一下，既然理性的外在目标是缺失的，不如求助于最主观的情感。可见，凡是能让人产生快乐感受的事物，对于人们来说就是至善的，否则就是恶的。

他曾明确指出，"情感是判断一切善的标准"，在他的人生理论体系里，情感达到了至高无上的地位，与之相应的，理性自然是遭受贬谪的。短暂易逝的情感是最个别的、最主观的，在讨论人生理论时，将情感这一虚无缥缈的事物作为起点和终点，反映了同一时代对理性的迷茫与不解。理性自身的目的已丧失，它的地位接连下降，沦为快乐这种主观情感的工具。当然，理性的功效并未彻底丧失，它只是为了帮助人们得到快乐。

理性是很好的工具，可以用来比较不同事物带给人们的快乐程度，于是，人们可以从中挑选那些能让自己更快乐的事物。正如伊壁鸠鲁所强调的，随着人们任何行为选择所来的不可能是全然的快乐，某些痛苦也会随之而来，有时候，甚至痛苦远远大于快乐。正因为如此，理性最主要的功能就是帮助人们小心、谨慎地选择。正如他说的，"任何一种快乐，它本身都不是坏的。但是，有些事物虽然可以产生快乐，却也会产生远远大于快乐的烦恼。"因此，他主张竭力避开这些事物，因为这与追求个体快乐的宗旨不符。

## 12

## 「 幸福来自愚蠢 」

伊拉斯谟（1466—1536）是荷兰著名思想家，"幸福来自愚蠢"是他提出的一个著名观点。

当时，伊拉斯谟去英国拜访他的好朋友托马斯·莫尔，他刚刚抵达伦敦就病倒了，在朋友家中休养，闲来无事就开始琢磨朋友的名字。莫尔是个聪明绝伦的家伙，但他却突然发现"莫尔"这个名字的发音与"愚蠢"几乎同音，于是"聪明的人最愚蠢，愚蠢的人最聪明"这一思辨性的观点浮现在了他的脑海。他文思泉涌，花了短短一个星期就完成了《愚神颂》这本妙趣横生的书。在书中，他借由愚蠢女神之口，对人世间种种虚伪的现象进行了揭露，并对人类理性的局限进行了批判。

在伊拉斯谟看来，理性的生活往往不快乐，唯有放弃理性，才能获得自在。试问众人之中谁才是真正快乐的呢？毫无疑问，快乐的第一类人群一定是儿童。那么，他们为何会快乐呢？究其根源，孩童是无知的、非理性的，这样一来，他们就能无忧无虑地生活。而成年人拥有理性，也逐渐变得冷漠而忧愁，丧失了童年时代的那份风趣与热情。由此可见，理性的生活不可能拥有幸福。第二快乐的人群是老人，衰老让他们逐渐失去了成年人的智慧，人生的各种烦恼也逐渐忘却，生活再次回归本真，变得轻松而愉快。然而，有的老年人仍保留着智慧，他们头脑清醒，一天天数着日子，出于对死亡的恐惧而难以获得安宁。第三快乐的人群是妇女，她们不具备男人般的理性，头脑也简单一些，因此，比起男人，她们要快乐得多。小的礼物或最简单的奉承话都会让妇女感受到快乐。伊拉斯谟认为，以上三种人群看似愚蠢，却都获得了快乐，而较之男性，大部分女性更长寿，也许也是这个原因。

愚蠢的人少了一些智慧，却多了一些天真无邪。倘若事事都要瞻前顾后，劳心劳神不说，最后也不一定能获得成功。正如伊拉斯谟说的，无数的人生经验告诉我们：懒人总是有懒福。你越是朝思暮想的事，往往未必如愿，纵使如愿也未必是好事。天真少了许多智慧与狡猾，看上去很肤浅，却是一份难得的童心。

伊拉斯谟认为，愚蠢的人更容易放下执念，随性而为。为什么神话故事里的酒神总是最快活的？这是因为他没有那么多智慧，只是追求感官的满足，他疯疯癫癫，在这种任性洒脱的状态下获得了永恒的青春。与之相反，人一旦拥有了理性，就开始爱惜面子，虚伪也随之产生。他开始缩手缩脚，试图压抑本能的欲望，痛苦也就出现了。

他还指出，婚姻成功也要仰仗于愚蠢。倘若不是因为那些愚蠢的女人，男人们又怎么可能靠着一些小恩小惠或甜言蜜语就把她们哄到手呢？倘若不是因为夫妻二人故意忽略彼此的缺点，一个个小家庭怎么能保持稳定呢？在家庭生活中，那些稀里糊涂的人往往更平静、更幸福，正如伊拉斯谟在《愚神颂》里所写的，整个世界运行着，不过是一场愚人扮演的闹剧，永远不会停止。这场闹剧里，所有的演员都如此疯狂，如此愚蠢。人类正是依靠诸如虚荣、自以为是、轻信他人这些愚蠢的心理，才能幸福地生活下去。

虚荣让人放下戒心，更愿意去相信他人，女人因此而认为自己是全世界最美丽的人，男人也因此认为自己是全世界最聪明的人。在虚荣心的驱使下，人们天真地认为自己的配偶一旦佩戴上一枚黄金打造的婚戒就会矢志不渝；出于自以为是，每个人都保持着愉悦的心情，觉得自己是全世界最完美的；出于轻信他人，那一个个美丽的谎言逐渐被人们视为真理一般的存在。

《愚神颂》是伊拉斯谟对"愚蠢"的称颂，细细品读一番，却发现他的主旨是为了倡导人们以一种天真、直率的态度去生活，从而将种种以理性或宗教的名义而出现的虚伪剔除在人们的生活之外。

# 第七章

## 哲学家谈人之关系

博爱源自人与人之间的平等

# 1

# 「 释放女性潜能 」

柏拉图在《理想国》里提出过一个著名理论，即在理想社会里，由父母、子女组成的小家庭将被废除或被严格限制。柏拉图认为，家庭弊端重重，人们的自私自利大多来源于家庭，从而对家庭成员以外的人满怀敌意，这妨碍了人们关心家庭之外更大的群体。他写道，只有当家庭带来的负面影响受到牵制时，城邦里的公民才能由衷地热爱自己的城邦并奉行城邦的理想。这一想法一旦实现，还能释放妇女的潜能，让她们摆脱相夫教子的封闭生活，和男子一样，在更广阔的天地里施展各种潜能。

柏拉图在《理想国》里以一种理想化的手段阐述了这种思想。他认为，和男子一样，女子也能成为哲人或武士。接着，他又在《法律篇》里进一步阐述了这一思想，而且表达得更为务实。他指出，女人可以摆脱这种传统的束缚，更多地投入到社会活动中，但没有必要废除传统的小家庭。在柏拉图所处的那个时代，即使这种想法表述得并非那么尽善尽美，也实在是振聋发聩。然而，柏拉图也因此招致了诸多嘲笑。

近代社会，这些问题经过了系统而充分的探讨，因此，我们可以发现柏拉图这种理论的种种缺陷。这种理论并非建立在经验的基础之上，而是从关乎人性的抽象论述中以先验方式推导而出的，因此，难以应用于现实社会。虽然这种理论摆脱了传统思想的桎梏，但不切实际，也并未在历史上产生实质性的影响。此外，柏拉图所提出的妇女观虽然在理论上看似认同男女平等，但其实仍坚持认为女性在生理和心理上的各种表现仍比不上男性。归根结底，他坚定地认为，如果妇女要改变命运，就必须做与男人相同的事，必须扮演男人所扮演的角色。

有一个关于柏拉图的小故事，说的是他的学园里有两名女学生，一个叫阿西欧提雅，另一个叫拉斯特尼亚。读完《理想国》之后，她们二人双双女扮男装，混入了柏拉图的学园。这个故事很有可能是后人读过《理想国》后杜撰出来的，且不论真假，至少说明在人们看来，柏拉图并没有将性别与思想的发展混为一谈。

古往今来，人们对柏拉图有着不同的看法，有人认为柏拉图堪称女权主义的先驱人物，因为他提出不应该将女性排除在男性活动之外。还有人认为柏拉图从骨子里反对女权主义，他关注女性，并致力于按照男性的理想来重塑女性。然而，与柏拉图同一时代的哲学家却很少有人思考过这个问题，至少这是柏拉图思想的独创性。就比如亚里士多德，他很少怀疑那些流行的思想，比如妇女必须操持家务、没有受教育的机会、没有参与政治的权利等，他都认为并无不妥。从某种程度上来说，亚里士多德代表了过去哲学家的一种基本态度。

2

# 「 精神交流是美好而道德的 」

柏拉图式爱情，指的是一种以西方哲学家柏拉图命名的人与人之间的精神恋爱。柏拉图式爱情追求的是人与人之间心灵上的沟通，将肉体欲望排斥在外，追求理性而纯洁的精神上的爱情。

15 世纪，马尔西利奥·费奇诺最早提出"柏拉图式爱情"这一概念，这也是苏格拉底式爱情的同义词，苏格拉底式爱情指代的是苏格拉底及其学生之间彼此爱慕的关系。可见，柏拉图式爱情是以古希腊的理性主义传统和同性恋恋爱风尚作为文化根基的。在哲学视阈里，有关爱情的定义是极为理性的，其中包含了道德感、责任、义务等社会衍生概念，散发着人类的理性光辉。关于爱情，柏拉图有着自己明确的看法，当心灵抛开肉体而追逐真理时，这无疑是最好的时刻。当肉体的诸恶感染灵魂时，人们追求真理的需求自然不被满足。当人们肉体上不再有强烈的需求时，就会拥有平和的心境。除了人性之外，肉欲正是人兽性的直接体现，也是每个生物个体的本性。人类作为高等动物，就是因为在其本性之中人性的成分多于兽性，可见，精神交流是美好而道德的。

根据柏拉图在《会饮篇》中提出的理论，柏拉图式爱情是发生在一个成年男子与一个美少年之间的爱情，这与当时古希腊的同性恋风气息息相关。在当时的希腊学者看来，男性与男性之间萌生的爱情才是真正意义上的爱情，而男女之间的婚姻制度不过是为了建构一个完整的社会。

在古希腊哲学圈中，柏拉图有着巨大的影响力。在著书立说时，柏拉图借由其师苏格拉底的口吻说：心灵摈弃肉体而向往真理时，才能拥有最好的思想。在欧洲，被称为柏拉图式爱情的精神恋爱由来已久，认可这种爱情模式的人们认为，人与人之间的结合是肮脏的，爱情与情欲是两种互相敌对的状态。因此，当一个人的的确确陷入爱恋的时候，他完全不可能希望与其爱着的对象实现肉体上的结合。

美国东西部社会学会主席伊拉·瑞斯著有《美国家庭体制》一书，他指出，柏拉图所推崇的精神恋爱其实是指同性之间的一种爱情。在古希腊人看来，同性之间的爱情更多倾向于灵魂上或精神上的交流，而不是肉体上的结合，这也是为什么柏拉图更侧重于同性间的爱情。

柏拉图坚定不移地认为，真正的爱情是持久的，可以经受住漫长岁月的考验。只有那些超越世俗的爱情，才能在时间的考验中历久弥坚。在对话录《会饮篇》中，柏拉图指出，精神恋爱是最崇高的爱情，是真正相爱的双方对真善美的共同追求；然而，这种对真善美的共同追求局限于同性之间，这才是真正崇高的爱情。雅典城的法律予以了同性之爱很大程度的保护与支持，甚至认为这能有效控制毫无节制的生育，因而进行倡导。

如今，美国社会学家对于柏拉图式爱情究竟是纯粹的神交之爱，还是虽然涉及性交却仍侧重于神交的高雅爱情，仍然有着不同的看法。但是，有一点可以肯定，那就是柏拉图认为，爱情在某种程度上能让人得以升华。对于一个希望高尚地活着的人而言，并非血缘、财富、权力、荣誉等指导着他的言行，而是爱情。世界上有各种情感，却再没有任何一种能像爱情那般根植于人的心中。对于处于热恋之中的人来说，当他做出某些不光彩的行径时，宁可被他的亲朋看见，他也不愿意被他深爱着的人看见。可见，就这一层面而言，柏拉图所倡导的爱情无疑是一种强大的力量，鞭策人们奋发上进。

**3**

## 「 过度占有让爱成为桎梏 」

在弗洛姆看来，爱包含两重含义：一种是重生存的爱；另一种是重占有的爱。就后一种爱而言，那些被爱的对象最直接而深刻的感受就是约束、限制和桎梏。陷入这种爱情之中，人的天性会遭到窒息与扼杀，逐渐变得麻木，最终人的活力与生命力也会被摧毁。弗洛姆认为，人们将这样或那样的感情称为爱情，其实不过是在滥用"爱"这个字眼，其真实目的不过是试图掩盖爱并不存在这个残酷的现实。

在弗洛姆的眼里，"爱情不过是一个抽象名词，也许它只是某位女神不为世人所知的本质，而世间也没有人真正见过这位女神"。也就是说，在真实的世界里，爱并不存在，人们所能观察并感受到的只是种种关于爱的行动。爱是一种颇具创造性的活动，这一系列的行为包括被某个人或某件事吸引注意力，进而认识他、关心他、认可并喜欢上他，而爱的对象可能是某个人，又或者是一部电影、一朵花、一幅画、一种理念等。也就是说，爱的行为其实是生命个体自我更新与自我成长的过程。

弗洛姆在《爱的艺术》一书里提出了"坠入情网"这个概念，在他看来，这个世人常常提及的关于爱情的词语本身就是矛盾的。爱是一种源于灵魂的力量，人们满怀着爱的情感，去进行一系列创造性的活动。但是，人是不可能坠入其中的，因为任何人都不愿意陷入这样一张巨大的网里，一旦成为了这张网的俘虏，就会彻底失去自由。没有自由的爱情，又怎会甜蜜呢？正如弗洛姆所说，"那些落入渔网里的鱼并非自投罗网，这样一来，世人认为浪漫的'坠入情网'就彻底沦为被动，然而这并不是爱情最真实的目的。"在求爱的过程中，双方的关系并不确定，那些爱着的人们都用尽办法试图获得对方的心。在求爱的日子里，他们生动而活泼，让人不由自主萌生好感，这种蓬勃的生命力会美化一个人的面孔。在此期间，不存在谁占有了谁，因为所有人都致力于奉献与激励别人，这也就是生存的本意。

而婚姻往往会扭转这种局面。在婚姻的制约下，彼此获得了占有对方身体和情感的权力。当你再也无须花费精力去争取对方时，爱情就从一种创造性的行为变为了一种占有物，或者说是私人财产。

弗洛姆注意到，进入婚姻后，双方逐渐不再付出努力，也不再像之前那样努力让自己熠熠生辉，自然也不再努力去激发他们内心的爱意。婚姻生活让他们觉得无聊，人也慢慢失去了那种爱情里的光彩。他们感到失望，不知所措。可是，莫非婚姻让他们变成另一个恶人了吗？一般情况下，每个进入这种婚姻模式的人都觉得自己是受欺骗的那一方，并竭力试图去改变对方。然而，他们自己也早已不是那个彼此相爱时候的自己了。归根结底，他们被"爱是能被人为的占有"这种错误的思想误导了，他们慢慢失去了爱的能力。基于这一前提，他们不再去相爱，而是占有着双方共同拥有的各种资源，诸如社会地位、人脉资源、财产、住宅、子女等。

弗洛姆意识到，有的婚姻虽然以爱情为起始，却最终成为了两个人共同的占有物，两个同样自私的人结合在一起，组成了一个名为家庭的社会实体。甚至还有一些夫妇一直试图回味之前那种类似爱情的情感，他或者她致力于寻找一个新的伴侣，幻想着这份新鲜感能满足自己的这份空虚。除了爱情之外，他们别无他求。

对于这种情况，弗洛姆犀利地指出，于他们而言，爱情并非他们生存的一种表现形式，而是被奉为一尊偶像，甚至一位高高在上的女神。他们只是渴求着能拜倒在她的石榴裙下。而这从一开始就注定了失败，因为没有自由，就没有爱情。对于那些崇拜爱神的人们而言，他们的人生最终都会陷入一种难以自持的被动里，他们会一次次被乏味的生活所吞噬，那些少得可怜的吸引力也终将消逝。

其实，弗洛姆关于爱情与婚姻的观点并不是为了提倡相爱的两个人不应该步入婚姻。归根结底，问题并不在于婚姻这种形式，而在于夫妻双方那种占有性的性格。

## 4

「 让孩子觉得活着是一件美好的事 」

弗洛姆在《爱之艺术》中提起《圣经》里一则颇具象征意味的故事：上帝许给人类应许之地，在那里遍地流淌着甘甜的乳汁和蜂蜜，故事里的这片应许之地其实就象征着人类的母亲。乳汁代表了母爱内涵的第一个层面，即关爱并维护生命；蜂蜜则代表了生活的美好与甘甜，从而对生活与人世产生一种热爱。

对于大多数的母亲来说，她们能为幼儿提供"乳汁"，但仅有极少数的母亲在提供乳汁之外，还能让孩子感受到"蜂蜜"的甘甜与美好。那些能给予"乳汁"与"蜂蜜"双重呵护的母亲堪称是真正的好母亲，而她们同时一定也是幸福的人。然而，偌大的人群里总是只有极少一部分人才能达到这个目标。

弗洛姆反复强调，母亲之于孩子的影响力是难以估量的。作为母亲，她对生活的热爱或恐惧都极具感染性，能全方面地影响孩子今后的人生。其实，无论是孩子还是成人，我们都或多或少能从他们身上感受到哪些人在成长过程中只获得了"乳汁"，而哪些人是二者兼得的。

弗洛姆在《爱之艺术》里对不同类型的爱进行了深入的分析与探讨，其最终结论是，博爱和性爱是两个平等的人之间的关系，而母亲与幼儿之间的爱，却是两个不平等的人之间的关系。处于这段关系里，总有一方需要帮助，而另一方总是不断地付出。母爱最鲜明的特点就是忘我、无私，古往今来也一直被人们视为是最神圣的一种爱。但在弗洛姆看来，母爱中最让人钦佩的那部分并非来自于母亲对婴儿或幼儿的那份呵护，而在于母亲在成长过程中对孩子所给予的爱与引导。

在此基础上，弗洛姆补充道，母爱对于幼儿的付出包括两个方面的内容，其一是必须关爱幼儿，并在其成长过程中陪伴左右，维护并发展那弱小的生命个体；其二是要超出简单地维护生命个体的范畴，要让这个小生命由衷地热爱生活，让他感到活着是一件很美好的事情。

《圣经》充分地阐述了母爱这两方面的内涵。经上帝之手，世界与人类出现了，这从本质上就是对生命的一种关怀与维护。但是，上帝所做的远远比这更多。上帝创造了世界和人类之后，每一天都会了解详细的情况。这与母爱内涵的第二个方面是类似的，作为母亲，要让幼儿由衷地感受到"活着是一件美好的事情"，要引导幼儿热爱生活，而非局限于活下去的意愿。

对大部分母亲来说，她们对自己襁褓中的幼儿满怀着爱意，那些小生命是如此的幼小，以致全然地依赖着他们的母亲。母亲对幼儿的这种情感来源于一种本能，动物身上也呈现出类似的本能。然而，且不论这种本能的力量究竟有多强大，人的因素和心理因素才在其中起决定性作用：对于许多母亲来说，她们始终将孩子视为自身个体的一部分，因此，她们对孩子的种种爱意与痴情，归根结底可能只是为了满足自恋。除此之外，母亲天性里的占有欲也是一个根本原因。对于那些满怀着权力欲与占有欲的母亲来说，一个顺从的、软弱的孩子无疑是最好的情感宣泄对象。

母亲对孩子的爱的动机的解释五花八门，但弗洛姆认为超越自我的内心需求是众多动机中最重要的一个。超越自我是人类最基本的一项需求：人们不满足自己纯生物的属性，不愿意置身于芸芸众生之中，只作为其中的小卒而存在。人们永远渴望着成为创造者，以尽可能地弥补自己作为被创造者而存在于世的消极情绪。有多种途径可能满足这种需求，其中母亲对自己所创造的生命个体，即孩子的关爱就是最直接的途径。母亲总是能在孩子身上实现生命的自我超越，她们对孩子的深情与爱意能让生命绽放新的光彩，从此之后，她们也跃升为创造者。

然而，孩子一天天长大，并最终会脱离赖以生存的乳房，成为一个独立而完整的个体。母亲的本质正在于在孩子的成长过程中给予其关爱和希望，并最终引导孩子完成母子间的分离。母爱在这个过程中成为了一项无比艰巨的任务，唯有合格的母亲才能毫无私心地付出一切，只要被爱者获得幸福，其他别无所求。在弗洛姆看来，只有孩子成长过程中的母爱才能称为是真正意义上的母爱。

## ⑤

「　博爱源自人与人之间的平等　」

博爱是其他爱的形式的基础，所谓博爱，就是对所有人肩负起一种责任，关怀、了解并尊重他人，乐于帮助他人获取生活乐趣。博爱，指的是爱所有的人，这种爱最鲜明的特点就是没有占有欲，没有独占性。

在弗洛姆看来，爱是一门艺术，"如果我具有爱的能力，那么，我会爱我周遭的人"。博爱有着深厚的内涵，所有人的团结与统一都凝结于其中。实现博爱的前提条件是，我们必须意识到每个人都是平等的。相比起人们共有的特点，每个个体在智力、知识与能力方面的差别微乎其微。只有从表面深入，不断了解他人，我们才能了解人们所共有的特点。如果我们对他人的了解停留在表面，那么，我们只会据此将自己与他人区分开来。然而，一旦我们了解到他人的本质，人与人的共性也会显现，从而认可"我们是兄弟姊妹"这一不争的事实。

这种关联不是表面上的，而是从本心到本心的，赛蒙·威尔也曾描述过这种本心关联，丈夫对妻子说"我爱你"，同样一句话，它可能是陈词滥调，也可能非同凡响，这由说话的方式决定。说话的方式并不取决于个人意志，而取决于这些话发乎内心的深度。在双方心意相通的前提下，这些话会触碰到对方内心同等的深度。因此，总有人有能力区别同样的话，并体味出话里究竟蕴含了多大的分量！

弗洛姆认为，博爱乃是处于平等地位的人们之间的爱。总体而言，人与人之间是平等的，但事实上这种平等也不是绝对的。我们生而为人，总是需要他人的帮助。也许今天我需要帮助，也许明天你需要帮助。在弗洛姆看来，这种对他人帮助的需求并不意味着这个人强大，那个人弱小。因为无论对谁来说，弱小或强大都只是暂时的，但所有人都拥有共同的能力，那就是独立地走自己的路。

接着，弗洛姆又指出，兄弟之爱的根源是对弱者的爱、对异乡人的爱、对穷人的爱。人们对自己的骨肉至亲心怀爱意是人之常情，就连动物都懂得关爱后代并将它们抚育长大。爱在很多时候是有条件的：孩子爱着他的父母，因为他离开他们就活不下去；生性软弱的奴隶爱着他的主人，因为他依赖主人维生。然而，当一个人爱着那些与其利益全然无关的人们的时候，纯粹的爱才开始萌生。

《旧约》明确指出，爱的核心是穷人，除了穷人之外，还包括孤儿、寡妇、陌生人、异乡人、民族的敌人等。对那些需要帮助的弱势群体心怀同情，博爱由此滋生。在爱自己的同时，也懂得爱那些恐惧、虚弱、不安的生命，毫不犹豫地施以援手。同情之中蕴含着认识与了解的因素。就像弗洛姆说的，你应当了解那些异乡人的内心，因为你也曾身在异乡。因此，你们应该懂得热爱异乡人！

# 6

## 「 女性在婚姻和亲密关系中地位失衡 」

西蒙娜·德·波伏娃（1908—1986）毕业于巴黎高等师范学院，是法国 20 世纪著名的存在主义作家，亦是女权运动的发起人。1949 年，波伏娃的代表作《第二性》正式出版，一时之间在法国乃至全世界掀起轩然大波，堪称是女权主义的经典之作。

波伏娃在《第二性》一书中指出，受根深蒂固的男权思想影响，女性从小就受到这样的教育：她们人生最大的成功就是为男人而生，取悦男人。随着女孩长大成人，她背后的翅膀已经被男权思想折断，再也无力独自地生活在世上。于是，婚姻成了她唯一的出路。对于许多女性而言，婚姻简直就是一生当中的梦魇：年幼的小女孩被反复教育，要学着做温顺柔美的新娘；到了少女时期，每个女孩都要挖空心思把自己打扮得千娇百媚，以吸引异性的目光；做了新娘，既充满着期待又忐忑不安，盼望着新郎把婚戒戴在自己的无名指上；成为少妇，用汗水和美貌为丈夫打造出一片风光旖旎的温柔乡；人至中年，女性每时每刻都要提防着那些年轻貌美的女性把丈夫从自己身边夺走；步入老年，女性还要拖着一副年迈的躯体，无微不至地照顾同样一大把年纪的老伴。

女性总是付出更多的心血和精力，竭力维持婚姻生活，而事实上，男性总是在婚姻关系中占有主动权。比如，英国传统文化同样主张男女通过婚姻结合在一起，实现真正意义上的合二为一。然而，这里的"一"永远指的是丈夫，这真实地反映了男婚女嫁的内涵：丈夫占有着妻子，而妻子则为丈夫所占有，"她拥有着他的姓氏，信奉着他的神明，而他为她的一生负责。她是他的'妻子'。他因自己的妻子而骄傲，正如他为自己所拥有的住宅、田地、牛群、果蔬而满心骄傲一般"。妻子通过劳动得到的一切成果都属于丈夫，其中还包括她的肉体与生育能力。

在波伏娃看来，妻子主要从两个方面来满足其丈夫的虚荣心：其一，丈夫将妻子视为炫耀品，倘若一个丈夫的妻子终日无所事事，过着养尊处优的闲适生活，那就直接有力地证明了她的丈夫拥有足够的财富。丈夫同样将妻子的美貌、顺从、贞操等视为炫耀物。其二，对于那些崇尚男权的男性而言，妻子就如同他们手里的一块泥巴，这块泥巴在他们手中是如此的被动，任由他们摆弄和加工，最终被塑造成他们理想中的模样。每个丈夫在男权思想的驱动下都体验着随意处置妻子的快感，在这个过程中自尊心和控制欲得到满足。而为了让妻子一直乖乖充当他们手里的泥巴，丈夫们的控制欲也会如熊熊燃烧的烈火般愈演愈烈。

波伏娃认为，女性不仅在婚姻中是第二性，在两性关系上亦是如此。在典型的男权社会里，一些男性也形成了与之对应的性观念：性只需要男性单方面获得快感。这种不平等的性关系也让许多女性对性生活感到厌恶，性冷淡就是最突出的表现。

有的男性想当然地以为通过适当的性技巧就能消除女性的性冷淡，于是方式层出不穷。然而，在这个过程中，女性仍然只能感到被占有、玷污和使用，而感受不到来自丈夫的尊重，自然会打心眼儿里排斥这种生理上的亲密接触。

那么，让人们心生向注的理想的两性关系是怎样的呢？波伏娃有关这一观点的阐述十分到位：如果一个男人渴望着占有她的身体，同时又承认她是自由的，那么，她在成为客体的同时，也会感到自己是主要参与者，她也因此而变得完整。首先，她是自由的；其次，她以自由的意志选择了顺从。唯有在这种情况下，两个情人才能以各自都能接受的方式同时享受快感。处于两性关系中的任何一方都会认为这种快感属于自己，同时又来自于对方。

# 7

## 「 男权制度下的女性是被后天构建的 」

在西方文化视阈里，《睡美人》《白雪公主》《灰姑娘》这三则童话故事被人们视为文学瑰宝，它们不仅被众多家长用作儿童的启蒙读物，其中的三位女主角还被许多女性作为人生的榜样，世代相传。然而，波伏娃却犀利地指出，这三位被人们广为推崇的女性在形象上有着突出的共同点，那就是她们年轻、貌美、被动、无用，为男人而生，是男权社会的附属品。

在男权社会中，女性的核心价值是美貌，说得好听一点，这是一种褒奖；说得难听一点，这是一种强制。因为它的潜台词是女性必须是貌美如花的，而且必须为了美貌付出代价。就像波伏娃说的，"许多女性自觉地将'女性必须是美的'这一要求内化，从而反复在镜子面前端详自己的五官和形体，力求一颦一笑都风情万种"。在这种文化的影响下，女性从小被教育和引诱着，沦为时装的奴隶，为了追求美貌，她们宁愿穿上那些不舒服也不方便的服装。

在《第二性》中，波伏娃写道：裙子比不上裤子方便，高跟鞋更是行走不便，礼服和长裙的实用价值微乎其微，长筒袜和宽沿帽容易被损坏，但是，它们无不鲜明地彰显着女性的风度，服装可以掩饰身材的缺陷或展现曲线美；无论在何种情况下，都致力于将女性的身体放在突出的地位，供人欣赏。不知从何时起，盛装打扮成为了小女孩之间流行的游戏，她们为之着迷。在男权社会里，女性被物化，成为男性的养眼之物，乃至性用品，因此，"在珠宝首饰、蕾丝、羽毛、假发的点缀之下，女人变成了有血有肉的玩偶。她们展示着青春的肉体，仿佛盛开着的花儿一般，肩膀、后背、胸部、颈部……莫不如此"。

在男权制度下，男女按照性别原则严格地分配着彼此的气质性格，阳刚与阴柔也成为两极。比如说，小男孩从小就要学习"如何从容不迫地运用自己的力量，同时也加入暴力冲突之中，并从中吸取教训。从小时候开始，他们就必须学会挨揍、有泪不轻弹和对痛苦视而不见"。那么，小女孩呢？当男性欺负她们的时候，只能柔弱地等待着其他男性来英雄救美，因为她们从小就被教育不允许自己救自己，她们身体的唯一用途是供人欣赏，而非诉诸暴力。

于是，这些女孩逐渐明白，她们是为男性而生的，因此，她们学会了以男性的目光来审视和观察自己，她成为了自己的客体，沉溺于自己的美貌与身材之中不能自拔。就如波伏娃说的，女孩敏锐地发现，"女人最大的需求就是彻底迷住男性，俘获他们的心。任何故事里，女主人公都渴望着这份回报。除了美貌，世人甚至对她们没有其他的要求。我们因此也可以理解，为何少女如此关注并痴迷于自己的身体。公主也好，牧羊女也好，她们必须保持始终如一的美丽，才能拥有爱情"。

正因为如此，人们创造了睡美人、灰姑娘、白雪公主这些经典的女性形象，并一代代地传承下去。对此，波伏娃的看法堪称真知灼见，在这样的背景下，女性不再是天生的，而是被后天构建的。在生理、心理、经济等各个方面……而真正决定具有女性气质的人的因素是整个文明……没有任何神秘的本能决定了女性是满怀母性的、被动的、爱撒娇的，主要原因在于她们从小女孩时就这样被塑造和要求着。于是，她们从小就被灌输这种理念，要致力于完成女性的使命。也就是说，正是父母、亲友、学校、大众媒体携起手来，从点点滴滴入手，以各种正式或非正式的教育方式一步步将小女孩构建成为符合男权社会要求的女性，她们年轻、爱美、温柔、被动、无用、无害，是男性欣赏和把玩的物件。

# 8

## 「 为人父母是一件痛并快乐的事 」

在培根看来，为人父母是一件痛并快乐着的事情。面对子女，大多数父母不得不把他们的快乐、悲伤、烦恼等统统隐藏起来。对此，培根的解释是，他们的快乐无须多言，而他们的烦恼与悲伤则不能说出来。有了子女，为人父母的辛劳也变得甜美而芬芳；但是，他们承受的不幸也显得愈发痛苦。一方面，子女增加了父母的生活重担；另一方面，子女也减缓了父母对死亡的惴惴不安。

诚然，世界上各种动物都传宗接代、代代相传，而唯有人类希望能有机会在历史的长河里留下自己一星半点的故事。然而，现实却很残酷，很多人成就了一番丰功伟业，但是，他们膝下无儿无女。当他们的肉体灰飞烟灭的时候，他们尤其希望自己内心的意念能得以彰显。因此，那些对后代最关注的人往往就是那些没有后代的人。培根认为，那些先成家后立业的人，总是很溺爱他的子女，他们把子女视为家族和事业的继承人。因此，出于对子女的溺爱，他们往往也对其教育与成长放任自流。

父母对于子女的疼爱往往是不均衡的，有时候甚至是不恰当的，尤其是母亲。就像所罗门说的，倘若儿子聪明伶俐，他的父亲就会笑逐颜开；倘若儿子愚笨迟钝，他的母亲就会羞愧不已。我们都知道，如果一个家庭里儿女众多，那么，他们之中年纪最大的常常最受父母重视，年纪最小的则最得父母宠爱，然而，在某种程度上，那些年纪居中的子女则常常被父母忽略。然而，培根却犀利地指出，那些居中的孩子却常常是最有出息的。

谈及父母给子女零花钱一事，培根认为，如果在给子女零花钱时太吝啬，其结果往往弊大于利。这样一来，孩子就会沾染上卑劣的习性，甚至学会用欺诈或哄骗的手段获得金钱，甚至会与一些不三不四的人做朋友，等到他将来某一天变得富有时还会挥霍无度。因此，培根认为，最好的办法是，父母应该保证自己的权威不受侵犯，在这一前提之下，要保证予以孩子适度的零花钱。孩子尚且年幼的时候，父母就格外喜欢让孩子之间展开竞争，然而，这种做法却常常会让他们在成年之后失去和睦友爱的关系，家庭也会失去安宁与和睦。

培根认为，在教育子女方面，意大利人堪称典范，他们对于子女与外甥、侄子常常不分彼此，只要他们来自同一个家族，哪怕并非自己亲生，也同等对待。换言之，他们在秉性上经常表露出某种相似性，比如说，有时候，侄子的脾气也许不那么像他的父亲，反而像他的叔叔。在培根看来，为人父母，应该尽早为子女规划好他们未来的发展道路和从事的职业，这是因为他们在年幼时具有极强的可塑性。正如一句格言所说的，选择最好的一条道路去走吧，习惯会让它变得易于接受。

# 9

## 「 友谊慰藉疲惫不堪的心灵 」

亚里士多德说："喜欢孤独之人，要么是神灵，要么是野兽。"在培根看来，这是人世间最容易混淆真理与谬误的界限的一句话。他认为，如果一个人心甘情愿地与社会脱节，遁入林野里，日日与野兽为伍，这或多或少说明他身上有几分兽性，他的身上就难以再发现神性。然而，凡事皆有例外，总有些人是为了寻求一份社会之外的高尚生活，比如罗马皇帝诺曼、克里特诗人埃利蒂斯。

纵观芸芸众生，很少有人能真正理解孤独的含义，更不知道如此广阔的空间里无不弥漫着孤独，看啊，人们你来我往，但他们并非都结伴而行，形形色色的面孔如潮水一般涌来，不过是一条挂满抽象画的画廊，人与人之间的讨论听上去激烈高亢，实则毫无意义。于是，培根引用了一句拉丁格言来描绘这番场景：其实，城市是一片荒野。在大都市里，朋友们分散地居住着，大多数人难以结成如小镇上那般亲密的友谊。然而，培根的人生经历却让他懂得：如果一个人不享有真正的友谊，那么，他将面对最纯粹而可悲的友谊。一旦这个世界失去了真正的友谊，那么，它就是一片荒野。在这片人生的荒野里，有的人从天性上就不愿与他人结成友好关系，那么，他的天性肯定是由禽兽赋予的，而非人类。

在培根看来，友谊最重要的功能之一就是为人们提供一个有效渠道来释放内心的各种情感和心事。正如我们所知，如果任由负面情绪在心头郁积，这会有损于人体健康，甚至埋下患上疾病的种子。培根深知友谊在人生占据的重要地位，正如他所说，人们啊，你们可以服用矿物质来保肝护脾，你们还可以食用海狸肉来补充脑力，然而，唯有真正的朋友才称得上舒心养身的灵丹妙药。与真挚的朋友相处，你可以放下戒备，通过自白的方式来忏悔和倾诉，将积压在你心头的欢乐与痛苦、希望与忧愁、恐惧与疑惑都宣泄出来。

培根认为，比起普通人，君主若想采摘友谊的果实，就必须付出更高昂的代价，有时他们甚至要冒着生命的危险去获取它。君主与他的臣民、仆人的命运相去甚远，因此，他们总是难以采摘友谊的果实，除非他们让一些人擢升至与他趋于平等的地位，然而，这样会有更多的麻烦随之而来。在现代语境里，这类人被称为心腹或亲信，称呼中含有一种宠信的意味。而罗马语里则将这类人称为分担忧愁的人，似乎能更直接地体现他们对于君主的真正用处。纵观历史不难发现，无论是冲动而软弱的君主，还是智慧而果敢的君主，他们总会从身边挑选一批臣仆与之交往，甚至努力让周遭的人都认为他们是朋友。

苏拉是罗马的独裁君主，他曾与庞培私交甚笃，甚至能容忍其犯上的言语。恺撒大帝也曾与布鲁图结下深厚的友谊，甚至让他成为继承人中的一位，最终却导致了一场悲剧的发生：布鲁图将恺撒大帝诱入圈套，最终将其杀害。针对这起悲剧，西塞罗日后引用了安东尼的话，将布鲁图比喻成懂得黑魔法的巫师，一步步将恺撒大帝引诱进死亡的深渊。

上述这些君主无不强悍、精明而果决，还很爱惜自己的生命和名誉，然而，他们同时也清醒地认识到他们拥有的幸福是残缺的，唯有拥有心意相投的朋友才能让幸福趋于完满。诚然，历史上大多数的君主都妻妾成群、儿孙满堂，但是这些并不能让他品尝到友谊的甘洌与芬芳，也不能慰藉他那颗疲惫不堪的心灵。

正如培根所说，友谊的好处就如石榴的果仁一般，多得数不过来。你不妨想想人生中有哪些事情是不能独立完成的，就可以了解友谊的好处到底有多少种。正如古代贤者所说，朋友就是人们在世界上的第二个"我"。

# 第八章

## 哲学家谈教育

### 教育不分富贵贫贱、老少强弱

# 1

# 「 如何挑选学习者 」

柏拉图在《理想国》里探讨了如何挑选学习者这个问题。在他看来，挑选学习者的最终目的是让他们成为哲学家，掌握国家的政权并治理国家。因此，就某种意义上而言，挑选学习者与挑选统治者一样，必须挑选出那些有天赋、有品质的人。这些人需要拥有与生俱来的哲学家气质：他们勇敢而坚毅，并能保持一定的风度；他们严肃而不失高贵，有适应这种教育的天资。首先，他们要热爱学习，具备强大的记忆力，能熟练掌握学习的各种方法；其次，他们必须勤奋好学，不辞辛苦，脑力与体格兼顾；最后，他们要拥有健全的灵魂，一生致力于追求真知与美德。美德的内涵是如此宽泛，诸如勇敢、大度、自制、诚实都不失为是一种美德，而学习者要具有分辨这些美德真假与否的能力，以免因为自己的过失而错用他人。

在学习辩证法之前，必须学习几何、算术等预备性学科。被选中者在年轻的时候就要接受这些教育，并且不能采取任何强迫的形式，这是因为任何强迫性的学习都不可能根植于人的心灵。柏拉图主张采用做游戏的方法来教授，因为在游戏的过程中能更加了解孩子的天性。有的孩子在高强度的体能锻炼、学习甚至是恐怖的战争中都能表现得出类拔萃，对于这样的孩子，两至三年的体育锻炼一结束就必须将其挑选出来。这些被选中者在青年时代就会收获远远多于同龄人的荣誉。他们要将小时候分散学习的各项课程的内容综合起来，对它们的本质以及它们彼此之间的相互联系进行更深入的研究。这是柏拉图的一块试金石，他以此来判断这些被选中者是否有辩证法方面的天赋。

那些在第一轮被选中的孩子还要经历第二轮考验，只有最具天赋的青年才能从这次考验中脱颖而出。当他们年满 30 岁的时候，他们将被给予最高的荣誉，并接受辩证法的有关考试。考察的目的在于从他们中间挑选出最优者，那必然是无须借助眼睛、耳朵或其他感官器官，就一路追随着真知抵达最纯粹、最实在之本身的人。

接着，柏拉图又在《理想国》里借由苏格拉底之口探讨了被选中者的学习问题。在苏格拉底看来，被选中者要花 5 年的时间竭尽所能地学习辩证法，之后，他们会被派往"洞穴"，他们在那里尝试着指挥战争或从事其他适宜青年人的公务。他们在公务的实践中经受重重考验，同时也在实践中获取了丰富的经验。一般来说，这个阶段长达 15 年。直到 50 岁，只有少数人能在实践与知识学习的各个方面都做到出类拔萃，并以优秀的成绩通过重重考核，这些人必须经受最后的考验。这次考验要求他们将灵魂的目光投向头顶上方，注视着能将一切都照亮的光明。只有极个别的人能通过这种方式抵达善的本原，接着，他们以此作为原型，来管理自己和国家。

在这之后的漫长岁月里，他们要花费大量的时间来研究哲学。这些出类拔萃的人采取轮班制管理国家，每当轮到其中某个人时，他必须出任城邦的统治者，每天都要耗费大量的心血处理种种冗杂的政治事务。直到培养好继承者，他们才能辞去统治者的职务，安居乐业。为了纪念他们，国家会为他们修建纪念碑，并在他们死后为他们举行祭祀仪式。

② 

「   创造生命的程序也有固定的章法   」

亚里士多德认为创生的程序是有固定的章法的，也就是"肉体在灵魂之前，灵魂的非理性部分在理性部分之前"。他又就婴儿的教育问题进一步展开讨论，首先要关注幼儿的体魄，然后要留心他们的情欲境界，最终才触及他们的灵魂。可是正如同维护身体一般，寻到婴儿的情欲也必须以有利于灵魂和思想为最终目的。在《政治学》第七卷第十章中，他详细探讨了要怎样对待婴儿。

首先，亚里士多德指出必须要注重婚姻制度，才能尽可能确保婴儿拥有强健的体魄，其中尤其重要的就是夫妇双方的年龄与品格，同时要兼顾子女与父母在年龄上的差距，不宜过于接近，也不宜相差过大。在他看来，早婚早育对后代不好，女性大约 18 岁，男性大约 37 岁时，双方的体格都处于巅峰时期，这才是婚配的最佳阶段。那么，父母拥有什么样的体魄对孩子的好处最大呢？他认为，那些竞技选手的体格看似健硕，但对于公民的日常生活其实帮助不大，对于健康和生育也不利；但是，体格过于娇柔也并非好事。最适宜的体格应该介于二者之间，这种合乎中庸的体格能够执行自由人的各项行动与活动。

其次，亚里士多德指出生育对婴儿的体格也有很大影响。他提议夫妇双方应该向自然哲学家甚至医生了解关于生育的专门知识。此外，他还提醒孕妇要注意对自己身体的爱护与保养，可以适度地运动，以保持心态的轻松与平和，这是因为母亲的性情会在很大程度上影响腹中的胎儿。针对丢弃或抚养婴儿的现实问题，他提出也要立法，明确规定父母抚养那些天生畸形的幼儿；还要适当地规定生儿育女的数量，避免生育太多。一旦父亲的年龄超过了一定的界限，其子女的体魄或智力都面临着发育不良的风险。因此，亚里士多德还提议应该根据人们智力的鼎盛年龄来划定界限，超过一定的年龄就不得再生育。

最后，亚里士多德指出婴幼儿的养育、维护和教育问题也是重中之重。他谈论到了关于婴儿营养和运动的各种问题。他认为婴儿出生后所汲取的营养至关重要，各种养分中以乳制品为最优之选；婴儿还应该适当进行一些对他们的四肢有益的活动，从婴儿时期就要训练他们御寒的能力，这对于塑造他们强健的体魄和日后的作战能力大有裨益。5 岁之前，任何孩童都不用承担学习或其他劳动任务，但必须让他们适当地参与一些娱乐活动，他们应参与一些活动，在其中模仿成年的自由人的各项事业。7 岁之前，孩童应该主要在家庭内部抚养，以避免沾染上外部环境的不良习气。

# 3

## 「 将公民教育体系化 」

教育是亚里士多德在《政治学》一书里反复探讨的问题，那么，谁是公民教育的对象？亚里士多德给出了明确的答案，即公民教育的对象应该是全体公民。

根据伯利克里的规定，成为雅典公民必须具备三个条件：第一，必须是男性；第二，他的父母也是雅典公民；第三，他必须是自由的，有身份证明。伯利克里之所以对公民资格进行了规定，主要就是为了让公民享有受教育权和参与政治的权利，促使公民积极地参与到城邦的政治中来。伯利克里早就清醒地意识到，这些自由公民应该是构成希腊城邦社会的核心，自由公民必须要积极地参与到城邦的各项公共事务中来。他规定，在 7 岁至 18 岁，男性公民必须接受优良的城邦教育，他的父母要尽可能地培养他，让他日后能执行城邦的各项法律。事实上，城邦的智者们甚至亲自对公民实施全面而直接的教育，掀起了公民教育的高潮。苏格拉底利用辩论法，积极促进公民"认识自己"，从而逐渐在公民之间深化教育；除此之外，苏格拉底还亲力亲为，用他勇敢、克制、聪慧等极具魅力的人格乃至自己的死亡来引发包括柏拉图在内的雅典公民对政治的种种深思。

纵观古希腊历史，柏拉图首次将公民教育的理论体系化，《理想国》就是他思想的精华。亚里士多德作为柏拉图的弟子，在这方面沿袭了柏拉图的理念。在亚里士多德看来，自然的所作所为都是有目的的，因此，政治也是有用的，政治学的主要功效是帮助人们辨别出政治生活中那些按照自然之本意运作着的层面，从而将政治生活中那些对自然目的造成阻碍的层面剔除出去，或是进行修正。自然一直竭力在那个与自己对立的世界里实现自然本身，而亚里士多德则在《政治学》里苦思冥想如何才能达到臻于完美的境界。

在柏拉图的哲学体系里，他最关注的就是共和国，即理想城邦，至于生活在城邦里的公民不过是理想国得以实现的手段罢了。公民的概念在柏拉图的学说里占据着很重要的地位，但这只是因为他将其视为实现理想国的唯一手段，公民个体其实是不值一提的。与柏拉图不同，亚里士多德对公民的看法要纯粹得多，他面对的是一个独立于城邦而存在的个体公民，他所推崇的公民教育的目的就是努力地培养和完善每个城邦公民的人格。

在具体的实践中，亚里士多德也竭力贯彻着他的教育思想。他在雅典创建了一个学园，即吕克昂学园，并亲自制定了一系列近乎严苛的规章进行管理，比如每隔30天就召开一次例会，年长的学生在学习和礼仪等方面一对一地培训新生，由学生轮流担任组长，教师组织学生参与祭祀、打扫等各种公务，等等。

亚里士多德在具体的教学环节则坚持因材施教的原则，他有两套教学理论，白天的时候给学生教授各种深刻的、思辨性的哲学问题，比如物质生灭论、形而上学、辩证法等；晚上的时候则面向大众，为他们普及各种实用的、通俗的学说，比如演讲、辩论、修辞等。在教学过程中，他主张根据教授对象的不同而采用不同的教授方法，根据授课对象的习惯与兴趣对教课的载体进行相应的调整。比如说，面对幼儿时，应该尤其强调发展他们的体魄，主要进行体育教育；面对少年时，应该尤其强调培养他们的理性、秩序感，并适当教授一些修辞、文学、诗歌、伦理学、哲学、政治学、音乐、算数、几何等作为辅助；面对公民时，要以培养合格的城邦公民为教学目标，并要尽可能地发展公民的理性。亚里士多德尤其重视练习、实践在教化中的作用，这在音乐教学时表现得很明显，他经常安排儿童登上舞台，为大众表演节目，这种身临其境的感觉能让他们的技艺更快地提高。

（4）

# 「　音乐教育是最直接的心灵对话　」

在亚里士多德看来，众多的教育形式之中当属音乐教育最重要，因为它是最直接的心灵对话模式，可以发掘出个体所体验到的最实际的意义。音乐其实也是一种语言，饱含着节奏与调式，人们通过听觉与心灵使音乐与现实生活中的喜怒哀乐联系起来，这种惟妙惟肖的艺术形式能唤起听者心灵上的共鸣。

亚里士多德认为，音乐的价值并不在于实用与否，而在于能够增加人生活中的闲适感。在亚里士多德所处的时代，有三种主流观念代表了音乐最主要的功用：第一，音乐可以供人们休息和娱乐；第二，音乐可以陶冶人们的德行，培养一种快乐向上的习惯；第三，音乐能让人享受难得的闲适与安宁，提高实践智慧的能力。而在亚里士多德看来，这三种说法都有一定的道理，但又都有失偏颇，对音乐最正确的看法应该是将三者综合起来。音乐的目的也可以分为三种，即教育、净化和精神享受，不同的音乐类别其功效也有所不同。有的哲学家对音乐类别进行了更细致的分类，如伦理的乐调、实践或行动的乐调、狂热的乐调，每一种乐调都有不同于其他乐调的特质，可以适用于不同的场合。

亚里士多德指出，任何一种音乐都可以依靠极富节奏的表现形式给人带来心灵上的愉悦感，性情与德行也自然而然地获得熏陶，而音乐对德行有着一种显著的规范作用，甚至比陶冶性情更为显著。音乐作品的乐调不同，对感情也会产生不同的影响。利用音乐可以营造出不同的氛围，但要格外注意对调式与节奏加以区分：就节奏而言，有的舒缓，有的紧凑，有的轻快，有的悠扬；就调式而言，有的激荡，有的祥和，有的哀伤，有的愉快。音乐亦有高雅与低俗之分，一方面是因为曲目的调式与节奏等不尽相同，另一方面是不同的演奏者对乐曲的把握能力也不同。针对这样的现实情况，在推行音乐教育的时候，就要注意培养人们的心灵快乐并树立正确的爱憎观念，以人们的听觉为媒介，让音乐与灵魂水乳交融，进而对德行与性情产生深远而长久的影响。与此同时，音乐还能帮助听者培养心灵上的坚定性。正如亚里士多德所说的，音乐里潜藏着一种理性因素，它可以以一种理性的方式滋养、陶冶我们的心情。音乐本身的性质就决定了音乐教育既是一种娱乐，又是一种学习，施教者必须鼓励受教者积极地接受来自音乐的熏陶，并渗透到自己的思想之中。

亚里士多德还格外强调要注意音乐教育在节奏与调式方面的问题，用音乐来影响人们的性情。音乐总是能借助种种节奏与调式来模拟激进与克制、愤怒与平静等截然不同的情绪，效果尤其突出，几乎与真实情境下所流露的情感别无二般。基于音乐有着不同的节奏与调式，施教者要根据不同的教授对象、场地、目的、情景等选择与之相应的音乐。

此外，亚里士多德还提出音乐教育必须要遵循一定的标准，那就是不能为了参赛而进行技艺上的刻苦训练，也不能追求超群的表演技艺，这些时下风靡的方式都不是行之有效的音乐教育方法。好的音乐教育应该确保受教者能够欣赏并领悟其中的种种精妙。可见，他是反对专注于技艺培训的音乐教育的，这种以参赛为最终目的的教育并非为了完善自身的德行，而是为了取悦听众，从而获得一种庸俗的满足感。在他看来，这种表演者在道德上是低贱的，他们所追求的目标也是有失格调的，他们想尽一切办法只为迎合听众的喜好，正是因为听众的这种低级趣味，音乐本身的品质与格调也随之被拉低。

5

# 「 教育不应该被注入现实、功利的目的 」

在普鲁士，国家政治与教育息息相关，因此，国家内部也建立起了一套完整的教育体系：教育完全处于国家的控制之下，所有教师在上岗之前都经过了近乎严苛的挑选与训练，其最终目的是为国家培养忠诚、有文化、有技术的合格公民。国家早就规定了教育的目的，那就是培养效忠于国家的公民，他们靠着技术为国家服务。当时，国家工业化继续发展，为了满足这一需求，国家鼓励人们创办成人业余培训班和职业学校，这样就能培养更多满足国家需求的技术工人。当时的许多思想家也自然而然地将复兴国家与教育密切联系在一起。

当时，黑格尔在柏林大学任教，1818 年，他明确表示支持教育改革，并希望通过这次改革将普鲁士从失败的泥沼中拉出来。1829 年，黑格尔出任柏林大学校长，他积极配合政府，促进教育的国家化。他希望借助政府的巨额投资推动教育，尤其是大学教育的发展，而教育的发展反过来又会推动整个社会的进步。他致力于将柏林大学打造成为普鲁士的政治、哲学、科学中心。

一切教育活动都紧紧围绕着国家的发展，哲学也未能幸免。政治现实紧紧束缚住了哲学这片远离世俗的精神净土，而哲学再也不能振翅高飞。针对这种情况，尼采认为应该让哲学与大学、国家脱离关系，从而恢复它本身的生命力。正如他说的，哲学家其实是一堆有着巨大能量的炸药，他们也是危险至极的，因为对于真理的热爱是一种让人望而生畏的力量，每当文化向前迈进一步，人类追求的体系也会被整个推翻一遍。

国家认为教育的最终目的是培养能服务于国家的人才，如此一来，教育就被注入了现实的、功利的目的。教育沦为了国家的私利与私心，也沦为了个别人用以追求名利的工具。对于这种社会现实，尼采表示了深深的担忧。他发现，社会中处处充满了文化"被滥用"的丑陋现实。当人们身处于一个这样的世界里，迷失自我是早晚的事情。

尼米认为，现代教育最大的弊病就是扼杀人的本能与个性。现代教育对科学进行了严格的划分与分工，那些教育者只精通极狭窄领域的专门知识；而学生也只能学习并精通某门专业技术。正如尼采所说，相比之下，文化的虚无比文化的自负、片面更令人痛苦；而我们的大学却正是让人的本能逐渐退化的工厂。这是他对德国高等教育发出的犀利嘲讽，在他看来，这根本算不上高等教育：大量的受教育者，少量的教学课时，以功利和实用为教学目的，致力于参与当下的生存竞争，这绝不能提高受教育者的文化水平，而只会让他们成为温驯的、满足于现状的"合格"公民。要达到这种生活水平，他们只要掌握一般性的文化和某一门专业知识或科技就足够了。

相比之下，尼采更推崇古希腊的教育模式，也就是个别式教育：每个教育者只专注于门下少数几个学生，根据每个学生的天赋和实际情况因材施教。他写道，现代教育机构的目的就是促使每个人都成为通用型人才，以教育为手段，让每个人从现有的知识范畴和技术领域里得到最大程度的利益，随之而来的还有所谓的现实的幸福感。而曾经那种让人以非功利的心态自由自在地空想并学着享受孤独的教育却遭到了全社会的仇视。

现代教育更多地关注科学，而非人生，它竭力培养着学生为科学献身的精神。这样一来，纵使学生掌握了不少知识，身体却在这个过程中不断衰竭。人丧失了创新的欲望和对生活的热爱，沦为了学习与工作的机器，在实用功利主义的影响下，人生也逐渐失去了意义。究竟是什么导致了这种社会怪相呢？在尼采看来，科学是始作俑者。"科学这种反人性的抽象物成了学者的教育者，而学者也因此变得古怪。"当时，人们都在为科学获得的巨大成就而欢欣鼓舞，尼采却一针见血地指出科学的非人性化弊端重重，这种言论在他那个时代是如此的不合时宜，但他的观点极具远见，他的主要思想成为了日后存在主义与后现代主义的基石。

# 6

## 「 充分发掘人的自然本性和生命力 」

尼采针对教育的目标发表了一番精彩的言论，教育就是解放，就是清除杂草、瓦砾、企图侵害植物嫩芽的害虫，就是释放光和热。在他看来，教育的目的就是释放人的生命力，让人趋于完满。他还指出了教育应该遵循的两项原则：第一，要发掘学生的天赋，并重点进行培养；第二，注重保护学生的各种能力，让它们和谐相处、共同发展。

在卢梭自然主义教育观的影响下，尼采进一步提出，教育不应该干扰或破坏人的自然状态，而是应该充分发掘人自然之本性。他认为，人与人之间的差别是与生俱来的，不同的人的生命力也有强弱之分。尼采所说的自然状态就是充分发挥每个人的生命力。

在尼采看来，从苏格拉底开始，人类的教育并没有促使人们变得更加强大，而是让人们一步步坠入深渊，更加腐朽、堕落。这种教育完全忽视了人类自然的生命力，企图用理性和宗教神性来压制并改造人的本性，这其实是在摧毁人的自然状态。

一个强健的体魄是生命力最直观的表现形式。尼采多次强调教育要注重学生的体育训练，让每个个体都能拥有一个健康的体格，因为这是人在世间得以存在的根本，也是人的精神寄居地。此外，听、说、读、写也应该作为教育最基本的内容，以培养和发展学生的各项基本能力。

学校教育并不是只教授给学生知识就够了，还要通过教育者的教诲让学生学习研究万物的态度。随着教育的不断深入，培养学生的责任心也应该被放在越来越重要的位置。要教会他们带着批判精神投入到学习与工作中去，要为他们灌注追求自由与创新的勇气。自由乃是生命的第一原则，只有在教育中贯彻这条原则，学校才会成为学识生生不灭的沃土。在教育的过程中灌输给学生这种精神，他们的个人境界才能不断攀升，久而久之，学校将成为培养超人的摇篮。

他认为，德国的教育事业正徘徊在一个十字路口，要么通讨改革重新振兴德国精神，要么回到腐朽、僵化的体制中，每个人都深陷蒙昧的泥沼中，不能认识自我。他说，我内心秉持着这种德国精神，它彰显于德国的喜怒哀乐和德国教育改革之中，它亦彰显于德国哲学的严格与勇气之中。我们的德国军人在近期的考验下展现了他们的忠诚，也证实了人们心中那股厌恶虚伪的持久力量。我期盼着这股力量能战胜当下风靡的假文化。

在尼采看来，教育的最终目的是培养精神上的贵族，而这种贵族是与社会地位上的贵族截然不同的。精神贵族拥有着自由的意志，他们或许是达官显贵或富商巨贾，他们又或许是工人群众甚至贫民，但他们绝对是社会的希望。学校最崇高的使命就是让这种德国精神生生不息，代代相传。

精神贵族的对立面是精神附庸，二者的区别是精神贵族会沉浸于思考之中，甚至因为思考而形销体瘦，精神附庸却功利地将工作与休息严格地区分开；精神贵族具有冒险精神，善于聆听内心深处的声音，并遵循自己的本意，精神附庸的人生必须在别人的引领下才能继续前进，他们勇气寥寥，难以面对自己的人生，也自然感受不到最真实的幸福感。

教育的目标是培养精神贵族，而精神贵族的终极阶段就是圣人乃至超人。超人是人与自然最和谐的大统一。尼采是这样描述他心中的超人的，超人的自我完全融化，他的生命不再会感受到痛苦，或者说，他几乎不再有个人感受。相反的，他能与一切生物同呼吸、共命运，与其产生深刻而直接的通感。

# 7

## 「 感觉帮助我们认识世界 」

知识产生于人类的认识活动，反映了客观事实，是事物的本质属性及事物与事物之间的联系在人的头脑里留下的主观印象。要想把握知识的实质，就要先对知识媒体所承载的信息有一个全面的了解。

邓斯·司各脱是中世纪后期唯名论的代表人物，同时也是苏格兰著名的经院哲学家、神学家和僧侣。他知识渊博、才思敏捷，论证有力，被当时的人们称为精明的博士。据说司各脱当年参加过一次大辩论，为了反驳他的观点，他的对手举出了多条论据。而司各脱在现场没有做任何记录，仅靠着自己的记忆力就重述了对手提供的所有论据，并对其逐一进行反驳。

司各脱认为感觉在认识的过程中发挥着重要的作用，他写道，人类的一切认识都产生于感觉，人的理智如同一块"白板"，归根结底，任何理性的观念都产生于人们对于个别事物的感性知觉。一旦与感性材料及与之相关的感觉脱离开，人单单靠着理性是不可能产生认识的。感性可以与客观对象直接联系在一起，有关客观事物的感觉经验也由此产生。比如，人类可以通过视觉来观察万事万物，从而形成"白色""青草""日食"等印象；人类还可以通过听觉听到各种声音，从而留下关于声音的印象，等等。

可见，司各脱认为认识的开端应该是感觉产生的印象，认识的初级阶段就是这种感性阶段。与此同时，司各脱也意识到了感觉印象有局限性。正如他所说，外部的感性世界在偶然间给感官留下了印象，这种印象是简单而混乱的。因此，人们通过感觉所了解到的只是偶然事物，而难以洞悉其中的必然性。接着，他进一步指出，在科学知识体系中，感觉经验是最低等级的，人们依靠感觉经验能了解事物是如何构成的，却不能了解事物的本质。

司各脱认为，认识的第二阶段就是要通过理性从错综复杂的感性材料中将一般性的概念抽象出来，并将其结合在一起成为命题。我们日常生活中许多常见的概念，比如"部分"或"个别"、"大"或者"小"、"黑"或者"白"等都是经过理性抽象而来的结果。当这些抽象的概念通过理性形成之后，人们又可以将它们组合起来，于是得到了一些判断命题，比如"苏格拉底是白的"等。这些命题的各项之间存在着不一样的关系，而这种关系反映的也是感性事物之间真实的关系。这种知识就已经成为了必然的知识。

司各脱举例说，一个人把一根木棍插入水中，于是，这根直的木棍变弯了，他可能就会以为这根木棍在水中已经折断了。而人们如果单单靠着感觉根本就不会知道事实究竟是怎样的，而理性却可以告诉他们，当质地更硬的东西与质地更软的东西相互接触时，它们任何一方都不会折断。而这里的木棍质地比水更硬，因此，并不像视觉判断告诉我们的那样，这根棍子折断了。于是，理性就及时地纠正了视觉错误。

司各脱正是利用自己的哲学言论为哲学正名，让它从神学附属品的位置中得以彻底解脱，并为理性哲学的后续发展开辟了一片新天地。

8

「 知识是先天条件与后天经验的结合 」

近代哲学探讨的一大主题是人类的知识从何而来，知识究竟是与生俱来的，还是后天经验赋予的？理性知识更可靠，还是经验知识更可靠？当时，哲学家们都很关注上述问题，并对这些问题给出了不同的答案。根据答案的不同，当时的哲学界分成了两大流派，即唯理论和经验论，前者以欧洲大陆的哲学家为代表，后者以英国哲学家为代表。

洛克于 1632 年出生于英国，代表作是《人类理解论》。他在书中指出，人们刚出生时，他们的心灵犹如一张白纸，上面没有任何痕迹或符号，没有任何知识。他对那些认为知识是与生俱来的哲学家提出了批判，并指出"他们所说的普遍统一，其实恰好证明了相反的观点，而无法证明观念是与生俱来的。试想，如果观念是天生的，就无须普遍统一，而是人们一生下来就毫无疑义。"他还指出，包括数学或物理定理在内的很多普遍性公理，虽然是高度抽象和概括的，也是普遍适用的，但是如果没有任何感性经验作为基础，也不能从复杂而多变的现象中抽象出这些公理。天赋论者认为，人们从生下来就具有了关于上帝的观念，洛克却持相反观点，他认为那些无神论者就不可能生来具有关于神的观念，儿童或其他民族亦如此。由此可见，关于上帝的观念一定源于特定的文化。

那么，人类的知识从何而来呢？一般来说，一切抽象的知识都是从具象的经验中获得的。具体而言，知识的来源有两个：第一种是感觉，在各种外部事物的刺激之下，人们产生了冷、暖、酸、甜、苦、辣等各种具体的感觉，这些感觉通过感官传递到人们的内心，并产生了有关外部事物的印象，这就是观念；第二种是反省，指的是人们有着丰富的心理活动，同时，人们还可以对心理活动进行反思或思考，由此产生各种观念，洛克将这些观念称为思想、信仰、知觉、认识、推理等。人类的一切知识都源于以上两种途径，前一种是外部经验，后一种是内部经验。

就构成方式而言，观念的构成也可以分为两种，即简单观念和复杂观念。简单观念是一切知识的基础，如冷、热、酸、甜、黑、红等，不能再分解它们。这些简单观念都是在被感知的对象的刺激下形成的，而非心灵制造出来的。几个简单观念结合在一起，就组成了复杂观念，比如医院、动物、食物等。世界上有许许多多的简单观念，而心灵可以任意把这些简单观念组合在一起，从而形成复杂观念。

人们对于事物的观念也可以分为两种，即第一性的质和第二性的质。第一性的质指的是事物的大小、形状、数量、质地等，事物本身就具有这些性质，它们是客观存在的，并会一直伴随着事物。比如说，一个具有一定大小的事物，它就一定占据着一定的空间，换言之，若是某件事物没有大小，它就不可能占据空间。因此，第一性的质存在与否并不取决于人们对它们的感受或认识。第二性的质指的是事物的气味、颜色、声音、味道等，这些性质不能独立存在，并且与外部事物有关，也就是说，这些性质一旦与人们的感觉器官失去了联系，也就不存在了。比如说，声音是通过物体的振动产生的，一旦人类不再用耳朵去听，声音也就不存在了；同理，味道依赖于人们的味蕾而存在，一旦不再用舌头去品尝不同食物的味道，味道也就不存在了。

洛克是为了阐述知识是如何产生的，才对这两种性质进行区分。这说明，人们的第一性质的相关知识来自于客观事物，而第二性质的相关知识则来自于人们的感知方式和认识方式，其中人们的主观因素发挥了很大作用。

洛克对知识来源的考察与我们的经验感受是相符的。比如说，一个婴儿如果不能接受来自人类的系统训练，就无法正常地长大成人，在狼群中长大的狼孩就佐证了这一点。狼孩从小与狼生活在一起，他没有学会人类的知识，而是学会了狼群的生活方式。这表明，复杂而多变的后天经验对人之为人有着重大影响。

但是，光是有后天经验是远远不够的，后天经验发挥作用还依赖于先天条件，而这些先天条件都是与生俱来的，而非来自于经验。比如说，一个初生儿不仅具备正常的生理条件，还具备先天的认知能力，即认识这个世界的能力。一开始，这种认知能力还潜藏着，但是，当它受到后天经验的刺激以后就会突显。由此可见，无论是先天的认知能力，还是后天的经验，它们都不能独立存在，而是相辅相成，一起构成人类的知识。如果没有经验，就不能激发人类的先天认知能力；如若没有先天的认知能力，就无法形成后天的经验。

9

# 「 语言是基于集体的符号系统 」

费尔迪南·德·索绪尔于 1857 年出生于瑞典，是著名的哲学家，他的著作对后世产生了深远影响，尤其是在语言学界。在索绪尔早期，他的相关作品并没有获得人们的广泛关注，但是，当他晚年在日内瓦大学任教并教授普通语言学时，他的讲授受到了人们的普遍关注。据说，每次演讲结束后，索绪尔都会把他的笔记销毁，因此，直至他去世都没有留下多少演讲的相关理论。幸运的是，在他授课的三年时间里，几位学生整理了他们的听课笔记，于 1916 年出版了《普通语言学教程》。

索绪尔把语言学研究的合适对象定义为人类使用的符号系统，可以以抽象的方式来研究符号系统之间的关系，或者，按他的说法就是共时的而不是历时的方式。换言之，这门语言在历史上的任何应用都不用纳入参考中。在索绪尔看来，任何适宜的语言学研究对象都不是任何已知个体的语言输出，而是一个语言使用群体之间共同享有的知识。正如索绪尔所说的，通过一系列（隶属于同一群体）个人大脑里（即使在睡眠中）可能存在的东西的聚焦，你能精准地唤回它的产物——这样一来，语言就固定下来了，或者说，以物质化的形态呈现在你的眼前；我们可以说，在这些大脑中的每一个都是我们所说的语言的全部产物。他继续说，语言，反过来是不容易受个体支配的；它本质上是社会性的，而不是产生于个体；集体是语言的前提。

在索绪尔的思想体系中，语言是一个符号系统，但是，很有必要为这些符号下定义。索绪尔认为，任何一个符号都是一个词语与一个概念的结合。当在语言中运用某个符号时，它就有了双重效果。其中有无力的语音模式——能指，通过发音产生，并通过大脑或心智接收；还有概念或意义——所指，通过符号表示。无论是能指，还是所指，都存在于人类的心智中，是同一言语事件的双重效果。能指与所指密切联系在一起，不可分割，就如同同一张纸的正反两面。可见，这一概念最重要的内涵就是，能指与所指和人类平时所说的话截然不同：前者是原因，导致了后两者发生；后两者则是心理事件。

在索绪尔看来，抽象的语音模式与所指概念之间是任意的关系。但是，在某些特定的语言里，语音模式之间的关系完全可以被系统化、抽象化，索绪尔将这种具体化称为语言，也就是被某个社会的成员共同接受的一套符号系统。语言通过人们在实际中的使用被表达出来。语言和言语是不同的，言语是语言行为的意向产物。索绪尔认为，语言和言语之间的差异就像谱写乐曲与演奏乐曲时的差异一般。

此外，索绪尔认为，人们仅通过符号内部的关系就可以对语言进行分析。也就是说，任何符号在语言中所扮演的角色都不是通过具体的内容来确定的，而是通过它在这套符号系统中与其他符号所存在的差异来确定的。因此，比如说，Mary（玛丽）、marry（结婚）、merry（快乐）这三个指称中的元音声只能通过互相比较才能最终确定。与此相似的，男性和女性两个所指称表达的思想一定是相反的，我们不能将某个主体同时断定为是男性和女性。也就是说，在一个封闭的网络里交互定义的思想，最终导致了语言学中的结构主义运动的产生。

**10**

# 「 学习和研究不能离开方法论 」

作为方法论的忠实拥趸者，笛卡尔认为，无论是学习还是研究，乃至于日常生活中微不足道的小事，都离不开方法论。就某种程度而言，方法论是判断人类社会发展进程的重要标尺。笛卡尔认为，普遍怀疑是方法论的开端。显然，每个人的良知是与生俱来的，但方法论并非如此，若不其然，人与人之间的分歧也不复存在。然而，方法究竟源于何处呢？在笛卡尔看来，哲学研究的最终目的就是探索并发明新的方法。值得强调的是，笛卡尔认为，方法不是像良知那样与生俱来的，我们必须在后天生活中不断摸索，才能获得。

笛卡尔认为，所有人就其本质而言是平等的。这里谈到的平等，是以人类的本性为出发点的。正如笛卡尔所说，良知是世界上被分配得最公允的东西，因此，所有人都拥有足够的良知，即使某些人在别的事情上难以被满足，他也不可能希冀着拥有比现在更多的良知。笛卡尔所指的良知就是天性或智慧。就天性而言，作为人类，我们的所有天性是与生俱来的；就智慧而言，每个人从降生之日起就拥有他应有的智慧，足以帮助他在这个世界上立足并生存下去。

如果更具体一点，我们不妨将笛卡尔所说的良知理解为"辨别真伪的天性"，也就是说，每个人都拥有生而为人的天性和同等的智慧，都拥有同质的良知用以辨别真伪。比如说，有的人并非天生丽质，还有的人生下来就是残疾，然而，且不论他们身体上或多或少的缺憾，他们拥有着与其他人一样多的良知。换言之，在辨别真伪的能力方面，人们生而平等。正如笛卡尔说，人之所以区别于动物，正是因为理智与良知的存在。我相信，每个人身上都能完整地反映这一点。

然而，现实情况却与笛卡尔的说法有所出入，对此，要做何解释呢？笛卡尔认为，人与人之间有意见上的分歧，并非因为这群人比那群人更理智，而是因为人们的思想是由不同路径所引导的。换言之，人们意见分歧的根源并不在于良知，人们拥有同样的良知，意见上却仍有分歧，原因在于人们运用了不一样的方法。

同时，笛卡尔认为，方法并非与生俱来，而需要从后天生活的研究中获取。因此，我们要积极地探索适合自身的新方法。他说，我不愿再一次次传授一个人人必须遵守的方法，以此来引导他们的理智，而只是示范给人们看，我是如何来引导我的理智的。这段话反映了笛卡尔所倡导的方法论的主要观点，那就是不再致力于单向性的传授方法，而是注重引导人们寻找适合自己的方法。

正如笛卡尔所说，检验一切学科，即使那些学科充满虚伪或迷信，这也是大有助益的，这样才能认识并了解它们的价值，不让自己误入歧途。基于这一观点，笛卡尔对传统的学校教育进行了一番大肆批评，之后，他又严厉地批评了包括历史、语言、诗歌、神学、数学、哲学、语言、古籍在内的各个学科。他的结论是，如果任何学科是以并不确定的哲学作为基础的，那么，就其本质而言，它早已失去了科学性，难以令人信服，也不值得人们在上面耗费时间和精力。

在笛卡尔看来，只有认识并掌握真正意义上的科学，人类才能获得真正的幸福生活。从某种意义上来说，笛卡尔的哲学追求就是致力于掌握真正的科学。那么，应该从哪里着手来掌握科学呢？笛卡尔反其道而行之，采取了不一样的策略。在他看来，掌握真正的科学并不能局限于单纯地学习那些早已建立起来的科学体系，而是要建立一套更完善、更合理的科学体系，这也是笛卡尔在学习中的方法论。

11

「　求学注重义理　」

孟子尤其注重义理，他在阅读和接受文学批评等方面有着振聋发聩的重要观点："不以文害辞，不以辞害志。以意逆志，是为得之。""颂其诗，读其书，不知其人，可乎？是以论其世也"。

在探求义理方面，孟子讲究层层深入的求学原则，他说过"博学而详说之，将以反说约也"，意思就是，在求学的过程中，应该由简约入渊博，再由渊博入简约；由简单入繁复，再由繁复入简单；由谷底入云端，再由云端入谷底；由平淡婉约渐渐步入高亢激昂，再由高亢激昂回归到"放其心"的淡然状态，淡定自若地探寻其中奥妙。无论做人还是处世，为学还是为政，这都是孟子奉行的不二法则。

孟子在义理问题上格外执着、认真，也可以说，孟子从最开始就在这方面定下了很高的基调。在他看来，求学的路径与人生的路径极为相似，二者在选择上都是多元化的。他反复谈及有关义理的一些具体问题，比如说，"富岁，子弟多赖（懒）；凶岁，子弟多暴"，就是他对年景更迭的形象概括；"七十者衣帛食肉，黎民不饥不寒，然而不王者，未之有也"和"五亩之宅，树之以桑，五十者可以衣帛矣"，则是他对理想中小康社会的形象描绘。

孟子的诸多观点都围绕着义理立论，无不关乎根本性的大是大非，无不关乎道德、仁义、民心、王权、义理等，他高调而强势地分析这些宏观问题。至于那些并未达到原则性高度的具体事务，他就采取机动灵活的处理方式。在义理这个问题上，孟子呈现出鲜明的两面性：他一方面擅长讨论大是大非的问题，另一方面又懂得随机应变。他的这套思维方式对两千多年后的国人的思考线路、辩论方法仍有着巨大的影响。然而，这种思维方式也是有利有弊的：利的一方面是可以快速抓住事物的主要矛盾，简明、疏朗地解决问题，兼顾灵活性与原则性；弊的一方面是气胜过理，概念胜过本体，主体情致胜过调查取证，具体事例的情况有着千差万别，虽然天网恢恢，却难免有疏漏的时候。

12

## 「 所谓教育不分富贵贫贱、老少强弱 」

在孔子生活的那个年代，人们如果想参与社会政治活动并谋求一定的社会地位，就要掌握礼、乐、射、御、书、数这"六艺"：要对当时各种礼仪驾轻就熟；要有音乐才能，善于演奏各种乐器，还要从中领悟到音乐对道德教化的熏陶作用；要有良好的射箭技艺；要学会驾驭马车；要写得一手好字；要懂得算数。但是，寻常百姓出身的孩子很难有机会学习，只有出生在贵族家庭的孩子才能去学校求学。可见，春秋年间，学校教育是贵族享有的特权，这样的学校根本不会向任何贫寒人家的孩子敞开大门。然而，年轻的学子却有着强烈的求知欲，究竟在哪里能找到一位贤良的老师，拜在他的门下呢？

鲁国的孔丘为黎民百姓提供了一条求学的途径，他在政府的官学之外创办了私立学校，也就是当时的私学。只要年轻人有求学的志向，他都愿意收入门下，将"六艺"悉数传授给他们，为他们传道、授业、解惑。在求学若渴又不得志的情况下，很多青年学子投身孔子门下。

跟着孔子这样一位知识渊博的老师求学自然是一桩美事，然而，还有一个大家都很关心的问题，那就是拜在孔子门下，需要交学费吗？事实上，孔子教学是收费的，但是费用很便宜。《论语·述而》记载道"自行束脩以上，吾未尝无诲焉"，其中的"脩"是肉干的意思，所谓束脩，指的是十条肉干。也就是说，孔子只要求学生主动献给他十条肉干，当作见面礼，他就会收其为徒。区区十条肉干，就可以投入中国最有名望的老师名下，这一点拜师礼实在是微不足道。教育往往能影响并决定人的一生，孔子将教育的门槛放得如此之低，就是为了实现有教无类的目的，让所有有志于求学的人都有机会学习。孔子这么喜欢吃腊肉吗？事实上，孔子并没有将这十条肉干放在心上，他是希望学生在拜师时要遵循一定的礼仪。束脩这一拜师礼其实是为了增强仪式感，让师生之间的情谊更加深厚，也让学生在日后求学的过程中态度更加端正。

孔子办学的规模虽然很大，他的教育事业也获得了后世极高的赞誉，但当时办学的条件却很艰苦。孔子创办的是私学，学费低廉，也没有任何来自国家的财政拨款。按照孔子当时的身份来看，我们甚至可以说他是中国历史上首位民办教师。当时，他刚刚创办私学，就明确将有教无类作为他的教学宗旨，具体一点来说，不论富贵贫贱、老少强弱，只要到了可以接受教育的年龄，孔子就为他们提供接受教育的机会。

孔子最终克服重重困难，培养了大批优秀的弟子。根据《史记》的相关记载，他门下弟子有三千之众。当时，孔子四海为家，周游列国，人们随时随地就能投入他门下，他走到哪里，就在哪里给弟子上课。后世，历朝历代的帝王都将孔子奉为万世师表。孔子甚至可以称之为中国历史上的素王，他既没有臣民，也没有土地，但是，只要文化代代相传，他就永远处于他人难以企及的地位。

# 第九章

## 哲学家谈艺术与美

与生俱来的缺陷，艺术使之完美

# ①

## 「　艺术审美是对少数天才孤独心灵的补偿　」

在叔本华看来，摆脱痛苦的唯一途径就是舍弃欲求，否定生命意志。他把解脱分为两种情况：永久性的和暂时性的。前者可以通过禁欲的办法达到，禁欲分为三步，即放弃性欲、习惯痛苦、绝食而亡；后者可以通过艺术审美这条捷径获得，也就是沉浸于艺术追求之中，短暂地忘却生命的意志。

在叔本华看来，我们可以沉浸于大自然之中，从而满足内心深处的艺术审美需求。在一片山呼海啸之中，我们更容易抛开一切欲求，只是"宁静地、无动于衷地"观赏着、体验着、感受着身处自然之中时个体的渺小。与此同时，叔本华写道，有一种直接的意识起而反抗我们的渺小，这是一种幽灵般的想法，反抗着种种虚假的可能性，让我们恍然大悟，原来这世界的一切只存在于我们的表象之中，只是作为纯粹认识的永恒主体所规定的一些特定形态而存在着……原来让我们感到渺小的世界，如今早已安顿于我们心间。这是一种人与宇宙合而为一的境界，如此一来，人非但没有被浩瀚无边的宇宙压低，反而被抬高了。叔本华将这种体验称为壮美感。

人们正是通过这种艺术审美而进入物我两忘的天人之境，我们的认识才彻底摆脱了为意志服务的枷锁，从横流四溢的欲望里解脱出来。终于，我们的灵魂获得了片刻宁静，享受着这一份不掺杂欲念的、来自审美的喜悦。

在叔本华看来，即使是为情欲、贫穷所困顿的人，只要饱览一番大自然的壮丽之景，心中就会油然生起一股力量。这时，情欲的痴迷、欲望的狂潮、恐惧的促狭等，一切因为欲求而产生的痛苦都逐渐平息。人们如同进入了另一个世界，在那里，平日里推动着我们意志的种种都不复存在。就这样，我们从欲望的牢笼中解脱，达到了一种浑然忘我的心境，这也就是柏拉图、叔本华等哲学家反复强调的至善。

　　然而，通透如叔本华，他早已看透了人性之根本。他反复强调，芸芸众生中的大部分，也就是那些普通人，是根本无法从艺术的审美中获取片刻安宁与解脱的。唯有哲人与少数天才能从艺术这朵造物主的花儿中嗅到欲望之外的芬芳。对于大部分的普通人而言，他们一生都将受制于欲望，"最终心力交瘁，流浪于欲望的洪流之中，难以超脱"。

　　叔本华的意思一目了然，艺术的审美乃是少数天才手里的特权。为什么这么说呢？在叔本华看来，天才之所以区别于普罗大众，归根结底就在于天才有着超越常人的认识能力。那些天才人物有着直观的艺术审美能力，可谓是"普照世界的太阳"。天才之所以降临这个世界，就是为了利用其"通天眼"识破表象世界的种种虚幻，使宇宙之真理与人生之真谛得以揭示。

　　除了认识能力，天才与众人在外貌与气质上也大相径庭。叔本华写道，眼神是天才的一种标志，这种眼神活泼而坚定，带着冷静和审视的意味。而大多数人的眼神则显得迟钝，或深于世故而寡情。而那些真正的天才，气质上往往带着些许"疯癫"，比如拜伦、卢梭身上都带着一些不谙世事的"疯癫"。

　　除了认识能力、外貌、气质等方面的差别，天才一般都有着疏于人事的天真。"一个天才诗人能深刻而彻底地认识人，但对于那些具体的人，他却认识不够，他总是容易受骗。一旦落入狡猾的人们手里，他就成了人们捉弄的工具"。

　　可见，在这个异己的时代里，天才饱受着孤独与寂寞，而从艺术审美中获得的喜悦堪称是一种补偿。然而，在多数天才一生的困顿之中，这难得的片刻宁静是如此短暂易逝。

②

「 与生俱来的缺陷，艺术使之完美 」

1865 年，尼采居住在莱比锡。一天，他从一家旧书店里淘到了一本叔本华所著的《作为意志和表象的世界》。他视若珍宝，每天深夜入睡，凌晨起床，陶醉在这本书里。他后来回忆起阅读此书的那段日子，如此写道，我从字里行间听到了呐喊声，那是谴责与自我否定；这本书就像一面镜子，世界、生命乃至我自己的灵魂都映照在其中，真实得让我惶恐。

叔本华认为，意志是自由的，包括所有生命个体在内的一切现象都只是意志的一种表象。意志是一种生命的冲动，它是盲目的、不可控的，在这种冲动的支配下，人们产生了欲望。伴随着欲望而来的是缺失，伴随着缺失而来的是痛苦。因此任何生命"就其本质而言都是痛苦的"。然而，一旦没有了欲望，人们又会感到深深的无聊。于是，人的一生就不停地在痛苦与无聊的天平上摇摆。

人生的悲剧性本来就是哲学难以回避的问题。乐观主义试图回避或掩饰人生的悲剧方面，而叔本华式的悲观主义直面了人生的悲剧性，这也让他的思想比乐观主义来得更深刻、更实在。但是，叔本华认为人生的悲剧性是不可避免的，他选择了屈服，并最终把人生全盘否定。尼采并没有止步于此，他在叔本华的基础上进一步探索人生的悲剧性。首先，他承认了人生的悲剧性，这与乐观主义形成了鲜明对比；其次，他认为人生的一大任务就是要战胜人生的这种悲剧性，这也是他的思想与叔本华式的悲观主义所不同的地方。为了阐述自己的观点，尼采提出了日神精神与酒神精神。

日神象征着外观上的美，人们也沉溺于这种外观。尼采认为，就本质而言，外观是虚幻的，但人们不得不承认人生是离不开对美的外观的迷恋的，否则就会沦为悲观主义的猎物。正是依靠这种艺术的美化，我们才会感到人生的缺陷是可以弥补的，进而获得继续活下去的能量。面对真理与外观，尼采最终选择了外观，他在《权力意志》里写道，这是唯一的世界，它充满了残忍、虚伪、诱惑、无意义，是如此的矛盾，这就是真实的世界。为了面对这样的现实，为了继续生存，人们需要谎言。

尼采所说的"谎言"就是艺术。在他看来，我们只有一个现实的世界，前人所说的"理念的世界才是真实的"不过是哲学思维上的一种虚构罢了。而我们所面对的真实的世界是荒诞的、没有意义的，因此，悲观主义就是真理。然而，人生不能从真理中获得意义，就这个层面而言，比真理更有意义的是艺术。

"我们拥有了艺术，依靠着它，我们才不会被真理毁灭。"形而上学素来主张探究世界的本体，以便揭示种种表象背后那个"真实的世界"。尼采主张的"艺术形而上学"却是相反的，它注重外观世界，而反对探究本体世界，也就是说，它的本质是将外观视为本体。尼采的思想显然是以价值论作为立足点的，他努力寻找一种本体，它不是荒诞、无意义的现实世界，也不是虚拟的理念世界，同时，它又能让人生获得终极意义。因此，酒神精神是尼采关于艺术的理论最为重要的一部分。一开始，尼采就多次强调，比起日神冲动，酒神冲动是更接近本原的形而上。在他看来，酒神精神超越了乐观主义与悲观主义，处于二者之上。酒神精神要解决的问题就是，如何在承认人生的悲剧性的前提条件下，肯定人生的意义，其目的是树立一种积极的立场来应对人生的悲剧性。

为了解决这个问题，尼采选择从悲剧艺术入手。他承认生命意志是永恒的，于是，它势必会诞生或摧毁个体生命，这是自然界生命力的一种强大张力。由此可见，个体生命转瞬即逝，而宇宙生命则生生不息，那么，就必须超越个人狭隘的眼界，从宇宙的角度肯定生命，这种肯定自然也包括了个体生命的痛苦与灭亡，这正是酒神精神的精华。可见，酒神精神的本质在于站在宇宙全体生命的高度上审视个体生命。

生命的存在有着与生俱来的缺陷，而人们可以利用艺术使之变得完美无缺。如此一来，本体被艺术化了，而人也就不再会感到生命的荒谬和无意义。

3

「 美学不仅仅是一种艺术哲学 」

　　按照西方知识谱系，美学其实是哲学下面的一个分支。有关"美究竟是什么"的哲学命题可以一直追溯至古希腊时期，早在柏拉图和亚里士多德所处的时代，人们就开始直接讨论有关美学的理论问题，比如音乐的本质和戏剧的社会心理功能等，此后，各个时期对艺术的探讨也精彩纷呈。但是，一直到近代社会，人们才开始普遍认为美学应该是哲学知识谱系里的一个重要部分，应该是哲学家进行理论探讨的重要领域。

　　鲍姆嘉通（1714—1762）提出了一个有趣的设想："人类的智力、情感和意识是三种最基本的心理要素，其中逻辑学致力于研究理性智慧，伦理学致力于研究理性意志，唯有感性情感这一方面仍然是哲学研究的一大缺憾。"因此，鲍姆嘉通提出，应该建立一个新的哲学分支，以便对人类的感性情感进行专门的研究，这就是后来的美学，并以 Aesthetics 来命名，就字面意思而言是感性学。

　　黑格尔在美学方面进行的一系列探讨与鲍姆嘉通的思想一脉相承。但是，有一点需要注意，那就是黑格尔给美学下的定义与鲍姆嘉通截然不同，他认为美学其实是艺术哲学。他在《美学》第一卷的开篇写道：在我看来，这门学科的正式名称应该是"艺术哲学"，也就是关于美的艺术的哲学。

　　很明显，感性的东西并不一定就是美，美也不一定能与艺术画上等号。那么，黑格尔为什么会将美学的范畴缩小，最终界定为艺术哲学呢？

　　在具体讨论艺术之前，黑格尔在《美学》第一卷先对自然之美进行了细致的考察。他在书中写道，人类与其他动植物的区别在于人是有自觉理性意识的。相比之下，无机物、植物和动物都是没有心灵的、低级的，从它们的角度而言，自然的一切事物根本无所谓美。倘若说大自然有美存在，那就是人们对其关照的结果。人类的心灵参与其中，这种浸透才产生了美。由此可见，在黑格尔看来，最典型的美学考察对象并不是大自然的事物。在这种理性主义的影响下，黑格尔最终选取了艺术作为人类最典型的审美对象，因为任何形式的艺术都是人类有意识创造出来的。更具体而言，在人类世界各种各样的审美对象中，艺术品是人类有意识创造出来的一种精神文化成果，在美的方面发展得更全面，也更加适合哲学家用来表达自己的审美观念。

　　从今天的角度而言，将美学定义为艺术哲学肯定是有失偏颇的，因为艺术不过是美的一部分，更何况，很多艺术形式并不是为了追求美而创造的。人类最基本的审美形态有四种，即生活审美、艺术审美、自然审美和工艺审美，世界上也存在着四种与其相对应的审美对象，即生活美、艺术美、自然美和工艺美。可见，真正的美学应该囊括以上四种审美形态，而绝非专注于艺术美这一方面。很长时间里，西方美学都在黑格尔艺术哲学的影响下专注于艺术，在一定程度上影响了审美研究的发展。在考察艺术美之前，黑格尔也对自然美进行了一定程度的考察，但是，在他看来，自然美其实是不能独立存在的，因此，最终他所写的《美学》仍然以相当大的篇幅专注于探讨艺术。于是，我们更应该指出：作为一门科学，美学应该致力于研究人类的一切审美活动，人们感性精神生活的方方面面都应该包含于其中，成为美学所关注的对象，而不应该局限于艺术这一相对狭小的领域。

4

# 「　艺术作品之美，乃神性之美　」

艺术是何物？美又是何物？
艺术乃是人类心灵的展开，它模拟着自然，抚慰着心灵，舒缓着欲望，传达着理想。艺术是对自然的复写，充满着神性，也就是人类灵魂的深度。艺术作品之美，乃神性之美。神性是一种普遍价值，需要艺术家用作品来呈现，这也是其存在的最高价值。

"神性"（又称为"神圣性"）一词在德国古典哲学家、美学家黑格尔的《美学》一书中频频出现，并在他的美学思想中占据着相当重要的地位。在书中，黑格尔写道："只有依靠这种自由性，美的艺术才成为真正的艺术，只有在它和宗教与哲学处于同一境界，成为认识和表现神圣性、人类最深刻的志趣以及心灵最深邃的真理的一种方式和手段时，艺术才算是尽了它最高的职责。"

艺术作品展现的是人的精神世界，因而，神性必须借以人的形象通过艺术化手段表现出来，这就在神与人之间架起了一座桥梁，使神性与人性统一。黑格尔在《美学》中使用了"情致"一词来说明神性与人性在艺术中具体的统一，我们不能说神们有情致。神们只是推动个人采取决定和行动的那种力量的普遍内容（意蕴）。神们本身却处在静穆和不动情的状态……所以我们应该把"情致"只限用于人的行动，把它了解为存在于人的自我中心而充塞渗透到全部心情的那种基本的理性的内容（意蕴）。可见，艺术作品中，神们成为人的情致，在具体的活动状态中，情致也就是人物的性格。具体到每个个体，他的心胸是广大的，因而，也同时具备着许多神，即情致。

基于此，黑格尔将艺术分为三类，这种归类概括性地说明了艺术是如何一步步地向着它的本质发展的。

第一类是象征艺术，也就是形式与内容尚未实现和谐统一的艺术。在黑格尔看来，内容乃艺术的阵地，它过于抽象，难以在艺术中表达出来。在他的心中，诸如狮身人面像等古埃及艺术作品，或古印度的艺术作品都属于这一范畴。他批评这些作品永远桎梏于一个恒久不变的范畴内，刻画着一成不变的事物，根本无法展现现实存在的动态本质。建筑也被归入这一类艺术。

第二类是以古希腊艺术为代表的古典艺术。黑格尔认为，这类艺术包含了更高程度上的个体性，是艺术基础上的进步。对他来说，雕刻是古典艺术的典型，更是将索福克勒斯的悲剧视为典范。在他看来，悲剧的两大特征极大推动了艺术的发展：第一，悲剧角色虽然仍代表着某个类别，但已经个性化；第二，那些揭示人类历史的大型悲剧的故事情节微妙地刻画了人与人之间紧张的关系。

唯有第三类艺术——浪漫艺术充分体现了黑格尔有关艺术神性的观点，较之前两类艺术，它更完整地体现了主体性概念。诸如莎士比亚的喜剧，由于其中的角色（比如哈姆雷特）展现出了更多的自我意识与自我反省，因此属于浪漫艺术的范畴。这类艺术致力于表达角色的内心世界，也就是他们如何意识到自我以及自我的处境，因此，这类艺术不再能用雕塑等三维形式来展现，而只能用音乐、绘画、文学等形式来表现。在黑格尔看来，这类真正意义上的艺术就是通过人物来体现一种在人类历史进程中向自我意识发展的精神。

5

「 基于人类精神自我发展观念的建筑观 」

在《美学》第二卷里，黑格尔以一种动态的形式对人类艺术漫长的历史发展形态进行了考察，将艺术划分为三种类型，即象征艺术、古典艺术、浪漫艺术。到了《美学》第三卷，黑格尔延续了第二卷中的历史性眼光：首先，他把各种类型的艺术分别归入象征、古典、浪漫这三种大类型之中；其次，他具体叙述了每一门类的艺术，又以动态的形式将每个门类的艺术发展历程归为象征、古典和浪漫三个阶段。

建筑是黑格尔探讨的第一种艺术。他为什么会优先讨论建筑呢？因为这符合历史与逻辑一脉相承的关系。在黑格尔看来，象征艺术是最早的艺术类型，而象征艺术的典型代表就是建筑。象征艺术就是将粗糙的外表与隐约的精神内涵融合在一起，象征着人类理念发展的初级阶段。正如黑格尔在《美学》第三卷上册写道：第一种是建筑。由事物本身决定的艺术类型就是建筑，艺术在初始阶段缺乏适宜的材料或形式去展现精神内涵，因此，只能在摸索中探寻合适的材料和形式。建筑是最早的艺术，而它使用的材料毫无精神性可言，而是遵循一定的规律来给特定的物质造型；它的形式是外在的、自然的，从而构成了平衡而对称的形体结构。这　作为整体的艺术品是精神上一种纯粹的外在反映。

黑格尔之所以会在各门各类的艺术中首选建筑来讨论，其实是基于一种历史的眼光，主要是想借助这种代表性的艺术形式来展现人类早期艺术的特点。黑格尔的哲学思想始终围绕着"人类精神的自我发展"，因此，他认为艺术的首要任务就是表达并呈现人类的精神内涵。艺术品的精神内涵与物质材料之间的比例变化就可以很好地鉴别艺术品各个发展阶段的不同特点。

在诸多艺术门类之中，建筑毫无疑问是最依赖物质材料的一种艺术形式。一般来说，建筑艺术经常使用那些笨重的砖块或木料作为物质材料，就其本质而言，这是一项长久的举重运动，必须长期克服地心引力。世界上所有非凡的建筑艺术品都要遵从物理规律，让那些巨大而笨重的物质材料在力的作用方面达到相对平衡。如果违背了物理规律，就不能达到力与力之间的平衡，最终，这些不安全的建筑物很可能是众多艺术中最不自由的一种，甚至可能危及人们的生命，更谈不上是艺术品了。在某种程度上，我们几乎可以说，比起尊重艺术创造的自由，建筑甚至更尊重物理的规律。如果我们仍希望在此基础上探讨建筑的精神内涵，我们不妨说在精神与物质的比例上，建筑是众多艺术中精神因素所占比例最小、物质因素所占比例最大的一种。故而，黑格尔指出，建筑的精神性内涵是朦胧而模糊的，它是依靠巨大而直观的外在物质形式取胜的一类艺术。如果从精神与物质的关系和比例等方面来探讨艺术，我们必须承认，黑格尔在诸多艺术种类中选择建筑来优先讨论，并视其为典型的象征艺术不是没有道理的。

总体而言，黑格尔在解释各种艺术门类时遵循了历史优先原则，他之所以将建筑纳入象征艺术的范畴，就是要彰显这种艺术萌生于人类历史的初期阶段，是不成熟的。黑格尔认为，在众多艺术门类中，建筑对于外在的物质材料的依赖程度是最高的，也正是因为这样，即使人们将一些精神内涵寄托于建筑之上，但这种通过建筑呈现的精神内涵往往也是模糊的、抽象的。这也正是黑格尔基于人类精神的自我发展观念所形成的建筑观最具见地之处。

## 6

「　以哲学的理性主义为基础构建艺术　」

西方近代美学于 18 世纪真正形成，与此同时，笛卡尔美学思想萌芽。他的美学是近代美学的发端。

鲍桑葵所著的《美学史》写道："17 世纪初以后，纵观所有欧洲国家，都没有一代人创造出真正富有美的内涵的作品，建筑、雕塑、金属工艺方面莫不如此。"在 18 世纪之前，美学方面的材料尚未完全。从严格意义上来说，笛卡尔不能被称为真正的美学家，他并没有留下任何美学专著。和同一时代其他自由的思想家一样，他没有过多地关注美的现象，而是对诸如人的自由、人对世界的认识、上帝的性质等对人们的生存有着重要意义的问题予以高度关注。因此，他在美学方面的观点不成系统，有的甚至只是哲学研究过程中一闪而过的思维火花。然而，总体来说，笛卡尔的美学思想是对他的哲学思想的一种传承，甚至是他的哲学思想的翻版。

笛卡尔庞大的哲学体系包括很多领域，艺术也在其中。《探索真理的指导原则》是笛卡尔的早期作品，他在书的开篇就对科学和技艺进行了区分，他认为科学指的是数学和哲学，而政治、音乐、诗歌、修辞、医学等则属于技艺的范畴。他认为科学和技艺不能相提并论，"我们必须相信，科学之间密切联系着，比起把它们割裂开来，更便捷的途径是完整地学习它们"。在笛卡尔看来，哲学乃是对全局的认识与把握，而艺术则只是"身体的特定运用与习惯"。然而，人们一旦领悟了科学的真谛，就会完全掌握普遍性的规则，从而掌握一切事物的处理规则，先验性地规定它们。由此可见，笛卡尔试图通过哲学或数学的手段来规范和指导艺术，从而在哲学或数学的基础上实现多元化统一。

随着笛卡尔哲学思想臻于完善，他所倡导的理性主义原则对艺术发挥着越来越大的影响，比如，他把快感一分为二，即感官上的快感和心灵上的快感，并把二者对立起来。在他看来，唯有理性的快感才是稳定、持久而纯粹的，只有通过了理性的检验，艺术才能达到真正统一、纯粹的境界，获得简洁、自然的和谐之美。笛卡尔认为，艺术应该遵循数学或物理学的规律，在几何的基础之上达到精准的境界。比如说，我们从音乐的乐谱之中就可以感受到数学那般精确的规则。由此可见，笛卡尔是以抽象的普遍性观念作为艺术的出发点的。

同时，笛卡尔也指出，美离不开人的感觉。所谓感觉，就是那些混乱而暧昧的观念。美能让人获得愉悦的感觉，然而，如果把美局限于感觉的范畴里，人们得到的只是一时的狂欢，而非真正意义上的科学。"如何让理性世界与感官世界趋于协调？""如何让愉悦的感觉获得理性的本质？"在笛卡尔看来，必须以哲学的理性主义作为构建艺术的基础，同时，必须将艺术与那些虚无缥缈的快感或不快区分开来，让感觉成为一种稳定因素，在艺术中发挥作用。这正是包括笛卡尔在内的近代思想家致力于解决的重要问题。

7

「　美在于主体与客体之间的关系　」

对于美学，笛卡尔并无专门著作，他关于美学的思想主要集中于《音乐论》《论灵魂的激情》以及两封他写给友人的信里，其中一封谈论了巴尔扎克书简涉及的文章写作风格，另一封写给麦尔赛纳神父的信则对美的定义进行了探讨。笛卡尔则一直试图将这些美学思想与他的理性主义基本原则融为一体。

在笛卡尔看来，美是主体与客体之间呈现出来的一种关系。"美也好，愉快也好，都只是客观对象与我们主观判断之间的关系；人与人之间的判断大相径庭，因此，我们不能说美与愉悦之间有某个确定的尺度。"这种关系包含两方面：一方面是感官对事物的接受关系；另一方面是受感性事物的刺激而引发的各种观念。一种刺激会引发人们回忆起内心的某种观念，同一种刺激，因为引起回忆的观念不同，自然也就产生了不同的观念。因此，美既是相对的，也是主观的，由人的回忆、心理状态、经验等多种因素共同决定。一旦对象与人的回忆、心理状态和经验达成一种和谐的关系，并让感官从中获得快乐，美就诞生了。

可见，笛卡尔总是把美和愉悦联系在一起，既然愉悦，就多多少少与感官有关。虽然我们心里也存在着这些观念，但是，它们毕竟远不及与生俱来的观念那么清晰明确。可见，在笛卡尔心中，美的标准是相对化的，这样一来，美成了人与人之间主观的感受，那么，在进行与美有关的交流时，人们要如何达成共识呢？在笛卡尔看来，这些感受只有与他的理性原则相符，才能称之为真正意义上的美。

"那些能让人产生愉悦感受的感性事物，既不是通过感官轻易获得的事物，也不是通过感官很难获得的事物。对于感官而言，这些事物一方面不易得来，从而使感官那种向往的自然欲望并未得到彻底满足；另一方面又并非过分难于得来，不至于让感官产生倦怠感，再也无法享受其中的乐趣。"在笛卡尔看来，主体与客体之间的关系就是美，这种关系是有度而和谐的。就客体而言，它不能太简单，毫无内涵，让人一眼看穿，也不能太复杂，让人产生倦怠。一方面，它能让人产生舒适、愉悦的感受；另一方面，它还能激发人们的欲望，使人继续看下去。笛卡尔认为，只有符合以上条件的事物，才能让人们从中获得美感。

然而，并非任何一件东西只要满足了笛卡尔所说的上述条件，就能让人享受到美。原因在于，美与人的主观感受息息相关，尤其与当事人的生活经验有关。正所谓"甲之蜜糖，乙之砒霜"，笛卡尔指出，同一件事物，也许让这群人高兴地手舞足蹈，却让那群人黯然落泪，这取决于这件事刺激了我们回忆里的哪些观念。比如，有些人跟着某首乐曲跳舞取乐，下次他们再听到类似的乐曲时，就会升腾起跳舞的欲望；相反，如果有人每当听到欢乐的乐曲时总会遭遇不幸的事情，那么，他再听到类似的乐曲，定会黯然神伤。可见，笛卡尔将美视为一种心理现象，是人对外部环境的条件反射，然后，在人脑中这种外在反映通过习惯或记忆被加固，当再次受到外在对象的刺激时，人们几乎会做出本能的反应。

对于同一事物，每个人有着不同的反应，那么，社会上主流的美学标准应该根据哪些人的反应来制定呢？包括笛卡尔在内的同一时代的学者都将目光锁定在城市，尤其是宫廷。新古典主义的代表人物布瓦洛就这样劝告诗人："想认识城市，先研究宫廷。"在他们看来，宫廷乃至城市代表着当时社会最主流的文化，笛卡尔也认为，宫廷和城市的生活与其理性原则更趋于一致。

17世纪前后，上流社会的生活方式在贵族沙龙和凡尔赛宫殿里趋于成型，他们讲究附庸风雅的生活方式和豪华奢侈的排场。太阳王路易十四仪表堂堂、风度翩翩，在凡尔赛宫金碧辉煌的舞台上通过种种喜剧效果来巩固他的统治地位。在路易十四的时代，贵族精神达到巅峰，这些贵族"首先追逐高尚，他们出身显贵，感情也高尚；其次追求端正，他们是在注重礼仪的社会中产生的精英人物"，这种以上流社会生活方式为主要内容的主流文化或多或少地影响着笛卡尔的美学观念。

8

「 人为何有强烈的审美需求 」

我们很少能通过实证来把握审美的需求与体验，然而，人类审美的体验又是如此强烈。我们迫不及待地渴望着审美，于是，不得不设定一些概念，对这些主观事物进行指称。在马斯洛看来，为了对这些强烈的审美体验进行解释，我们有必要建立理论。

我们很容易从常识中收集各种零散的证据，力求证明有关审美需求假设的合理性。马斯洛指出，如果没有其他途径，那么，至少通过书目调查本身就足以证明这项研究的合理性。审美问题悬而未决，是当今那些心理学家必须要攻克的一大难题。

然而，很不幸的是，问题依然存在，马斯洛只是提供了几条用于划分不同审美需求的标准以待以后讨论。

马斯洛认为，审美需求并不局限于"一种"，它并不是仅仅指某一种特定的冲动。其实，我们可以将审美冲动划分为若干种，其中的几种或所有的冲动可以认定为是审美需要。

在大多数人看来，人的审美反应是不可言表的有意识反应，是主观而自省的，也就是说，难以用言语描述它，唯有亲身经历过才能有所了解。然而，马斯洛指出，人们还是普遍使用各种各样的词语来描述这种体验，比如，人们常常用"心跳加快""全神贯注""激动战栗""畅快淋漓"等语言来生动形象地形容审美感受。

在马斯洛看来，审美体验与心理学家提出的感官冲击或多或少有些相似。比如说，当一个人被冰凉的水浸泡着，他也会产生类似的生理和心理反应。但是，马斯洛也提出，目前，人们只是猜测存在这种相似性的可能性。

在日常生活中，人们基于审美体验会做出各种简单而平常的反应，比如，有的人热衷于收藏那些能陶冶性情的美好事物，如唱片、绘画作品、邮票等。又或者，有的人会去博物馆或音乐会，欣赏种种美好的事物。总而言之，大多数人的审美体验局限于欣赏和鉴赏并从中获得愉悦与乐趣，这不能称之为真正的审美创造。

就理论与实践两个方面而言，审美鉴赏与审美创造是有明显区别的。批评家与那些满怀创造激情的艺术家之间永远对某些原则问题进行着无休无止的论战。马斯洛认为，在分析艺术创造活动的时候，有着多种分类和区分可以作为援引，但是，其中大部分与心理学方面的知识毫无瓜葛。然而，其中有一种区别尤为重要，那就是表达性创造力与模仿性创造力之间的区别。

马斯洛指出，表达性创造力不一定具有交流性，也没那么容易被大众接受，但是，在心理治疗当中可以发挥积极作用，比如，对于创作者以外的人来说，纯粹表达性的绘画可能有意义，也可能没有意义。暂且不比绘画能带给人们哪些实际的美感，至少可以让创作者本人宣泄情感，从中获得极大的愉悦。

很明显，交流性的艺术与前者有着很大区别，它包含了其他形式的交流途径的部分或全部动机，因此，也会产生各种各样的效果，学术讲座就是比较典型的例子。马斯洛认为，如果人们对审美享受和审美创造更感兴趣，那么，他们就会更倾向于表达性艺术，而不是交流性艺术。

有些时候，比起一场学术讲座，一首诗或一幅画的说服力和感染力更强，换言之，它是以表达性为最终诉求的，同时又兼顾了交流性。比如说，一幅画作也许有着明显的装饰作用，与此同时，它的描述或表达又能让人们联想起世界上某种美好的事物。

在马斯洛看来，将美学本身抛到一边，而致力于研究人类与生俱来的审美冲动，也许有重要的理论意义。简单来说，审美冲动最直观的表现就是人们希望让各种物品井然有序、各就其位。马斯洛认为，人们这样做也许是出自于对对称之美的追求，也许是为了达到条理清晰、井然有序，也许是为了整体布局。一旦物品之间的比例失调，组合起来就会很别扭，人们心中自然而然会产生一种冲动，希望对事物进行重新调整与改善。

9

「　理想园艺是与自然的不刻意融合　」

在培根看来，悉心布置一个雅致庭院，算是人类最高尚的一项活动，人们沉醉于其中，陶冶性情。没有园林别致的背景，高墙深院、雕梁画栋，也全无天然情致，只是做作的雕琢匠心。正如培根说的，文明的起点，以兴建城堡为发端；而高级的文明必然有优雅的园林相随。

在众多类型的庭院里，当属皇家花园的布置最花费心思。培根认为，一个雅致的皇家花园，应该在里面种植上与四季相应的花草，这样一来，每个月都会有应时节的花木吐露芬芳。为了让 11 月、12 月、1 月的花园不至于冷清，还要种植一些冬天里也泛着绿色生机的植物，比如说杜仲、月桂、冬青、冷杉、常春藤、迷迭香、桃金娘、柠檬树等。到了 2 月，不妨种上几株瑞香树，它会按时开花。此外，还有春番红花、郁金香、百合、风信子。3 月来临，纯蓝色的堇菜是上选，它的花期最早，用绚烂点缀早春。蔷薇、雏菊、黄水仙、茱萸等，更是让人目不暇接。4 月悄然而至，桂花吐露芬芳，凤尾花在风中摇曳，双瓣牡丹雍容华贵，樱桃树、山楂树、丁香树、李子树、法国忍冬……让花园生机勃勃。5、6 月的暮春时节，娇羞的玫瑰、俏丽的石竹、挂满果实的樱桃树、法国万寿菊、麝香味儿四溢的百合草，各种清新的香味在园林里弥漫，沁人心脾。7、8 月，盛夏的骄阳炙烤着大地，五颜六色的果实挂满枝头。9、10 月，初秋的风儿凉意微微，五颜六色的罂粟花、香甜可口的水蜜桃、个大皮滑的冬梨，迎来了一年中最热闹的时节，还有圆叶葡萄、晚开的玫瑰。"园林艺术家"培根最后总结道，也许，这些花木不一定适宜各地气候，但是，我认为可以因地制宜，然后你就可以拥有一个永不谢幕的春天。

在培根看来，花香弥漫在空气里，远远比捧在手里，闻上去更动人、更惬意。花香在空气里飘动着，就像荡漾着的乐曲。紫罗兰尤其是白色双瓣紫罗兰的香味在空气里最是浓郁，远胜过其他花草。另外，麝香蔷薇的香味也格外醉人。野百合、地榆、水薄荷这三类花很奇妙，你从它们旁边经过时，几乎闻不到它们的香味，然而，一旦被人踩烂，它们就会散发出怡人的芬芳。因此，培根认为最用心思的做法就是在园林的小径上种满这些花儿，当人们散步的时候，踩在上面，淡淡的花香让人心旷神怡。

花园里的小径曲折蜿蜒，铺满小石子，在盛夏时节引领着人们去往园林深处的阴凉地。小径两旁，是爬满藤蔓植物的木篱笆，高约 12 英尺，这样，人们就可以伴着阴凉，慢慢窥探花园深处的美丽。而花园最好是四四方方的，四周环绕着带有拱门的树篱笆，彰显出低调而威严。

这大概就是培根心目中理想庭院的模样，不造作，不刻意，在不经意间与自然融为一体，在怡人的花草芬芳里感受自然的美妙。

**10**

「　自然之美隐含在天地万物之间　」

在庄子看来，天地之序即自然之序。庄子认为，自然之美就隐含在天地万物之间，天地之美与万物之理、四时之法也有着某种若有若无的关联，因此，庄子在《知北游》中说道："天地有大美而不言，四时有明法而不议，万物有成理而不说。圣人者，原天地之美而达万物之理，是故至人无为，大圣不作，观于天地之谓也。"也就是说，无论是万物之理，还是四时之法，无不体现着存在的秩序，当它们彼此相互关涉时，一方面，美与秩序关联起来；另一方面，秩序也被赋予了某种审美上的规定。庄子所说的"不言""不议""不说"体现了三者之间在出乎自然这一点上的相通性。

与万物之理主要展示对象自身的法则不同，秩序的审美之维或审美秩序首先指向的是存在的统一性与整体性。对于"不该不遍"的"一曲之士"，庄子曾提出批评，认为他们"判天地之美，析万物之理，察古人之全，寡能备于天地之美，称神明之容"。其中的"判""析"都有分离、区分、隔离的意思，天地本来作为一个整体呈现出它的内在美，万事万物之间的联系则体现了万物之理；与之相对应的，"判天地之美，析万物之理"则意味着天地这一整体被分解，万物之间的联系被隔绝。将一系列分离与解析加诸整体，事物的存在也会随之丧失整体之美，庄子所说的"寡能备于天地之美"就是在强调这一点。一般而言，审美视阈里的存在往往以整体的或系统的形态呈现出来，这种整体性或统一性本身具有五花八门的形态，比如说自然之美，蓝天白云、崇山峻岭、潺潺流水、苍松翠竹、花团锦簇，莫不是与山水草木为伴，形成和谐统一的整体景色，从而引发美感。黑格尔也正是从这一点出发，提出了"美只能是完整的统一"的观点。当然，美也可以通过突显事物的一种或多种特性来呈现，纵使如此，它也往往呈现出一种和谐且具体的形态。庄子将美与整体性结合起来，反对"判天地之美"而主张"备天地之美"，其中深意大致与黑格尔类似。但有一点值得注意，庄子强调了"判天地之美"与"析万物之理"之间的联系。如上文所述，万物之理体现了存在的内在秩序，这样一来，对"判天地之美"与"析万物之理"的双重否定一方面确定了美的规定与存在之序相互的统一，另一方面又使美的整体性与存在之序的整体性相互沟通。

然而，审美秩序所体现的整体性、统一性与抽象的普遍性不同。从本质上来说，美是不可能脱离感性存在的，而感性存在总是内含个体的、多样的规定；美与感性存在之间千丝万缕的关系，决定了审美之维难以彻底摆脱个体性与多样性。有关美与个体性之间的关系，庄子从各个层面做了考察。庄子在《齐物论》中对美的判定进行了论述："毛嫱丽姬，人之所美也，鱼见之深入，鸟见之高飞，麋鹿见之决骤，四者孰知天下之正色哉?"言下之意，在人看来很美的对象，诸如鱼、鸟、麋鹿等其他存在形式却未必认为美，从逻辑角度来说，庄子试图告诉人们，人、鱼、鸟、麋鹿之间难以找到统一的审美标准，这有悖于异类不比的原则。同时，庄子又以隐含的方式对存在本身的多样性与差异性进行了肯定：对于不同的存在形式，美的存在意义往往也不同；在不同的审美标准背后，有着不同的存在形态。从本体论的视角来看，庄子关注的重点是存在的形式与方式的多样性。

可见，美既体现了存在的整体性与统一性，又与个体性、多样性息息相关；以美为呈现形式，存在的统一性与个体性都得到了确认。这样一来，在审美秩序里，普遍性、统一性与个体性、多样性互相交融，庄子要求"原天地之美""备天地之美"而反对"判天地之美"，正是通过确认美的诸多特点来更深入地体现存在的丰富性与多样性。

### 11

# 「　醉心于艺术，是难能的体验　」

《论语·述而》有云："志于道，据于德，依于仁，游于艺。"如果一个人能为某件事情沉醉，这也意味着他拥有了一生的精神寄托。其实生活中有很多值得人们为之醉心的事情，比如琴棋书画、山水花木，让精神神游于现实生活之外。

古往今来的圣贤之中，孔子堪称醉心于艺术的典范，他立志行道，以道德、仁义为依据，徜徉于艺术的海洋之中。道、德、仁、艺是儒家提倡的人生四项必修课，艺的重要可见一斑。孔子是颇有造诣的大艺术家，在他看来，作为圣人君子必须具备道、德、仁、艺这四大要素，人们一向对前三种要素重视有加，然而却往往忽略了最后一种。

艺者，意也。艺术是人生的灵丹妙药，让人们玩味出几分人生真意，当然，这里的艺术是广泛意义上的。从某种程度上来说，艺术可以成就人生。如果我们细心一点就会发现，但凡是与艺术沾上点边的人，大多数拥有一颗良善之心，这是因为美促使人们向善。艺术有时能让人学会享受孤寂，但从不让人孤立起来。从这一层面来说，艺术是与道最接近的。

就像老子说的，"执大象，天下往"，其中的"大象"指的是一种大的图景，也就是全世界的世相。真正的艺术家总能在艺术中达到圆融之境。孔子是大艺术家，他有着高深的琴道，并从中体悟出了圣人之道。传说，他有一天晚上做梦，梦中看到一个身材高瘦的老人坐在山间泉水旁，淡然地抚着琴。流泉无声，琴声泠泠。天地之间，一片空旷。

在孔子的梦里，飘浮在天空的云是黑色的，但他惊讶地发现，那个抚琴的黑衣老人浑身却散发着光辉。他心怀喜悦，走上前去，定睛一看，抚琴的人突然消失了，只留下一张墨色古琴。孔子端坐在琴边，抚起琴来。

抚第一声，流泉有声。

抚第二声，流泉之声渐渐低缓、轻柔。

抚第三声，流泉悄无声息。

孔子恍然大悟：这正是适才那人抚琴的境界，他分明是在向我传授琴技啊！但却不知他是何人。梦醒时分，孔子想起了那人的模样，才知道这是他崇拜已久的周文王姬昌。梦醒之后，孔子从琴道里领悟到古琴与《周易》之间息息相通，反映的都是自然万物相生相推的过程：水流再波涛汹涌，流淌到平地就趋于平静。并非平地让它平静下来，而是它自己平静下来的。

同样是弹奏乐器，在孔子看来，商纣王和周武王的乐曲之声中有肃杀之音，远远不及尧舜和周文王的演绎那般动人。因此，孔子不由感叹舜的韶乐乃是"尽善尽美"，而周武王的武乐"尽美也，未尽善也"。

《红楼梦》里，黛玉曾向宝玉讲授琴道，她说："琴者，禁也。"言下之意，弹琴的时候要杜绝任何杂念，全身心地投入其中。《琴经》中也提到"琴者，情也"，弹琴的重点即抒发性情，琴音之曲折全然来自性情之曲折，故而，琴之美皆来自性情。对于琴道的这两个要点，孔子无疑是深知的。因此，他认为上述几位君主在乐声上有高下之分，皆在于他们各自的性情。

# 第十章

## 哲学家谈世界

### 世界处于不竭的运动与变化中

# 1

## 「 水是万物的本原 」

哲学是如此复杂，又是如此简单。哲学的初始是一个看似很简单的命题，那就是水是万物之本原。提出这个命题的正是哲学家泰勒斯。

公元前六七世纪，希腊半岛和爱琴海上众多美丽的小岛都处于希腊人的统治之下。此外，还有爱琴海东岸小亚细亚沿岸的一些区域。在那里，有一个城市名为米利都，那里生活着西方第一个哲学家——泰勒斯。

泰勒斯对天文学很痴迷。有一次，他的一个朋友嘲笑他，说天文学不能让人变得富有。于是，泰勒斯致力于证明变得富有是一件很容易的事情，他根据天象推测来年橄榄会大丰收。于是，他回家把所有的积蓄拿出来交给米利都及附近城市的各个油坊做定金，租下了他们的榨油设备。当时还是冬天，油坊处于淡季，租金很便宜。寒来暑往，夏天很快就到了，那一年橄榄果然大丰收，各家油坊的生意一下子也异常火爆。于是，泰勒斯就把自己早早租下的榨油设备以较高的价格转租出去，轻轻松松大赚了一笔。

不过，泰勒斯的本意并不是为了赚钱，而是想向人们证明哲学家想要发家致富也并不是什么难事，只不过那不是他们的兴趣所在。

那么，泰勒斯最感兴趣的是什么呢？他真正的兴趣在于探索万事万物的本原。在他看来，只有天地万物存在着，包括天文、地理在内的现实知识才能得以存在。比起关于万物本原的根本性知识，现实的知识都是暂时的、表层的。因此，泰勒斯开创了米利都学派，主张不要被万事万物的千变万化所困扰，也不要醉心于丰富多彩的现实知识，而要去探索万物根本的生成与存在。与此同时，泰勒斯对万物本原的探究并没有求助于任何巫术或神话，而是借助于理性的思考。

泰勒斯并未留下名垂千古的著作，而"水是万物的本原"就是他最著名的观点。与他同一时代的人们总是习惯于将世界之本原归结于某种超自然力或神灵，泰勒斯却尝试着以"水"这种物质性的事物来解释世界的本原。细究一下，这个命题其实包含了三层含义：其一，水是物质性的，而它也是构成世界的最基本元素；其二，世间万物统一于水这种元素，它们是普遍联系的；其三，万物来源于水，最终又回归于水，万物只是水变化的形态，唯有水自身才是永恒不变的存在主体。

泰勒斯之所以提出"水是万物的本原"，原因在于他凭借着经验和数据得出了水能滋养万物的结论。亚里士多德在《形而上学》一书中写道，他之所以提出这个想法，也许是因为他观察到万事万物都以湿的东西作为养料，热本身就源于湿气，并靠着湿气来维持。此外，万物的种子也天然带有潮湿的本性，而任何潮湿的本性其实都来自于水。亚里士多德还提出，柏拉图等人认为那些生活在远古时代的、最先思考神灵的人，也产生过与此类似的观念。古人以海神夫妇作为创世的父母，并认为水是诸神发誓的见证之物。也许这种说法正是最早出现的有关本体的看法。

倘若世间万物都是水存在的各种形式，那么，适用于水的规律就必然可以用于说明那些正在发生着、变化着的万物。对于人类而言，水并非神秘的东西，它为人们所感知、所熟悉。这也就意味着，人类的思想足以理解宇宙间的万物。泰勒斯所提出的"水是万物的本原"的革命性意义正在于此。

**2**

「 万物诞生之源头亦是其归宿 」

在群星璀璨的思想家之列，阿那克西曼德堪称是相当大胆的一位。他以宏达的思想体系为依托，提出了早期希腊哲学最基本的问题，那就是世界是如何产生的？不仅如此，他还就这个问题给出了颇具启发性的答案。

阿那克西曼德出生于米利都，是泰勒斯最忠诚的追随者，也是其门下最出色的学生。公元前546年，他在64岁的时候带领着一个使节团前往斯巴达，向那里的人们介绍了他的两项伟大发明——世界地图和日晷。

阿那克西曼德敏锐地察觉到，人类所认知到的一切事物与性质终究都会改变并逝去，因此，他提出了一个大胆的假设，即"无限者"的存在。所谓无限者，指的是宇宙万物产生的一种物质性的本原。这种物质本原没有固定的性质或形状，没有边际，永生不灭，故而被称为无限者。在无限的基础上，对立的性质被分离出来，即有冷就有热，有干就有湿。在对立物互相作用的基础上，天体与世间万物随之产生。

在阿那克西曼德的哲学体系中，无限物是一种实体，但是，无论是在时间里，还是在空间里，它都没有开始或结束，而是我们所见到的一切物体的来源与命运。就像他所说的，"万物由它而产生，毁灭之后，又回归于它，这是万物的必然性；这是因为它们在时间的秩序中不正义，所以受到惩罚，并彼此相互补偿"。在那个时代，这个概念十分宏观，甚至于他必须要对人们关于地球的认知进行彻底的修正：地球乃至整个宇宙不仅大小有限，存在的时间也有限，而且只是无限个存在的世界中的一个。

在阿那克西曼德看来，地球自由自在地悬挂在空中，是一个浮动着的圆柱体，而人类就处于这个圆柱体一端的表面上，而我们所处的世界只是无数个世界中的一个。万事万物都遵循着一种自然规律在运行，元素之间也保持着稳定的平衡。同时，他还创造了一个世界自然系统：世界上存在的水、火、土都有一定的比例，各种元素都试图扩大自身的领土。然而，一种必然性或自然性的规律永远在校正着各元素间的平衡。比如，随着火出现的是灰烬，灰烬又变成土，正是基于这种正义的观念，各种元素永远不能逾越永恒而固定的界限。

早在达尔文之前23个世纪，阿那克西曼德其实就已经提出了一种演化论，这也是他最杰出的成就。在他看来，原始的潮湿与温暖不断互动，从而自发地产生了最早的生命形态，一种像树皮一样的外壳包裹着第一批生物，它们安静地栖息于海底。当太阳将湿元素蒸发掉时，活的生物继而产生。因此，万事万物并非如犹太教或基督教所倡导的神学里说的那样，是被诸神创造出来的，而是经过各种元素的演化而来的，一切生物都诞生于水中。

动物界的演化同样也适用于人，人也是从另一种不同的生物演化而来的。阿那克西曼德认为，包括人在内的所有陆地动物都是从一种类似鱼的祖先逐渐演化而来的。和其他的陆地生物一样，人类也是由那些水里的生物逐渐演化来的，唯一的区别在于人类的婴儿很脆弱。他也由此推测，人类在获得到陆地生存的能力之前，应该也和其他生物一样为海洋所养育。

## 3

## 「 世界处于不竭的运动与变化中 」

"人不可能两次踏入同一条河流"，因为河水川流不息地流淌着，再次踏入河水之中，已经不再是前一次的水流。正如艾菲斯学派哲学思想的核心观点，"一切皆流，无物常住"。

古希腊时期，哲学家赫拉克利特创立了艾菲斯学派。因为赫拉克利特在伊奥尼亚的希腊殖民城邦艾菲斯出生，该学派由此得名。据说，艾菲斯城邦的祭司代代世袭，而赫拉克利特原本是祭司的后裔，但是，他把继承权拱手让给了他的兄长，随后在阿尔忒弥神庙隐居，日日与孩童一起玩耍。其他人围观他、嘲笑他，他嗤之以鼻："这有什么稀奇的？我的生活难道不比参与你们所谓的公民生活更美好吗？"

正因为如此，赫拉克利特对他的同胞心怀厌恶，从而留恋于山水，靠挖草根、啃树皮度日。这种生活一直持续到他 60 岁那年，那时他患上了严重的水肿病，不得不离开人迹罕至的深山，返回城邦求医。他被世人称为"晦涩哲人"，直到临死之前，他还不忘与医生打哑谜，问他们下过一场大雨后，有何办法让大地变干。医生没有弄明白他的意思。他自己跑去晒太阳，在太阳底下暴晒，然而这对他的病情并没有帮助。他又跑进了一所牛棚，钻入了地上的牛粪堆里，希望借助温暖的牛粪将体内的毒气和湿气都排出去。但是，他第二天就在牛棚里死掉了。

赫拉克利特出身贵族，自恃清高，在他看来，一个最优秀的人抵得上一万人。因此，他敢于挑战任何传统权威，荷马是当时鼎鼎大名的诗人，但他也丝毫不放在眼里，甚至放言说：应该从赛会场上把荷马驱逐出去，再用鞭子抽他一顿。

他最知名的一部著作是《论自然》，主要分为三个部分，即论宇宙、论政治、论神灵。隐居的那段日子里，他把这本书藏在了阿尔忒弥神庙里，而且他有意把整本书都写得晦涩难懂，其实是只希望行家里手才能读懂自己的作品。最后，他因为这部晦涩的书而收获了巨大的名望。令人遗憾的是，这本书早已失传，如今只有130多段被保留了下来。

泰勒斯认为水是世界的本原，赫拉克利特则认为世界的本原应该是火。他写道：世界是一团活的火，它在一定分寸上燃烧着，又在一定分寸上熄灭了。万事万物都源自火，最终又回归到火的状态。遵循着一种被赫拉克利特称之为"对立的斗争与报复"的原则，这种诞生与回归反反复复，无穷无尽。在他看来，万物都变成了火，火又变成了万物，正如粮食变成了黄金，而黄金又变成了粮食。这是一个永不停歇的变换过程，或通过收缩成为了湿气，然后，再次浓缩，成为了水，水最终凝结，成为了土。他把这个过程称为下行之路。这个过程有一个对应的反向过程，土通过液化，变成了水，水经过稀化变成了火，他把这个过程称为对应的上行之路。这两种过程是矛盾的，也是对立统一的，遵循着这种规律，整个世界处于永不停歇的运动之中。

他的著名观点"一切皆流，无物常住"就是基于以上思考得出的，他认为"每一天的太阳都是新的""我们存在着，而又并不存在"。赫拉克利特的哲学思想是一种典型的辩证法思想。他创立了艾菲斯学派，也被后人视为古希腊辩证法的创立者。

4

## 「 时间、空间与运动：物理学的创始 」

时间与空间存在于我们的生活之中，但是，倘若要问时间与空间究竟为何物，恐怕很少有人能答上来。而亚里士多德则是历史上第一个给出答案的人。

亚里士多德所著的《物理学》是历史上第一本物理学著作，而他本人也被视为物理学的创始人。虽然《物理学》所涉及的内容与现今的物理学有很大区别，但是就其基本内容而言，依然有着千丝万缕的联系，时间、空间与运动仍然是现代物理学的重要研究对象。《物理学》可以说奠定了物理这门学科最基本的框架，具有划时代的科学意义。

在亚里士多德看来，时间、空间与运动是相互关联的，就某种程度上而言，甚至可以说它们就是同一事物不同的表现形式，运动是事物在空间中的位置移动与性质变化，而时间则是运动的数目。

亚里士多德认为有四种原因导致了运动的产生，它们分别是动力，即促使事物运动的原因和力量；形式，即事物存在的方式；质料，即构成事物的材料；目的，即事物运动的最终目的。一切事物的运动过程中，这四个原因都是不能缺少的重要条件。如果没有质料，形式也就没有依托；如果没有形式，质料就会混乱不堪；如果没有动力，事物就是静止的，也不可能运动起来；如果没有目的，事物也就缺少了运动的方向。

归根结底，运动就是一个将潜能实现的过程。事物与其形式并非瞬间展现出来的，它们最初以质料为载体，并具备实现自身的潜能。而运动就是事物实现自身的一个过程。

在亚里士多德看来，空间的存在方式有两种：其一是共有空间，所有的事物都存在于这个空间中；其二是事物自身所占据的空间。前者有一定的独立性，存在于其中的事物可能会灭亡，但事物所存在的空间却是永恒的。后者则与事物是同一的，也就是说，事物与其自身占据的空间是一同长大的，也是一同灭亡的。

他又指出，时间与运动息息相关，但它并不是运动，但可以为运动计数。"现在"就是时间最根本的存在方式，以"现在"为节点，时间有了"前"与"后"的区别，"前"就是已经逝去的现在，而"后"就是尚未到来的现在。以时间来计算运动的数目，因为运动具有连续性，时间也必须具有连续性。与此同时，时间又是一种静止的尺度，而静止也就意味着运动的中断。

在物理学史的范畴内，亚里士多德堪称古希腊甚至全人类历史上第一个对时间、空间、运动及其本质属性进行较为全面且深入探讨的人。他就时间与空间所进行的阐述，为他之后对物体运动进行更深入的描述提供了一个基本的时空概念，经典力学的基础理论也由此得以奠定。

## ⑤

## 「　乌托邦：尚有缺陷的理想化国度　」

1478 年，托马斯·莫尔出生在英国伦敦一个富人家庭。他是欧洲早期空想社会主义的奠基人，阅历丰富、才华横溢，因代表作《乌托邦》而名垂青史。

莫尔一生过着清廉而危机重重的政治生活，最终死于授予他爵位的亨利八世之手。亨利八世的请求丝毫没能动摇莫尔，他坚决反对遵循正统的天主教，反对亨利八世与亚拉贡的凯瑟琳离婚，也反对他为了迎娶安娜·波莲而自封为英国教会首领。1518 年，莫尔完成了他的代表作《乌托邦》。1535 年，被亨利八世处死。对于整个西方哲学界而言，这实在是不幸中的大幸。

《乌托邦》的全名为《关于最完美的国家制度和乌托邦新岛的既有益又有趣的金书》，全书以拉丁语写成，是莫尔在 1515 年至 1516 年出使欧洲期间完成的。在《乌托邦》里，莫尔讲述一个航海家出外游历，带回来一些关于南海小岛的故事，在那个小岛上，一切都臻于完美。全书采用对话的形式，莫尔借航海家拉斐尔·希斯拉德之口讲述了他在小岛上生活的 5 年时间里所发现的乌托邦的智慧。"乌托邦"一词源于希腊语，意思是"子虚乌有之乡"，而莫尔则试图用这个词表示一个幸福、自由的理想化国度。在莫尔的眼里，乌托邦是一种基督教的共产主义，那里没有个人财产、国内贸易和个人抱负。每个社会成员都拥有平等的地位和权利，无论他从事哪种职业，每天都只工作 6 个小时。莫尔认为，在劳动力充足的前提下，每天工作 6 个小时已经足够了，正是因为其他社会形态下存在着大量终日里无所事事的富人，穷人才处于压迫之下，每天不得不长时间从事疲惫的工作。

乌托邦有着健全的农业系统，并以此维持每个公民的生计，每一个农场系统由 4 到 50 人组成。这是一个绝对理想的社会，它也同样存在着管理者和知识分子，这些人是按照他们的个人能力由公民投票推选出来的，而且只有让公民满意，他们才能继续干他们的工作。这个理想社会还有一位君主，他同样也是被公民选举出来的，以国家首领的身份带领着公民谋求幸福。但是，一旦这个国家出现了专制，公民就可以把君主废除掉。此外，在《乌托邦》里还有个有趣的现象，那就是莫尔并没有把奴隶制排除在他设想的理想社会之外。在乌托邦里，奴隶负责那些最让人厌烦的工作，在莫尔看来，屠杀牲口或是为整个公社准备食物是如此的烦琐而让人生厌，他认为不应该让公民从事如此无聊的工作。那么，这个社会的奴隶又是些什么人呢？他们都触犯了乌托邦的法律，比如婚前性行为、婚后不忠贞、偷窃等，因而受到刑事处罚。当然，乌托邦还可以从其他国家挑选一些死刑犯回来充当奴隶。

不可否认，莫尔设想的乌托邦显露出了自由主义的理想光辉；但是，就美学层面而言，它与现实世界里的高棉政权如出一辙，带有很强的压制性。在莫尔看来，乌托邦里的每个公民都应该穿着朴素而毫无区别的服装；这个国度里所有的建筑物都是一成不变的单调风格，让人难以忍受；这个国度由 54 个镇组成，每个镇都是严格遵照同样的蓝图建造而成的，就连街道的宽度都一模一样，街道上的每一栋房屋、每一间屋子也一模一样；按照法律规定，每个居民都必须按时更换房屋，这是为了防止他们萌生将房子视为私有财产的想法。然而，所有的房子看上去都毫无区别，这条规定似乎有些多此一举。

与柏拉图在《理想国》里虚构的理想国度一样，莫尔笔下的乌托邦是否能为任何社会提供一个可以实现的模型尚且值得商榷，更别提它能否为现存的社会改革提供一个模型了。即使如此，《乌托邦》最弥足珍贵的一点在于，莫尔在那个人们丝毫不重视慈善事业的时代就提出了某种社会和社会主义的理想形态。也许，罗素对莫尔的愿景的评价是最到位的，与其他大部分社会一样，莫尔笔下的乌托邦里的生活也乏味而且让人不堪忍受。幸福的关键是多样性，但是，它在乌托邦里几乎不存在。

## 6

## 「　宇宙是统一的整体　」

马可·奥勒留在《沉思录》里探讨的一个重要主题就是宇宙。在他看来，人类是宇宙的一部分，因此，要先考察宇宙，才能考察人。那么，宇宙究竟是什么呢？

奥勒留在《沉思录》里指出，宇宙之中的万事万物都处于不断的运动与变化之中，与此同时，这种运动与变化也推动着世界的更新。倘若没有运动与变化，一切都不会发生。在宇宙的巨大旋涡里，包括人在内的万事万物最终都会走向灭亡，只是时间的问题。变化符合宇宙的本性，也符合自然规律。但是，宇宙的变化不是随机或任意的，而是遵循一定的秩序和规律。这种变化并没有触及宇宙的本性，而宇宙的本性也是永恒不变的。

然后，他又谈到宇宙的统一性，宇宙中的万事万物都彼此联系着，彼此规定着。因此，宇宙是一个浑然天成的系统，里面的事物按照一种必然的规律和秩序结合在一起。就如管中窥豹，可见一斑，从宇宙的"一"就可以洞悉宇宙的一切，因为任何事物都有着相似甚至同一的形式，并以宇宙整体作为最终归宿。我们看见了当下的事物，也就意味着看见了一切，这一切是横跨时间和空间的，是过去、现在和未来的万事万物。那么，究竟是什么决定了这种必然的秩序呢？奥勒留认为，是宇宙的本性，也就是上帝或天命主宰着一切，而人的理性也正是来源于宇宙的理性。宇宙的一切都井然有序，而人的内在秩序又可以反过来佐证这种秩序，人要生存下去，就要竭力维持内在与外在秩序的一致性。

作为宇宙的组成部分之一，人自然也受到宇宙整体及其中一切事物的规定与制约。因此，人类与宇宙整体及整体中的各个部分都联系在一起。作为整体的一部分，人类应当将整体的利益视为最高利益，服从于这个整体。正如对蜂群有害的东西，对任何一只蜜蜂也是有害的。一旦链条上的任何一个环节被破坏了，整体的完整性也随之被破坏。因此，奥勒留告诫人们，请记住自己是整体的一部分，应服从于整体的安排，并满足自我的命运。

可见，奥勒留是从生成的层面来考虑这个问题的。他认为，人是宇宙整体的一部分，他诞生于宇宙，最终也会消亡于宇宙。在宇宙本性的指引下，万事万物都在宇宙整体中诞生、灭亡，再诞生、再灭亡，如此循环往复。形式和质料组成了包括人在内的一切事物，事物会灭亡，但形式和质料不会，它们只是进入下一个循环，去构成其他事物。奥勒留关于形式和质料的说法其实是延续了亚里士多德提出的形式因、动力因、质料因、目的因这四种促使事物存在的原因。塞涅卡就曾用生动的语言描述说，就好比要创造一座雕像，青铜是质料因，雕塑家是动力因，这座雕像的外貌是形式因，雕塑家预期中的目标是目的因，而雕塑本身则是这四种因驱动下的最终结果。宇宙就像是塞涅卡描述的那个独具匠心的雕塑家，它用合适的质料塑造了一棵树，又摧毁了一棵树，塑造了一条河，接着是一个人，还有许多其他的东西。然而，每件事物都只能短暂地存在于这个世界上。于是，万事万物就这样在宇宙的浩瀚天地里推陈出新，更迭不断。

奥勒留还指出，宇宙是统一的，也是美的。在他看来，任何事物孤立地看上去都不美，但如果以整体的眼光来看，并将其视为整体的一部分，那么，它就是顺应自然而诞生于世的事物，这时它就是尽善尽美的。一切事物处于相互联系和相互合作之中。奥勒留在此基础上继续深入，探讨了美学上一个很重要的问题，那就是"美是主观的，还是客观的；是人们自己的看法，还是事物自身的属性？"在他看来，美是客观存在的，倘若一件事物的方方面面都是美的，那么，它本身就是尽善尽美的。美并不是源于称赞，而是源于自身。

宇宙整体是尽善尽美的，原因在于浩瀚宇宙中的万物都有其自身的价值。冥冥之中的这种安排遵循着合乎自然的道理，人无法决定任何事物有无价值或价值的大小。正如奥勒留所说的，无意义的展览、舞台上的表演、羊群、兽群、刀枪的训练、一根投向小狗的骨头、一把丢向池塘里的面包屑……这所有的一切都是有价值的。人也好，人为之忙碌的事情也好，也是有价值的。

把宇宙作为一个统一的整体看待，这需要人类站在更高的角度来观察一切事物，包括人类自己。无论是自下而上的仰视，还是自上而下的俯视，都是源于人类心灵的需要。唯有如此，我们才能以一种整体的格局看待宇宙，理解人生。在掌握了宇宙的全貌后，我们才能准确了解人类所处的位置，才能洞悉宇宙与人生的目的。

## 7

## 「　单子论：有灵魂的单子构成世间万物　」

莱布尼茨生于 1646 年，从严格意义上来说，他是德国第一位具有世界级影响力的哲学家，在他之后，经过康德，德国哲学界的各色人才呈井喷式涌现，德国哲学也成为了世界哲学史上不可忽视的一个重要组成部分。

单子论是莱布尼茨哲学体系中最重要的理论，这是一种有机论哲学，在当时的西方哲学里很罕见。机械论的世界观在近代西方哲学占据着主导地位，法国著名哲学家拉·梅特里的著名命题"人是机器"就是这种世界观最典型的代表。原子论是机械世界观最根本的依据，而莱布尼茨的单子论则与之针锋相对。

那么，单子究竟是什么呢？莱布尼茨认为，单子是构成世界的最基本单位，它们是最小的单位，已经不能再进一步分割了。为何不可分割呢？原因是它们并不占据空间。这些单子一同构成了世间的万事万物，在这一点上，单子与原子具有相似性。二者的区别在于，原子并不是纯粹的物质，每个单子都有灵魂、有感觉。单子的等级各有不同，处于最低级的单子的知觉很模糊，而处于最高级的单子却拥有灵魂。不同等级的单子构成了整个宇宙，组成了一个完整的体系。

如此看来，宇宙中的一切事物都是有生命的，生机与活力遍布宇宙的每个角落。在宇宙中找不到任何荒芜之处，所谓的荒芜也只是表象罢了。比如说，我们从远处看一口池塘，几乎看不到里面有任何生命的迹象，然而，如果我们走上前去，来到池塘边，就会发现里面有各种各样的生命。池塘里，鱼儿游弋其中；树枝上，果实与果实的缝隙之间，看上去没有任何生命，但其实生命也存在于这些空间里，只是这些生命很微小，肉眼看不见而已。如果我们能深入旖旎的水纹里或是微风中摇曳的树枝间，也许我们会在那里发现一口满是鱼儿的池塘，一座植物葳蕤的小花园，而这口小池塘里还有更小的池塘，这座小花园里也有更小的花园……如此反复，以至无穷。

整个宇宙就是偌大的洪荒，万事万物都孕育于这洪荒之中，又消逝于这洪荒之中。因此，就宇宙的维度而言，在那里既没有真正的诞生，亦没有真正的逝去。也就是说，新事物的诞生只是某个事物增大了，也就是某个微小的灵魂获得了一个现实的实体，形体由小变大，并逐渐从洪荒的底层来到了表层；旧事物的消逝则恰恰与诞生的过程相反，是事物由大变小，重新卷入洪荒的底层，返回到最初的微观世界里。

以上就是莱布尼茨单子论的基本观点，其理论有针对性地论述了两个问题：万事万物从何方而来？又往何方而去？而他的回答是，万事万物皆不可能来自无，也不能回归于无；有不能产生于无，有只能产生于有。万事万物都来自于微观世界里看不见的单子，它们在世界上呈现出来的过程其实就是由小变大的过程；而万事万物最终从世界上消失则是由大变小，最终又回归到单子状态的过程。

与此同时，任何单子都不是孤立存在的，每个单子都与其他事物处于一种全方位的密切联系里。任何一个单子都有感觉或灵魂，在偌大的宇宙里，每个单子都如同一面镜子，在那里能反观整个宇宙。换言之，任何一个微小的单子里都包含着全宇宙，这里的全宇宙既是空间意义上的，又是时间意义上的，也就是说，在每个单子里不仅能看到它自身的过去与未来，还能看到整个宇宙的过去和未来。

然而，单子同时又是不可分的，任何外部力量都无法作用于其内部。那么，为何宇宙会处于如此和谐的井然有序之中呢？单子又是怎样反映自身、万物和整个宇宙的呢？莱布尼茨认为，这一切其实都是上帝一早预定好的。早在上帝创造每个单子的时候，他就早早设定好了每个单子及其与万事万物间的联系，乃至它们完整的生命历程。因此，全宇宙展现在我们面前的秩序是如此的完美。同样，布莱尼茨也指出，这些单子是上帝灵光一现之下创造出来的，是一次性的、一劳永逸的。莱布尼茨在这里也从神学的角度回归了机械论：如果世界以这种形式被创造和预定，那么，就不存在真正的发展，只是在世界被创造出来后的展现历程中才体现出有机性。

诚然，这个问题过于晦涩，也无怪乎莱布尼茨不能给出完美的答案。他所说的上帝的创造其实也可以理解成是他无法回答的一种委婉说辞。正如莱布尼茨所描述的那样，宇宙中的万事万物互相联系、包含、映衬，早已预定的和谐就体现在这种井然有序之中。任何事物之所以能存在于世界上，说明它早就以另一种形式存在着了，如若不然，它就不可能产生。试问，何物能诞生于一片虚无呢？从未存在过的事物又要如何产生呢？

8

「 假想宇宙论：规避行星运动论的产物 」

在笛卡尔所处的时代，"地球围绕着太阳运转"被视为异端思想，为了尽力避免为该思想进行辩护的嫌疑，笛卡尔在他的物理学原理的基础之上拟建了一个假想中的宇宙。随着研究的进一步深入，他认为，这个假想中的宇宙与真实的宇宙是难以区分开的。

在假想的宇宙里，物质是某种程度上的广延，于是，某种单一的物体充斥于偌大的空间之中，它的各组成部分分别以不同的速率运动着。在该宇宙里，大大小小的微粒持续不断地冲撞着，它们的运动必须符合三条法则。第一条法则提出，在不和其他物体冲撞的前提之下，所有物体都保持着固有的运动状态。第二条法则提出，在冲撞的状态下，物体的运动总量守恒。第三条法则提出，在不受外界因素影响的前提下，物体从始至终进行着直线运动。

在笛卡尔的设想里，该宇宙之中的所有物质都处于旋转的运动里，陷入了数也数不清的旋涡里。通过这一观点，笛卡尔对包括地球、太阳在内的所有星球的产生与运动进行了阐述。在太空流体的带动之下，行星始终围绕着太阳转动着。以此为基础，笛卡尔尝试着进一步解释为什么有的行星处于运转得更快的轨道上，同时，他还解释了为何月球围绕着地球轨道运行。在同一理论的基础之上，笛卡尔还对潮汐运动等各种纷繁复杂的变化进行了解释。

在写作《方法论》时，笛卡尔谈到了他没有公开出版的《论世界》，笛卡尔写道，一开始，我只是尝试着充分地解释我所了解的光。然后，随着时机到来，我又加入了关于太阳和恒星的相关内容。在我所知的范围内，它们是所有光的来源。同时，我还加入了关于天空的内容，它们是传输光的媒介；也增添了彗星与地球的相关内容，它们有反射光的作用；关于地球上各种物体的内容也在其中，它们有的是透明的，有的有颜色。最后，还包括人，他们正是这些物体最直接的观察者。笛卡尔认为，光是通过第二种元素也就是空气来传播、由第三种微粒组成的东西来进行反射或折射的。根据运动的有关规则，我们可以解释光的所有活动。

不久后，笛卡尔所写的《气象学》一书面世，他巧妙地利用折射原理来阐述彩虹的相关现象。在该书中，他还根据第二种元素微粒的旋转速度来解释颜色，并尝试着解释为什么彩虹会呈现出各种各样的颜色。

为了在生理学方面进一步探讨人体，笛卡尔详细地描述了"陶制机器"的工序，并指出人的有机组织看上去与"陶制机器"并无太大区别。笛卡尔尝试着解释包括消化、血液循环、心脏、神经系统在内的人体全部的生理过程。在他看来，除了某些需要依靠自我意识和自由意志的思想之外，机械原理几乎可以解释人类所有的生理功能。他认为，神经系统就如同一个小型的管道体系，在这些管道里，有流休物质不断运动，肌肉的形状也随之发生变化。在此基础上，笛卡尔对打哈欠、咳嗽、呼吸等生理活动的原理进行了解释，甚至还尝试着解释了知觉的有关机理，其中包括人类对距离的感知。

后来，笛卡尔放弃了继续撰写《论世界》，转而修改了两篇尚未发表的论文——《气象学》和《屈光学》，同时还写作了《几何学》一文，以此来详细阐述他的方法。《方法论》是笛卡尔所写的一篇介绍性的小短文，1637年，以上四篇文章被整理成书，正式出版。相比之下，这种出版形式更符合笛卡尔的风格，他偏好于这种零散而间歇性的表达方式。他通过这种方式展现了他的方法思想，也不致因为对行星运动的论述而遭受教会的迫害。

## 9

## 「 生命冲动：创新的不竭动力 」

亨利·路易斯·柏格森是法国20世纪的著名哲学家，同一时代的其他哲学家曾指摘他的哲学观点不够时髦，然而，一个不容忽视的事实是"每个人都或多或少相信他的哲学"。

柏格森的哲学以对生命冲动与物质进行基本区分为发端，他认为，二者是宇宙间不同的两种冲动，前者是对创造的持续性和事物多样化的推动，后者是使事物归于统一的熵性的强迫力，在这种强迫力的作用下，能量被驱散，生命流被抑制。

柏格森的知识理论里多次探讨了这两种力量的不一致。在他看来，理智依据个别重复的观察项目解释经验流，代表了物质的方式，几何学是其中最伟大的成就，它否定了持续不断的经验流的存在，试图通过识别和把经验分类为可以重复和分离的个体的方法来了解现实。本能是与之对立的概念，柏格森认为，本能是一种创造力，与空间有关，但与时间更紧密。因为经验最鲜明的特点是继起，因此，创造力一直具有延绵的特点，也就是说，它能成为永恒的存在，绝不会被动地被抑制。

柏格森的绵延观念是上述复杂思想的理论基石。他认为，人们在理智的驱使下，总是试图通过将时间分割成不连续的片段来处理经验的持续性。然而，在柏格森看来，分割是人为的。在经验中，过去与现在互相交融，而且这种状态是持续的。变化是连续的、动态的，而不是断断续续或静止不变的。

然而，柏格森很谨慎地避开了这个陷阱，他宣称"生命冲动"是朝着某种预定方向的才恒久。他认为，这是一种漫无目的的漫步，每当遇到对立面的物质的限制或束缚时，就要不停地适应对方。对于任何进化论主张的目的论的解释，柏格森都不认同，比如说，亚里士多德认为所有事物都努力实现着某个预定的目标。柏格森认为，以亚里士多德为代表的这类说法体现的是一种反机械论的思想，也就是任何事物并不是由先天因素决定的，而是由某些未来的潜力决定的。在柏格森看来，这是彻底的决定论，因此，他全然不能接受。

在他看来，"生命冲动"恰好证明了自由意志的存在，它是一种无法预见的变力，在物质向下的压力的影响下暂时定型为有序的形态；但是，它迟早会再次移动并发生变化。在"生命冲动"的作用下，物质被迫变为有生命和无生命的各种形式，其中有生命的又演化为植物、动物，动物又演化为人类，并进而产生了本能与理智的变化。他认为，"生命冲动"是创新的不竭动力，在文学或艺术作品里亦是如此。柏格森认为，这些作品都是受先前影响的产物，但是，它们不仅是其他部分的总和，同时也具体表达了一个统一的思想，那就是艺术家的直觉。

在晚期作品里，他把爱与上帝的观念融入"生命冲动"中。虽然柏格森认为与生命和物质相对立的真实是"一个在消灭自己中创造自己的真实"，它们联系在一起，不可分割，然而，他很显然认为"生命冲动"，也就是直觉和本能的方式要比物质、理智的方式以及最终理性的方式更优越，也更值得崇拜。从某种程度上来说，他的作品是法国反理智主义的延续，这股潮流肇始于卢梭并一直延续至今。

10

# 「　万物有灵：顺应自然，与万物和谐　」

人类要谋求生存与发展，在开展各项社会活动的过程中，就要首先懂得认识并了解自然，顺应自然规律，与万事万物达到和谐统一的境界。孔子主张的仁爱思想，不仅仅在于要爱人，更在于要珍爱一切有生命的物。他在《论语·阳货》里说："小子何莫学夫诗？诗，可以兴，可以观，可以群，可以怨。迩之事父，远之事君。多识于鸟兽草木之名。"

孔子的这段诗论很有名，很多人也很熟悉，但是最后一句"多识于鸟兽草木之名"却让人有所不解。孔夫子之所以说这句话，主要有两层意思：第一，告诫人们多认识自然界的草木鸟兽，这是很好的诗教，也就是审美教育。只有亲近自然，在大自然里实地观察，才能更好地接触并认识各种草木鸟兽，在大自然中得到熏陶与净化，让身心趋于纯净与丰盈，体会到自然最真切的美感。第二，在大自然中接触并认识草木鸟兽的过程，说到底是在进行生态教育。人们在此过程中能生动地了解到很多物种的生态特征，也明白人们的生存环境是由各种各样的生物构成的，从内心里怜悯并关爱这些弱小的物种。

孔子开设讲坛，广收学徒，带领着弟子众人在山水之中徜徉，在自然中培养审美情操，抒情言志，扩充知识。有一次，孔子与众弟子谈及理想。子路说，他的理想是成为一名政治家，治理一个大国；冉有想管理一个小国；公西华想成为司仪。三人都拥有远大的志向，对此，孔子未知可否。相比这三人，曾皙的志向似乎有些不值一提，他是这样描述自己的志向的，暮春时节，穿上薄薄的春衣，与三五好友相约，带着自己的孩子，在河里洗澡，再在河畔吹吹春风，一起唱着歌儿回到家里。这番话平淡无奇，与远大的理想毫无关系，却是孔子最认可的，最后成为了《论语》中的《侍坐》章，孔子将自己的抱负融入滔滔春水与融融春日里，发出阵阵喟叹，可见他对山河湖海、花鸟鱼虫怀着一份深切的喜爱。《论语·公冶长》曰："道不行，乘桴浮于海。"言下之意是，如果不能实施他的政治主张，他宁愿在海波中泛舟。

孔子开儒家思想之先河，将深情厚谊寄托于山水，将仁爱之心遍施于世间所有生命。《论语·述而》写道："子钓而不纲，弋不射宿。"其中"钓而不纲"说的是孔子捕鱼时从来不用大网来阻断流水，他不忍心用这个办法来捕鱼；"弋不射宿"说的是黄昏时分，鸟儿归巢，孔子就不会再去射杀它们。孔子的所作所为都是为了保护那些尚未长大的鱼儿、鸟儿，这种做法虽不被当时的人们所理解，却被他的弟子记录了下来。

孔子尊重有灵的万物，落实到具体行为上，就是用"时禁"来保护动植物，也就是说，动植物尚未成熟的时候，要禁止猎杀或砍伐它们。孔子曾在《礼记》中明确指出：猪、狗、牛、羊等牲畜乃是上苍的馈赠，它们是人类的朋友，上至王侯将相，下至黎民百姓，若非不得已时，不应该宰杀它们。在《礼记·祭义》中，孔子提出："断一树，杀一兽，不以其时，非孝也。"在不合适的时令猎杀野兽、砍伐树木，这样的行为是不孝的。孔子一直对树木怀有深厚的感情，他在自家院落里修建了一个坛子，在里面栽种了几株银杏树。每当有学生来到家中，他就与他们在树下抚琴、讲课。后来，孔子去世。学生们为了纪念恩师，在他的墓前栽种树木来寄托哀思。

# 第十一章

## 哲学家谈存在

### 世界是意志的表象

# 1

# 「 世界的创始出自一位神匠之手 」

虽然自然界偶有失衡，但更多时候展现给世人的仍是其惊人的秩序与规则。在柏拉图看来，了解自然的最佳方式莫过于将其想象成出自工匠之手的造物。这位工匠尽其所能，将秩序加之于混乱无序的物质材料之上。

柏拉图在《蒂迈欧篇》里写道，世界的创始出自一位神匠之手，他按照一个既定模式完成创世工作。在柏拉图看来，这个模式是一套理性原则，表现在物质材料上，从而创造出了一套完整的结果。而我们不妨将这种世界所展现的理性结构视为一种理性的创造。另外，因世界在物质材料中得以实现，而物质材料牵制着理性，阻止着理性发挥作用。就细节层面而言，柏拉图的论述颇有些荒诞不经，甚至是晦涩难懂，他提出了一系列被我们称之为形而上学的问题。在《蒂迈欧篇》有关世界结构的种种论述中，柏拉图认为数学扮演了关键性的角色。柏拉图尝试着让天文学作为数学的一个小类。他指出，与几何学一样，天文学也可以依靠提出问题和解决问题的方式进行研究，而不用费心思去理会头顶的那片浩瀚星河。在他看来，宇宙的初始是一片毫无秩序的混沌，而这片混沌的开辟是一个超自然的神的活动的结果。宇宙从一片混沌变得井然有序，正是因为造物主为世界制定了一个理性方案，并通过机械化的过程将这个方案付诸实践，由此产生了一个个自然事件。

在此基础上，柏拉图形成了一种数学化的宇宙观。他认为，宇宙的初始是两种直角三角形，其中一种是正方形的一半，另一种是等边三角形的一半。而许多三角形又派生出了四种正多面体，也就是组成四种元素的微粒：正四面体是火微粒，正八面体是气微粒，正十二面体是水微粒，立方体是土微粒。第五种正多面体是由正五边形形成的十二面体，这第五种元素构成了天上的物质，被称为以太。偌大的宇宙是一个和谐对称的圆球，球面上的任何一点都是一模一样的。而宇宙也处于不断的运动之中，这是一种完善的圆周运动，无须借助外力而永不停歇。四大元素中的任何一种在宇宙之中占据着同等的数量，万事万物都可以用数目来命名，也就是它们所含元素的比例。

一直以来，《蒂迈欧篇》都被视为柏拉图形而上学思想的集中表现。直到 19 世纪，人们开始关注柏拉图的政治思想，《理想国》也逐渐取代《蒂迈欧篇》成为人们最为关注的柏拉图的经典之作。然而，《蒂迈欧篇》所反映的这种形而上学的二元论仍是柏拉图哲学思想的精髓。

## 2

# 「 存在就是被感知 」

哲学是什么？哲学就是一种怀疑的冲动、一种质问、一种反思，它并不是结果，而是过程。

乔治·贝克莱是英国 17 世纪著名的经验主义哲学家，他的著名命题"存在就是去感知、被感知"被同一时代的人们视为疯狂的呓语。当时，甚至连他的家人、朋友都怀疑他的精神状况出了问题。其实，贝克莱心智十分健全，他学识渊博，才华横溢，并且对科学心怀尊重，视牛顿为偶像。

在贝克莱看来，事物的第一性或第二性都可以被感知，因此它们才存在。比如说，你的周围有一张桌子，你之所以知道有一张桌子在那里，就是因为你可以看到它，还可以触摸到它，甚至可以在桌面上办公，而这所有的一切都来自于感官，一旦脱离这些感官，我们根本就无从知晓这张桌子存在与否。

贝克莱指出，人们只要对知识的对象稍加观察，就会发现，这些对象其实就是观念。这些观念源于三个方面：其一，客观实在留给感官的印象；其二，来源于心灵的各种情感；其三，在想象力或记忆力的作用下形成的。这体现了贝克莱哲学思想的一个大前提，那就是"唯有观念，是真实的"。

相反，如果某个人指着一个看不见、摸不着、无法感受到的所谓的"东西"，跟你说："你看，这是一张桌子！"你肯定会认为这人精神有问题。没有人相信自己看不见的东西是真实存在的。可见，只有能被感知的，才能存在。

贝克莱哲学思想的第二大前提就是"除了无穷无尽的观念之外，想象力、意志力、记忆力等也能够认识或感知其他物体，并在各种方面施加影响。这是一个具有感知能力的主体，哲学里经常将其称为灵魂、心灵、精神等，我们还可以将其称为自我"。贝克莱哲学体系的两个大前提包含了感知的两个方面，即感知的主体和感知的对象，这正是"存在就是被感知"理论得以成立的基础。

毋庸置疑，贝克莱的哲学理论堪称近代哲学的一大难点，其实，他的哲学思想并没有那么复杂。然而，虽然内容不甚复杂，但他立论的出发点却很奇怪，经常让人们心生困惑。包括罗素在内的许多哲学大师每当向他人介绍贝克莱的哲学思想时，都会大费周章，他的哲学之高深可见一斑。

③

## 「 物体丧失个性便失去了存在的明显理由 」

让－保罗·萨特是法国 20 世纪最具影响力的哲学家之一，也是法国无神论存在主义的重要奠基人。他着眼于分析现代人身处的困境，积极寻求解决途径，也就是他毕生所倡导的人道主义的存在主义。

1938 年，萨特出版了一本名为《恶心》的小说，最初，他给这本小说起名为《忧郁》，最终他听从了出版商的建议，将这本小说更名为《恶心》。事后来看，这确实是唯一适合这本小说的书名。这本小说的主人公名为万·罗冈丹，作者以主人公之名写的一系列日记构成了这部小说。罗冈丹有每天写日记的习惯，通过文字详细地记录下了他正在经历着的一种变化，我应该写下对街道、人群、某张桌子、我的那包香烟的看法，因为它们发生了变化。也就是说，萨特的目的是借罗冈丹之口来阐述他本人开始关注现象学研究后所感兴趣的事情，那就是描述物体。书中着重描述了当人处于恶心的状态下物体看上去的样子。正是因为这种恶心，物体为人们所熟悉的那一面也消失了，而人们却总是要依靠这些熟悉的特征才能认知它们。而除此之外剩下的部分则正是萨特所强调的"存在"。

从西蒙娜·波伏娃所撰写的《岁月的力量》一书中，我们可以发现，萨特创作这本小说的初衷是讨论偶然性，正是在波伏娃的反复建议下，萨特将其写成了一本小说。单从文学作品的层面来说，《恶心》的哲学意味可能有些过于浓厚了，但是萨特并没有刻意地将其哲学思想暗藏其中。作为读者，我们应该将其作为一部独立的作品来品读。

作为这本小说的主人公，罗冈丹这个角色充满迷茫与矛盾：他试图为自己的存在找到合适的理由，却困难重重。他的问题并不关乎生活质量，也不关乎这种生活是否值得继续下去，他的核心问题在于决定是否要继续存在下去。在他看来，自己作为个体根本没有存在的理由。在小说中，罗冈丹的这种想法萌生于他还在印度的那段日子，当时，他死死地盯着一座小小的雕像，反复追问自己为何会在那里。他带着满心的困惑返回法国，在咖啡馆里继续自己的写作。萨特在《恶心》里写道，那些常常光顾咖啡馆的顾客总能在他人的陪伴中找到内心的慰藉，而罗冈丹与他们不同，他有一段时间甚至将撰写罗尔邦的传记视为自己存在的理由。但是，时间一长，罗尔邦的种种也让他感到厌烦，并在他这里失去了最初的吸引力。

萨特借罗冈丹之口进一步指出，一旦事物失去了它的功能，人们就难以再将它的存在视为一种自然而然的事情。人们总习惯于赋予事物某些角色，将它们安排进形形色色的关系或类别中，用丰富的字眼定义它们，最终，它们丧失了个性，也由此失去了存在的明显理由。罗冈丹由此得出结论，物体都是"多余"。萨特在《存在与虚无》一书中也承认这种"存在是多余的"是拟人的说法，而存在是具有偶然性的，这种偶然性基于一个不争的事实，那就是一个物体不能衍生出另一个物体，它们彼此之间不存在必然的联系。

4

「 人有绝对自由选择自己的存在 」

萨特在其著作中反复强调，"存在先于本质"。在他看来，人与物不同，物是一种非意识的存在，其本质是由人的意识按照人的需求和目的而赋予的。因此，物的本质早就存在于人的意识之中了。他以裁纸刀作为例子，早在裁纸刀被创造出来前，它就以一种观念的形式（本质）存在于创造者的头脑之中了。可见，就裁纸刀而言，它就是本质先于存在。而人的本质并不是由某个凌驾于人之上的创造者（上帝）决定的，可见，人并没有先天就固定的本质，人要成为怎样的人，这完全取决于人自身的选择与行为。

换言之，人的本质就是存在，以自我存在为出发点，人拥有绝对的自由来选择任何他所需要的本质，即可以自由地选择已有的社会价值标准或自由地创造新的价值标准来使自己成为什么样的人。也就是说，人拥有选择某种生活方式的自由。这就是萨特所强调的自由观，尤其强调人有自由来选择自己的人生道路、人生自由。他如是写道，是懦夫把自己变成了懦夫，是英雄把自己变成了英雄。这是一种永远存在的可能性，即懦夫可以振作起来，不再成为懦夫；而英雄也可以一蹶不振，不再成为英雄。

萨特所强调的这种自由选择的本质最终走向了两个方向：一种是与社

会上大部分人的价值观一致，于是，社会接纳并认可这种自我；另一种是与社会上大部分人的价值观不一致，于是，这种自我就与社会发生冲突，不容于社会。实际上，自我与社会的种种冲突是难以避免的。这就是萨特那句"他人即地狱"经典言论的核心内涵，别人永远威胁着自我的存在，甚至别人的宽容，也是将自我强行抛入一个所谓宽容的世界。可想而知，教育或教化也成为了一种强迫自我接受某种价值观的手段。我们对他人采取的任何一种态度其实都是对自由的践踏。

萨特写道，我的存在实则在限制着别人的自由，尊重别人不过是空话一句。他又说，从我存在的那一刻起，事实上，我就对他人的自由设定了界限。我自身就是这道界限，即使我能对他人报以尊重，实则我们对他人所采取的态度，也在侵犯着我们想予以尊重的这种自由。每个人只有当他反对他人时，才是绝对的自由。最终，在剧本《禁闭》里，他借主人公之口喊出了那句存在主义的名言——"他人即地狱"。

可见，于存在而言，社会本就是一片漆黑，大同社会原本就不存在。存在的最终命运必然是悲剧：痛苦、焦虑、寂寞，乃至最终的死亡，这是人的存在的必然经过和必然结局。

后来，萨特又对上述观点进行了一些修正，他开始承认个体的自由与他人的自由密不可分。正如他所说的，在追求自由的时候，我也发现，它完全离不开别人的自由，而别人的自由也离不开我们的自由……我们承担着某种责任，要把别人的自由当作自己的自由来追求。从那以后，他开始呼吁"为了全世界被压迫者的自由而斗争"，在强调个人自由选择的同时，也要为人类承担责任。

# 5

## 「 生乃子虚乌有，灭亦不可言状 」

存在是哲学的一道永恒命题：存在是唯一的，是连续的，是不可分的；存在不生，亦不灭，是永生的；存在以思想为对象，是对万事万物普遍属性的高度概括。

巴门尼德出生于意大利南部，据柏拉图的描述，年轻的苏格拉底曾与年老的巴门尼德有过一面之缘。这次见面的真实性难以考证，但是巴门尼德在哲学方面的观点对苏格拉底与柏拉图有所影响却是不争的事实。

巴门尼德著有一首长篇哲理诗《论自然》，他的学说与主张在其中也多有反映。诗篇开头处，巴门尼德向我们描述了一幅女神为世人指点迷津的画面，读来饶有趣味。他借女神之口来阐述自己的哲学主张，以充满浪漫诗意的语言展现了哲学发展的一个新角度。

在巴门尼德看来，关于存在的命题有两种研究维度：其一，"存在存在，不可能不存在"；其二，"存在不存在，非存在存在"。前者与真理紧密结合在一起，被称为是真理之路；后者则根本走不通，被称为是意见之路。然后，他就真理之路进行了更深入的阐述，人们不可能知道什么是不存在，也不可能把它说出来；因为能够被思维的一定存在，存在的一定能够被思维，这是一回事。可见，能够被思维的事物与思想存在的目标是同一的，你永远不会找到一个思想不具备它要表达的真实存在的事物。也就是说，当人们思想时，一定会思想到某种存在物；当人们使用某个名字的时候，它必然是某种存在物的名字。可见，思想与语言都依附于外部世界存在的某种客体。

总的来说，巴门尼德的观点主要是由这样一些问题组成的：人类是否能认知外部世界？人类为何有能力认识外部世界？如果外部世界是我们认识的对象，那么我们脑海里的知识与实际的外部世界能否保持一致？知识和对象为什么能保持一致？外部世界是可以认知的，还是不可以认知的？总而言之，巴门尼德最关注的就是存在与思维是否同一的问题。

巴门尼德认为，存在是连续而不可分割的，它既不会生，也不会灭，是永恒存在的。如他所说，"生乃子虚乌有，灭亦不可言状"，这句话高度概括了他的哲学思想。作为永恒的存在，它亦是不变而静止的，并最终达到完满的状态。在他看来，这种完满的状态可以概括为"一"。这是一种连续的、不可分割的状态，永远也不存在与之对立的统一。

有的人认为巴门尼德的"一"可能是指神学里的上帝或诸神，但事实并非如此。在他的哲学体系里，"一"是一个占有空间的球形物质。然而，这个"一"是无处不在的，因而也不可以被分割。巴门尼德还进行了严密的论证以此来证明自己所持观点的正确性，是哲学史上用论证的形式来阐述自己观点的首创，也就是后来不断发展的形而上学。在那个人类智慧萌芽的年代，这种高度抽象与概括的方式是非同凡响的。

6

「　理念的世界凌驾于一切之上　」

人的精神永远支配着生活，任何人的生命力都有精神的意象反复发生着。可见，对于任何个体而言，拯救自己的灵魂乃人生最崇高的任务。

普罗提诺是新柏拉图学派最有名望的哲学家，被后世尊为新柏拉图主义的创始人。他在璀璨的晚期希腊哲学史中堪称是举足轻重的大人物，甚至也可说他是漫长的古希腊哲学史中最后一颗明星。

形而上学是普罗提诺哲学研究的重要内容，他对形而上学的探讨是从太一、精神、灵魂"三位一体"开始的。普罗提诺"三位一体"中的三者处于不平等的地位，其中太一占据最高地位，其次是精神，最后是灵魂。

普拉提诺指出，世界横跨于两极之间，上帝的神圣光芒与彻底的黑暗各占一端。神圣光芒照耀着灵魂，并不真正存在的黑暗世界与物质相连，而在这两端之间，神圣光芒也微微照耀着自然界的各种形式。在他看来，现实世界犹如一团野火，熊熊燃烧的火光来自上帝，而那些构成人或其他事物的物质则处于火光照耀不到的地方，那些永恒的观念与上帝挨得最近。

物的原型是柏拉图哲学思想中的重要观点，普拉提诺延续并发展了这一观点。他认为理念的世界即太一，它是绝对完美的，凌驾于一切事物本真之上，心智与灵魂也源于此。而一部分灵魂的目标就是追逐心智，另一部分灵魂则寄居在实际存在的物质化躯壳里。

普拉提诺认为，太一就是最高的精神本体，它高高在上，凌驾于世界和事物本真之上，完全超出了人类认识能力的极限。太一处于不断满溢的过程中，它的第二层本体是精神，又被普拉提诺称为神圣理智；然后，神圣理智继续向下漫溢，于是，第三层本体即宇宙灵魂产生；最后本体还进一步漫溢，每个个体的灵魂以及一切具象事物也由此产生。

普拉提诺认为，太一是有影子的，那就是太一在自我追求过程中的所见，即神圣理智。灵魂处于神圣理智之下，但是，它创造了一切生物，日月星辰、山河湖海甚至于整个世界。可见，灵魂源于神圣理智，但是，它具有双重性：有一种内在灵魂，它是针对神圣理智而存在的；还有一种外在灵魂，它与世间一切向下发展的运动息息相关。灵魂在这种向下的运动中产生了影响，也就是人们的感觉和一切自然事物。

"世界是罪恶的"是古希腊哲学的一个重要观点，对此，普罗提诺并不认同。在他看来，可见的世界是如此有魅力，所有有福的精灵都栖息于此，它的美好甚至可以与神圣理智所处的世界相提并论。他又进一步指出，灵魂是受神明的记忆驱使而创造了物质世界，而并非它不断堕落，因此，人类绮丽多姿的物质与感觉世界是美好的。

7

# 「 万事发生早已注定 」

马可·奥勒留在《沉思录》一书中对宇宙展开了深入的探讨，他提出了宇宙本质的三种设想：其一，是一种必然性；其二，是神的一种善意；其三，是一片漫无目的的混乱。接着，他又指出：倘若宇宙是一种必然性，那么，没有任何人能抵抗或违背它，只能顺从；如果是来自神的旨意，那么，人们也就不必做无谓的抗争。但是，如果宇宙就是一片混沌，那么，人类唯一可以依靠的就只有自身的理性。在以上三种设想中，现代存在主义哲学家们选择了第三种，在他们看来，世界是荒谬与偶然的结合，但不同于奥勒留，他们主张人们依靠激情、欲望、意志等非理性因素来与宇宙抗衡。

时光回溯，奥勒留当年又是如何选择的呢？他从以上几种可能中选择了必然性和神，也选择了可以支配并掌控理性的人。

奥勒留认为，正是神赋予了宇宙一种必然的井然有序，而这种秩序对于人类而言其实就是早已注定的命运。在神的旨意下，每个人都注定要去承受命运带来的一切，也注定要对所发生的一切感到满足。生、老、病、死、离别、烦恼等，一切事物的发生都是必然的，就像斗转星移、冬去春来，自然而生，自然而灭。一切发生在个体身上的事情，都是亘古不变的永恒规律一早就预备好的。

正如奥勒留在《沉思录》里所说的：神早已安排好了一切。神让你生，神也让你死。神让你生病，肉体残缺，饱受痛苦，为的是锤炼你的德性。正如药神开给人们治病疗伤的方子，为了健康，你只能欣然接受，这就是命中注定的。神让你工作，让你辛劳。工作是神赋予你的责任。经神之手所创造的万物都应该尽自己的本分。你看这万物，小小的蜂蜜、飞鸟、蝴蝶，都在井然有序地忙碌着，遵循着神为其安排的本分。那么，生而为人也应当尽到自己的本分，不可懈怠，不可偷懒。

希腊神话所倡导的命运的必然性与马可·奥勒留的观点如出一辙。众神之中只有三位命运女神居于宙斯之上，即使是宙斯，也不得不臣服于命运的安排。而奥勒留所倡导的这种整体的宇宙观是否又在试图引导人们顺从于命运之神的安排，过那种逆来顺受、安分守己的生活呢？作为罗马帝国的君主，奥勒留这种"一切早已注定"的宇宙观也许只是用来维护统治、安抚人民的思想工具。无论是服从于整体，还是服从于宇宙的共同利益，归根结底，就是服从于罗马帝国的统治。

## 8

## 「 人是一种纯物质性的存在 」

"人究竟是什么？"这是哲学家们最关心的哲学命题之一。法国的哲学家拉·梅特里给出的答案是"人是机器"。梅特里之所以如此作答，是因为在他看来人是一种纯物质性的存在，就连人的精神也是物质的一种表现形式；心灵也是物质性的，任何心灵现象都不可能超出物质的范畴。

我们都知道，动物也有感觉，比如害怕、痛苦、欢乐等，动物的这些感觉与人类的感觉在实质上并无差别，只是人类的感觉相对而言更细腻一些。显而易见，人类与动物的感觉属于同一范畴，那么，人或动物的感觉从何而来呢？梅特里认为，生物的感觉来自于更低级的物质形态，也就是说，人们认为那些低级物质形态是没有感觉的，其实不然，它们也有潜在的感觉，只是尚未表现出来罢了。而人和其他动物之所以有感觉，是因为他们已经是物质形态的高级阶段了。由此足以证明，精神应该是物质的一种属性或能力，它并不是实体，而且必须依附于物质存在。

梅特里进一步提到，身体与心灵的关系也可以佐证这一点。心灵的状态依附于身体而存在，也就是说，人们的痛苦、欢乐、压抑等各种情绪并非单独由心灵产生，而是与身体的各种状态息息相关。睡眠也是如此，当身体的血液循环逐渐变慢，人体这架机器就会弥漫着一种恬然、舒适的感觉；反之，身体的血液循环加快，人体会越来越兴奋，最终难以入睡。还有一些物质能影响并改变人们的精神状态，比如咖啡、茶水、酒、饮料等。食物为人体提供养分，支撑着身体这架机器的运行，如果不进食，眼睛很快就会暗淡无光，心灵也会随之进入瘫痪状态。此外，年龄也会对心灵产生不同程度的影响，心灵的状态会随着年龄的增长而变化：稚嫩的心灵机敏、聪慧而敏感；年老的心灵持重、端庄而迟钝，这一切都是因为机体发生了变化。梅特里还提到，如果我们仔细观察不同的民族，就会发现不同的民族有不同的性格特点，有的更沉稳，有的更敏锐，这是为何呢？他认为，这是由不同的生活环境导致的，如气候、饮食、植被、土壤等因素。

大脑最主要的功能就是思想，思想也是一种物质运动。以感官为媒介，声音、味觉、气味、图像等各种感觉都被传入大脑之中，于是，各种各样的印象或观念就在大脑中形成了。最终，多种多样的印象会在大脑中形成综合结果，那就是人的思想。就如同二胡纤细的琴弦，轻轻一拨就会振动，继而发出声音；大脑也进行着类似的活动，并最终产生了思想。因此，在梅特里看来，心灵是一个缺乏意义的名词，它无法独立存在，只是单纯的物质现象。

总而言之，人与动物或其他物质都没有根本性的区别，比起动物或其他物质，人只是多了几个齿轮罢了。从物质层面出发，人类的所有活动都能得到解释，而人就是一种比较特殊的物质存在形式。

梅特里关于人是机器的理论似乎有点过于粗糙，但是，其中却反映了一个道理，也就是，就本质而言，人的精神是物质现象，而人的精神活动则是物质活动。精神之所以看似神秘莫测，只是因为它是一种相对特殊的物质现象，与人们平时所观察到的其他物质现象有区别。换言之，我们置身于彻头彻尾的物质世界里，这里的一切现象都是物质的。也就是说，人们哭泣着，不过是物质在哭泣罢了；人们思考着，不过是物质在思考罢了；人们欢愉着，不过是物质在欢愉罢了。看似无法理解，但我们又不得不承认，也许物质也有思维能力。

## 9

## 「 世界是意志的表象 」

叔本华说，事物本身是不变的，只是人的感觉在变。可见，在他看来，思想并非是你让它来则来，你让它走则走，它的来或去是由它自己决定的。

1788 年 2 月 22 日，叔本华在但泽出生，他的父亲是当时声名显赫的大银行家，母亲则是当时风靡一时的女作家。他的父母相处并不融洽，为了减少彼此间的摩擦，经常用各种娱乐活动来打发时光，于是，旅行就成了家常便饭。年幼的叔本华常常跟随着父母到处游玩。

后来，叔本华在魏玛定居，致力于研究佛学和哲学。1822 年，柏林大学聘请他做讲师。当时，以黑格尔为代表的理性派哲学家是德国各大学讲坛的主流，对此，叔本华心怀不满，这个心高气傲的年轻人决定与他们一争高下。于是，他调查清楚黑格尔的授课时间，并把自己的授课时间安排在同一时间，就是想与黑格尔比试一番，看谁更受学生欢迎。结果，叔本华彻底失败，他愤然离开大学，终日依靠父亲留下的巨额遗产过活，潜心研究学术。

柏林于 1831 年盛夏爆发了一场大规模鼠疫，叔本华借此机会离开了让他心灰意冷的柏林，来到莱茵河畔，在法兰克福定居下来，在一家小小的旅馆里埋头写作。1860 年 9 月 21 日，叔本华患上了急性肺炎，72 年的人生走到了尽头。临终前，他留下遗言，希望那些热爱我哲学的人们能不偏不倚、独立自主地理解我的哲学。

对于自己的哲学研究成果，叔本华是颇为自负的，他声称自己提出了一种与以前的哲学方法截然不同的哲学方法，从根本上影响了欧洲哲学的发展进程。在他看来，在此之前，哲学要么是从主体引发出客体，要么是从客体引发出主体，但无论如何都有其谬误之处。而叔本华呢，他并没有从主体或客体出发，而是选择以表象作为出发点。

在他看来，当人运用理性思维来理解世界时，永远不能透过外部表象抵达事物的本质，人所认识到的一切事物并不是本身就存在的，而是呈现在人们面前的表象罢了。也就是说，这些事物都存在于意识中，以人们见到的表象的形式存在着。举例子说，人们确实知道日月星辰，然而，人们所知道的并不是真实的太阳或地球，而只是用眼睛看见太阳，用手触碰到地球，人类只是触到了事物的表象。换言之，一切事物都存在于与另一种事物的关系中，这种事物就是作为表象者的人类。基于此，叔本华将经验与科学的对象归结为表象世界，也就是说，包括一切存在物在内的整个世界都只是观察者的观察物，也就是表象。

每个人的生命过程都是意志的表象。意志的本质是冲动的，因此，它在每个人身上以欲望的形式表现出来。人拥有欲望，就希望获得一些目前尚未拥有的东西。欲望意味着缺乏，缺乏意味着痛苦。人活着，就必须承受这种无边无际的痛苦。欲望无法满足，人们觉得痛苦；欲望被满足了，人们又觉得空虚无聊，仍旧痛苦；旧的欲望被满足了，新的欲望随之产生，新的欲望又伴随着新的痛苦。虽然个体生命是有限的，然而，生命意识是无限的，因此，欲望永远不可能在任何个体身上终结。

# 10

## 「　唯有人的存在才是真正的存在　」

在当今社会，人的存在已成为一大问题，海德格尔在他的代表作《存在与时间》的开篇就引用了柏拉图的话：当你们在使用"存在着"一词的时候，你们显然早就了解了这个词究竟是什么意思，正如我们曾坚信自己懂得它。但是，现在我们却迷茫了。海德格尔之所以写这本书，主要是为了将人的存在问题重新提出，并对人的存在状态进行分析。

在海德格尔看来，人的本质就是人的存在，没有了人的存在这个大前提，其他一切存在都会变得苍白无力。正如他说的，人的存在优先于万事万物的存在，后者唯有以人的存在作为基础，才有意义。唯有人的存在才是真正的存在。

他指出，人的存在有最鲜明的两种特征：第一，人的存在是先于本质的；第二，人的存在从来都是具体的，而非抽象的。

对于存在主义哲学来说，存在的第一个特征就是其基本原理。大多数哲学家都认为，本质是先于存在的，或者本质与存在是共存的。比如说，我们可以将圆的本质规定为"到定点的距离等于定长的点的轨迹"，可见，圆的本质是普遍而必然的 。然而，具体到轮胎、茶杯、足球等具体的圆则处于不断的变化中，其中越是与圆的本质相符的就越圆。就像柏拉图说过的，具体的圆是以本质的圆作为模本的。

然而，海德格尔却另辟蹊径，彻底改变了这种说法，他指出，较之于万物，人的存在的一个最基本的特征就是存在先于本质。在他看来，花、苹果、屋子等我们都可以认为它们的本质先于存在或本质与存在共存。然而，人却并非如此，人的存在从根本上规定了人的存在状态，也就是说，人可以自由选择自己的本质。

也就是说，随着新生儿来到人世间，即是一种人自身的存在，这是一种原始、纯粹、未被规定的存在。基于这种存在，人们才开始塑造本质、创造价值，也就是为自己设定种种规定。比如说，笛卡尔认为"我思故我在"，而萨特却反其道而行之，提出"我在故我思"。

海德格尔提出的人的存在的第二个特征，指的是人的存在总是单独个体具体的存在，对于生命具体的所有者而言，稍纵即逝的生命是性命攸关的。在海德格尔看来，芸芸众生一旦卷入这个喧嚣嘈杂的社会里，在舆论的浪潮里沉浮，就会逐渐把最本真的存在抛之脑后。因此，海德格尔对现代社会中人的存在状态进行了总结：其一，人的自我在社会里逐渐泯灭。个人无力准确判断所有事物，却又不得不为之，因此，最安全而便捷的途径就是使用社会中大多数人的判断标准来进行判断，久而久之形成习惯，将手中仅有的一点做判断的权力也丢掉了。那么，作为生命个体独立的思考能力呢？也许并不是忘掉了，恐怕是从来就未曾拥有过。其二，海德格尔认为，公众的意见在社会中主宰着一切，许多优秀的状态在悄无声息中泯灭。最终结果就是，一切独立的、非凡的事物都在公众自以为是的冷漠与愤怒中被压制了。

海德格尔在他的著作中经常用"沉沦"一词来描述个人这种存在状态。与其说个人沉沦是因为社会压力将个人从外部拖入沉沦的状态里，不如说个人内心有着一种投入沉沦里的倾向。沉沦到众人之中，从而与众人保持一致，就可以收获一种安宁的状态。倘若人们要独立地判断并决定生活各种各样的事物，那么，他们就要承担相应的责任与后果；更为严重的是，如果独立做出的决定有别于众人，甚至处于对立状态，那么，他就要独立地承受来自四面八方的冷漠与谴责。因此，"对个人来说，沉沦是一种诱惑"。

同时，海德格尔又指出，沉沦状态可分为三种，即闲谈、好奇与模棱两可，人们的"共在"状态就是以这三种状态作为基础的。换言之，好奇让人们获得新奇的消息，然后，他们彼此闲谈，交换意见，最后，这个过程中产生的分析在模棱两可的状态下消除。于是，人们再次将共同意见视为自己的意见，并为此欢欣鼓舞。

第十二章

# 哲学家谈自由

人生而自由，
却无往不在枷锁之中

# 1

## 「 公民的自由限制在法律允许的范围内 」

孟德斯鸠曾说，自由并不是无限制的自由，而是能做法律许可范围之内的任何事情。换言之，如果一个公民有权做法律许可范围之外的事情，那么，他就会失去自由。这就是孟德斯鸠关于自由的看法。

1689 年，孟德斯鸠于法国波尔多附近一个名为拉柏烈德的大庄园里。他的母亲有着英国血统，贵族出身，他的父亲是军人，他的祖父和伯父先后在波尔多法院里担任院长。可见，孟德斯鸠是含着金钥匙出生的，并且自幼就接受着最好的教育。

孟德斯鸠学识渊博。7 岁那年，他的母亲早早离世，但这件事并没有给他造成太大的打击。1700 年，他开始了他的学习生涯，直到 1705 年，顺利完成了中学学业。19 岁，他大学毕业，成为了一名年轻的律师。1715年，他与妻子结婚，而他的妻子随身带着足足 10 万英镑作为嫁妆。一天之间，年仅 26 岁的孟德斯鸠就成了不折不扣的富人。尽管如此，孟德斯鸠并没有患上所谓的"富贵病"，他保持着精神上的清净与高雅，绝不愿沦为庸人。他以极大的热情投入到史学、法学、哲学、自然学科之中，并且造诣颇深，还先后撰写过多篇专业性论文。而且，孟德斯鸠的学问与法国当时的社会现实密切相关，因此，他的学术观点一经发表就获得了社会各界的关注与认可。

孟德斯鸠再三提倡资产阶级的自由与平等，与此同时，他又多次指出要实现自由就必须依靠法律，政治自由并不代表任意而为。正如他所说："倘若一个公民拥有了做法律允许范畴之外的事情的权利，那么，他就不再拥有自由，因为其他的公民和他一样，也拥有这个权利。"换言之，如果一个公民可以强迫别人做他不愿意做的事情或是说他不愿意说的话；反之，别人也有权强迫他做他不愿意做的事情或说他不愿意说的话。这样一来，每个人的自由就再也得不到保证了。

此外，孟德斯鸠还深入考察了自由与政体之间的关系，并做出了精彩的阐述，就表象而言，那些政治氛围比较宽松的国家拥有自由；就本质而言，自由与政体的关系反倒没那么密切，而只存在于那些权力未被滥用的国家里。因此，我们可以用一个标准来衡量某个政体是否真的有自由存在，那就是任何人都有权做法律允许范围之内的事情，任何人都无权做法律允许范围之外的事情。

可见，法律对自由的意义非同一般，那么，就应该白纸黑字地把法律条款写明白，让每个人都能充分了解。此时，法律成为了践行公民意志的一种强有力的手段——经过准确无误的表述后，法律就能有效地保证统治者手里的权力不损害公民的自由。然而，法律就一定意味着自由吗？对于这个问题的答案，孟德斯鸠显得有些迟疑。归根结底，是因为他对法律有着两个方面的担心。

首先，虽然自由源于法律，但法律并不意味着一切。和法律一样，自由也源起于一些规矩、习惯或风俗，而这些东西同样也能反过来限制自由。基于以上事实，公民有可能获得法律上的自由，而事实上并不自由；也有可能没有获得法律上的自由，而事实上却是自由的。

其次，如果法律本身也是专制的，那么，它又如何能维护公民的自由呢？孟德斯鸠提出了一个解决的办法，那就是法律要有底线，它应该是在正义的基础上建立起来并彰显正义的原则。

也正是出于以上种种对法律的担心，孟德斯鸠又在法律的基础上提出了法的精神，试图从一个更广阔的领域来探讨自由与法律之间的关系。正如孟德斯鸠所说，我在这里探讨的法的精神，而不是法律，这个精神不仅存在于法律之中，更存在于为人们所认可的种种事物的关系之中。可见，法的精神其实是法的文化，是建立法律所依赖的社会、历史、文化等各方面的基础，更是能够让法律运转下去的外界环境。由此可见，孟德斯鸠真正关心的并不是法律，而是隐藏在法律背后的社会、历史、文化等。相较于他所处的那个时代，毫无疑问，他已经带领着人类社会向前迈进了一大步。

## 2

## 「 有意识地打破现实领域的桎梏 」

在《查拉图斯特拉如是说》一书中，尼采写道：狮子已经到来！我的孩子们啊，对于你们的到来，我是多么欢喜！属于我的时刻到来了！这是我的时刻！拂晓的光破空而出，黑夜隐去，连同那沉重的双翅。现在来吧！我的白昼，开始吧！伟大的你的正午啊！

尼采通过这段慷慨激昂的谚语表达了他对未来生活的满腔热情与憧憬，他为自己能不断向前迈进而欢喜着。在尼采丰富多彩的哲学世界里，这头威猛的雄狮象征着对自由的追求和对人生的主宰。尼采借用雄狮来鼓励世人要追求自己的理想，虽然现实很残酷，但不要因此而放慢自己的步伐。如果一味地效仿查拉图斯特拉，呆呆地留在山洞里，那么，人生必然会失去所有的意义。

1850 年春天，尼采举家搬迁，在瑙姆堡镇定居下来。高耸的教堂、宽敞的街道、喧嚣的人群，以及他们现在居住的那座小小的房子，这一切都让尼采感到新鲜，同时，又有些小小的不适和失落。

尼采自小生活在乡野间，那种宁静而安详的氛围逐渐与他的性情融合。宽广的田野、连绵的群山、悠扬的晚钟、在天空缓缓移动的白云、徐徐吹过的山风，这曾经熟悉的一切都离开了他。

生活环境的变化让尼采五味杂陈，还泛起阵阵悲凉。然而，这种悲凉的心情很快就淡化了。那些日子里，祖母经常给他讲一个传奇故事，尼采也从这个故事里获得了力量，在这个小城里继续生活了下去。那么，他的这种思维是如何形成的呢?

尼采的祖母经常给尼采兄妹二人讲述他们先祖曾经那段辉煌的历史。尼采祖上是波兰人,是世袭伯爵,姓氏是尼兹克。当时,宗教改革运动如火如荼,尼兹克家族毅然决然地与天主教会断绝了关系。此后,整个家族遭到宗教迫害,被不断驱逐,整整三年的时间都过着颠沛流离的凄苦生活,最后才定居在普鲁士。尼兹克家族的一个男婴在逃亡的前一夜出生了,尽管他整个成长过程正逢家族遭遇劫难之际,日日忍受着颠沛流离之苦,但是他最终成长为了一个健壮的成年人,而且得享高寿。

这是一个让尼采怎么都听不腻的故事,他常常听着听着就沉浸在自己的世界里,恍恍惚惚中,他觉得自己似乎就是那个饱尝流离之苦的受难之子。这个传说就如同一颗种子,不知不觉间在尼采心里扎下了根。对于尼采而言,这个先祖的形象在他内心有着一种象征含义。那个先祖的故事也让他明白了人生的意义在于不断前进、不断战斗。

到了晚年,尼采在其自传中总结了自己的种种性格特点,他指出,进攻是他的诸多本能之一,并解释说,他对当时身在波兰的先祖毫无畏惧反抗宗教迫害的壮举满怀敬仰,这也成为了他好战精神的原动力。他写道:拥有一种与人为敌的能力,而这需要以坚强的天性作为后盾。但凡强大的天性,必然拥有这种能力。这种天性离不开反抗,因此,它寻求着反抗。尼采还对反抗与怨恨感这两个概念进行了区分:反抗是一种激情,具有侵略性,是强者的精神高度;而怨恨感是自怨自艾,是弱者的属性。在他看来,身为哲学家就应该拥有反抗精神,坚持不懈向深奥晦涩的哲学命题发起挑战。

尼采还指出,与人作战时他始终遵循一个原则,那就是只"打"那些拥有卓越战绩的人。事实也的确如此。初出茅庐的他就以犀利的笔锋直指苏格拉底这位古希腊时期的头号圣人。一时之间,同一时代那些满心虔诚的学者都错愕得说不出半个字来。在这之后,尼采愈战愈勇,并将矛头指向了万能的上帝,接连不断地向基督教开炮。祖先的精神一路激励着他,让这个时代的反叛者无所畏惧。

由此可见,尼采的人生经历与他的哲学思想是高度一致的。他在《查拉图斯特拉如是说》里一路高歌，鼓舞人们要敢于突破自我，不要随波逐流，荒废生命。人们只有有意识地打破现实领域的桎梏，才能冲出牢笼，获得新生。

## 3

## 「　意愿让人自由　」

在哲学界最古老的几大争论焦点之中，要数决定论与意志自由论之间的争论最引人注目，与此同时，也最让人烦恼。这个问题几乎困扰着所有哲学家。当然，这无可厚非，毕竟这一问题直接关系到人们对其自身在宇宙中所处位置的理解。纵观哲学史，断然拥趸绝对决定论的哲学家不在少数，然而，断然拥趸绝对自由论的哲学家则很少见。事实上，大多数哲学家是在这两者间摇摆不定，比如伏尔泰、斯宾诺莎就从意志自由论转向决定论，也有人试图在二者间找到某个平衡点，从而实现折中的状态，比如康德、费希特就提出将人一分为二，因果律支配着现象界的那部分人，而本体界的那部分人则拥有意志自由。一个有趣的现象是，虽然叔本华和尼采都自称为意志论哲学家，但是，他们都不认同意志的绝对自由，也就是说，他们反对意志自由论。

叔本华在这方面继承了康德的观点，在他看来，处于现象界的人们不拥有意志自由。然而，康德认为，本体界的人们在某种程度上保留着意志自由，虽然人们无法证实这种自由；但是，人的尘世生活中时常彰显出这种道德。叔本华对本体界的人们所拥有的意志自由也持否定态度，他认为，人在本质上就是现象界的，他们只是以个体化的形式来表现世界意志。每个人的意志就是每个人原本的自我，早早就被决定了，是既成物。如果要问一个人的意志是否是自由的，这无异于问他能不能变成另一个人。对于意志而言，它只有彻底摆脱现象形式，重新回归为本体界的世界意志，才能获得自由。然而，人在本体界里找不到属于他的位置。因此，在叔本华看来，解脱的唯一途径就是人自愿地泯灭自己的意志，彻底摆脱世界意志的支配。

对于意志自由，尼采也持否定态度，但他的出发点与叔本华不同。

首先，他试图来分析意志这种心理能力，尝试揭示蕴含于其中的心理机制。斯宾诺莎说过，在很多人看来，意志是自由的，原因在于他们只能感知自己的意志，却完全不了解决定意志的各种因素。尼采同意斯宾诺莎的观点。他认为，叔本华的谬误之处在于他从没有对意志进行过分析，其实，意志只是被设置得很精巧的机械装置罢了，而人们往往不能察觉这套机械装置完整的运行过程。

其次，批判基督教的伦理观念是尼采竭力否认意志自由的根本出发点。意志自由强调人能够通过意志实现自律，有决定自己的意志并支配自己的行为的自由。尼采的这一观点产生了两方面的影响：一方面，个人对自己的行为承担了更重要的责任，对这一点尼采并不反对；另一方面，社会或上帝的责任也被一并开脱，所有罪恶都由个人承担，某些基督教思想家恰好利用了这方面的影响，这是最为尼采所厌恶的。很多基督教思想家认为，上帝是至善的化身，人既可以秉承造物主的旨意而为善，也可以从自己的意志出发而为恶，因此，人必须为自己犯下的种种罪恶而赎罪。对此，尼采表示，事实上，人们发明了意志的有关学说，其目的是给人施加惩罚……人被视为是"自由"的，这样一来，他们就要为自己的罪行负责，就能施加判决与惩罚……就这一点来说，基督教是刽子手组成的形而上学。

纵观康德、叔本华和基督教的有关观点，虽然他们在反对或支持意志自由这一点上有所区别，却一致认为人拥有某种超验的本质。康德认为，人的超验本质是人的真我，也就是本体界的人，因此，人也拥有了超验的自由意志。基督教教义指出，人性的超验中包含了上界的善和下界的恶，从本质上来说，人的自由是皈依上帝的自由，是超验的赎罪的自由。叔本华认为，人是意志的现象形式，人的宿命就是不自由的。然而，对于任何任由超验本质的观点，尼采都坚决反对，他不仅反对意志自由，还反对以人的超验本质为基础的超验的意志自由。遵循着同样的逻辑，他对超验的决定论也持反对意见。

纵观哲学史，意志自由的有关命题始终服务于人类道德的相关论证，尼采试图否定的正是这种自由。他认为，恰恰在道德领域里，人的任何意愿或行为都可以利用决定论来进行说明、辩护，因此，不能以意志自由的名义给人们扣上罪名。然而，如果脱离道德领域，个人意志从世界生生灭灭的规律中传承而来时，意志却拥有了自由。这就是尼采所倡导的创造的意志。

在尼采看来，宇宙有生有灭，无时无刻不处于生成变化之中，这是世界意志的一种创造行为，同时，他也把人的种种创造行为视为个人意志对宇宙生成变化的自觉体现。因此，他说道，对于一切无常而言，时间和生成是最高的赞美、最有力的辩护。那么，创造者呢？"他为一切无常代言和辩护"。就创造者的意志而言，生成是其永恒的向往，而生成就是自由。尼采针对这一层面说道：意愿让人自由，这是意志与自由的羁绊。

## 4

## 「 道德是享有自由的底线 」

年少时，卢梭就熟读普鲁塔克所著的《希腊罗马名人传》，由此萌生了爱自由、爱共和的思想，而这种思想也伴随着他走过了之后漫长的人生岁月。他所著的《论人类不平等的起源和基础》一书于1755年出版，他在扉页上写着将此书献给自由的国度——日内瓦共和国。

当时，法国仍处于封建君主专制的统治之下，然而，他却是出生在共和国的人，他毕生都以此为傲，也深深为自己作为"一个自由国家的公民"

而骄傲。在给读者签名的时候，他习惯写上"让·雅克·卢梭，日内瓦公民"，表达自己对自由、对祖国的热爱。卢梭多次说道：我希望在一个民主国家自由地生活，并在那里自由地死去。他这么说了，也这么做了。卢梭终其一生都以自由为人生的终极目标并为之奋斗。

无论是在上流社会的觥筹交错之间，还是在"加官晋爵的飘飘然之中"，或是在"虚荣迷幻的烟雾之中"，总而言之，他凭借着努力获得了各种乐趣与荣耀，但他从没有片刻放弃过对自由生活的孜孜以求，他向往自由的精神如奔腾的江水一般，滔滔不绝。对他来说，比起自由，财富、名望、荣耀都不值一提，当年路易十五要赏赐给他年金，但他唯恐失去自由与独立，断然拒绝。这足以证明他对自由的执着与珍视，也说明正是自由支撑着他，一生不妥协于封建专制。

那么，究竟什么是自由呢？卢梭就自由发表过各种看法，总而言之，他认为自由就是在法律允许的范围内"做任何自己想做的事情"。他认为，只是被欲望所驱使，不过是失去了自由的奴隶，只有当人们服从于他们自己所制定的法律的时候，他们才获得了真正的自由。然而，当时法国的真实情况又如何呢？那些遵纪守法的公民毫无自由，而那些违法乱纪的封建统治者、上流社会贵族却是自由的获利者。这个社会黑白颠倒，正义与荒唐完全错位。正是在这样的历史背景下，卢梭才抛开一切，努力去追寻一种与道德相符的自由。

那么，卢梭为何要把自由与道德结合起来呢？他认为，自由与平等是人们与生俱来的权利，因此，每个人都享有向往并追求幸福生活的权利。但是，当人们寻觅并追求幸福的同时，还面临着一个两难的问题，那就是如何处理自己与他人的利益、个人与社会的利益。

在卢梭看来，如果一个人为了自身利益而做有损于他人利益或社会利益的事，那么，虽然他"做的是自己想做的事"，也因此拥有了自由，然而，这种自由是以不道德作为基石的，可见，这种自由本质上是不道德的，是不可取的。这就像强盗通过破坏、侵占他人的利益而获得自由与幸福，这也是不道德的自由。就像卢梭说的，有的人生活在这种自由里，却虽生犹死，没有幸福可言。卢梭对自由的界定很有积极意义，他将自由区分为道德的自由和随心所欲的不道德的自由。因此，卢梭主张在追求自身利益的同时，要尽力不损害或少损害他人或社会的利益，在做完自己想做的事情后，能积极地回馈他人和社会。而那些生活在这种道德的自由中的人，虽死犹生，他们的生命也因此有了正面意义。以此为出发点，他说道，在我看来，世界上最美好的人正是那些罔顾财富与非议，在道德的底线上享有自由的人。

5

## 「　人生而自由，却无往不在枷锁之中　」

　　法国大革命伊始，就有法国人敏锐地察觉到法国式的自由理想是自相矛盾的："我们已经迅速从奴役走向了自由，而我们正更迅速地从自由走向奴役！"其实，法国大革命之前卢梭就已经谈到了这种矛盾的存在。

　　卢梭向来自认为是自由者，他在《社会契约论》第一卷刚开始时就写道，我是自由国家公民中的一员，我也是主权者中的一员，也许我的呼声在公共事务中仅能产生微乎其微的影响，但我拥有对公共事务的投票权，这说明我有义务研究它们。我总是沉浸于对各种政府的思考之中，这时我就会欣然发现总是能找到一些理由来对我们自己的政府报以热爱。

　　然后，卢梭以一个自由者的立场提出了"人生而自由，却无往不在枷锁之中"的著名命题，这是针对"人是生而不自由的"王权专制提出来的。费尔马是英国王权专制论的代表人物之一，他理论体系的核心观点是"没有人是生而自由的"，且以此作为绝对君主制建立的基石。卢梭与他针锋相对，提出，自由是人们共有的人性之产物。人性最基本的法则乃维护自己的生存权；人性最基本的关怀乃予以自己最适当的关怀；随着一个人到达

－ 257 －

了一定的年龄并拥有了理智，他就可以判断哪些方法是适合维护自身生存的，也就从那一刻起，他成了自己的主人。

以"人是生而自由的"这一命题为基础，卢梭又进一步阐述道：却无往不在枷锁之中。为什么会如此矛盾呢？这个问题很难回答。在《爱弥儿》第一章里，卢梭对他所观察到的这种现象进行了细致的阐述，他写道："世间之物，凡出自于自然，皆是好的，凡经人之手，就变坏了"；"人类的智慧都无法摆脱奴隶的偏见；人类处于自己习惯的奴役、束缚和压抑之下。由生到死的这段时间里，任何人都摆脱不了这种羁绊。"

那么，这种现象又是如何获得合法性的呢？卢梭也给出了答案：当人们选择屈从时，他们做对了；当人们选择打破枷锁时，他们更是做对了。人们正是根据他人剥夺他们的自由时所依据的权利来使自身的自由得以恢复的，因此，这就是人们重获自由的根据；若不如此，别人也就毫无根据剥夺他们的自由了。卢梭笔下写到的这种权利其实就是社会秩序，它是其他权利的基石。然而，社会契约并不是自然的产物，而是建立在约定的基础上的。简单点说，民众的生活处于合法的桎梏之下，这是因为人们早就约定好，并在约定的基础上建立了一系列社会秩序，于是人们才生活在这种社会秩序的桎梏下。

在卢梭看来，政治社会的初始模型就是家庭，它是唯一古老而自然的社会形态。当孩子要在父亲的养育下才能生存时，他依附于父亲。然而，一旦他不再需要父亲养育，父子之间的联系也就自然而然地瓦解了。父亲不再理所当然地照顾孩子，孩子也不再理所当然地服从父亲，双方在同一时间恢复了最初独立、自由的状态。在这之后，如果父子之间继续保持某种联系，那这种联系就是出于自愿，而非自然。这时，就是靠约定来维系家庭。从家庭折射政治社会，君主犹如父亲，民众犹如孩子；自由与平等是与生俱来的权利，只有人们为了谋求自身利益时才会让渡自由。

可见，卢梭认为，民众生而自由，国家是民众经过自由协商而产生的，一旦有人强行剥夺了这种自由，那么，失去了自由的民众就拥有了强行夺回自由的权利。

# 6

# 「 没有比抒发自由意志更重要的事 」

所谓文艺复兴，指的是复兴古希腊罗马时期的文艺，但是在"复兴文艺"的旗号之下，人们致力于复兴的是古希腊罗马时期的理性精神与人的尊严。因此，正如后世人们所说的，文艺复兴发现了人。

宗教统治的本质在于压抑人性、桎梏理性、扼杀尊严，让高高在上的上帝掌控人的一切。长期以来，人们处于教会黑暗的统治之下，正是这场文艺复兴运动冲破了教会的牢笼，释放了人性，把人从上帝的支配下解放了出来。

但丁是文艺复兴运动的先驱者，他明确反对教皇干预政治，主张政治与教会分离。他在《神曲》里把教会和国家比喻成两个太阳，前者照耀着精神世界，后者照耀着世俗生活，这是对教皇高于国王、教权高于世俗权力等认识的否定。在他看来，政教合一是当时社会上种种罪恶的根源，如今，罗马教会把两种权力都揽在怀里，落入泥潭之中，她自己也好，她怀抱中的也好，统统都是污秽！当时，僧侣阶层为了谋取私利私底下都干着敲诈、勒索、买卖圣职等见不得人的勾当，而但丁将其比喻为"披着牧羊人衣服的豺狼正不分昼夜地以基督的名义干着无耻的买卖"。

他在《神曲》中让许多早就死去的教皇或僧侣都堕落进地狱里，在那里遭受各种严刑酷罚。但丁不留情面地揭开了教会和教皇的遮羞布，狠狠地抨击了他们的种种丑行，成为了后世推行宗教改革的人们的领航者。当时，意大利正处于天主教会和罗马教皇几近严苛的统治之下，但丁的这些做法是极其勇敢的，甚至是将生死置之度外的。

此外，在中世纪残酷的宗教统治背景下，但丁极力主张个性解放、个性自由、个人的情感和对知识的孜孜以求，并展现了他个人对世俗生活浓烈的兴趣。在他看来，人类的理性与自由是与生俱来的，人生的终极目的就是追求真理与至善，这正是人与其他动物的区别。他写道，生而为人，当爱情鼓动我的心灵时，我就遵从我的内心，自由的意志，是上帝创造人类的时候最珍贵的馈赠。这是智慧的造物才享有的。可见，在但丁看来，再没有比抒发自由意志、铸就个人命运更重要的事情了。

但丁极其推崇古希腊罗马时期学者的思想，认为人类对知识的追求是最崇高的。他与教会针锋相对，将古罗马诗人维吉尔奉为人生导师，称其为智慧之海。但丁所做的一切都是在试图肯定人生及其世俗活动，这正是文艺复兴时期的主流观念。正如但丁借尤利西斯之口所说的，人应该追求知识与美德，而不能如走兽般活着。他处在一个新旧交替的动荡时代里，他的哲学思想深受基督教神学观念的影响。正如他自己所说的，"我深陷于重重疑团之中，在我的胸中，'是'与'否'正打得不可开交"。他认为现世生活是来世生活的前奏，因而应当予以歌颂。他将基督教诸如希望、信仰、神爱等神学的美德视为至高无上的道德标准，并提倡人们遵循宗教道德观来完善自我。他狠狠地揭露教会的阴暗面，又不愿意从根本上否定宗教，甚至认为神学是高于哲学的存在，唯有依赖于神学，人类才能在追求信仰的路上抵达至善的境界。他一方面极力批判封建社会，另一方面又希望神圣罗马皇帝能最终统一祖国。

# 7

## 「 自由源于理性 」

《伦理学》是荷兰著名哲学家斯宾诺莎的经典之作，书中从宇宙的本原谈到了物质与精神的关联，甚至于人的意志，几乎将人类的全世界包含于其中，内容十分丰富。他给这本书取名为《伦理学》是因为他认为人生的至高之境就是人的自由与德行，这是他所构建的哲学体系的最终归宿，也被他视为人生和宇宙最根本的归宿。

斯宾诺莎认为，实体是宇宙的本原，也是万物的来源。那么，实体究竟是什么呢？他指出，实体是自因，简言之，它自身就是自身存在的原因，而不依托于任何其他事物而存在。因此，实体是一切事物最终极的存在，再也无法往前追溯。他指出，这种实体具有某种神性，甚至直接称之为神也无妨，因为它早已超出了人类的理解范畴。神，即实体是推动万事万物存在的因，在神的推动之下，万事万物才得以存在与运动。这里所说的神与宗教里的神不一样，它与自然是一致的，作为万物存在的内因而存在于自然。

由此可见，万事万物的存在都要依托于神，只有神，或者称之为实体才是真正自由的。自然的万物都是在神的支配下产生的，也就是说，它们都是神的派生物。因此，万物的存在并非偶然的，而是必然的。

物质是神诸多属性中的一种，因此，神是一个有着广泛外延的概念。神的另外一种属性是思想，我们也可说神是可以思考的。

斯宾诺莎认为，人的自由源于理性，而人是先认识并理解了神，才进而获得了理性。越是深刻地认识并理解了神，人所拥有的理性也越是深刻而独立。基于这种认识体系，理性将万物的存在都视为必然，并能认识其必然的规律，也就是说自由本身也是对必然性的一种认识。

同时，理性可以控制情感，自由随之产生。也就是说，欲望是人的本能，但人处于欲望之中时也是不自由的，因为欲望所渴求的对象会约束人的意志；唯有用理智对人的欲望加以制约，才能获得自由。欲望的内涵很丰富，它既包括各种情感，也包括喜、怒、哀、乐等各种情绪，但它并不神秘。欲望与其他的自然现象一样，遵循着相同的规律，因此，人们可以认识自然现象，也可以认识欲望。如果理性足够强大，就能有效约束欲望，人就有可能获得更多的自由与幸福感。

斯宾诺莎认为，人与神的统一堪称人生的至高之境，这种统一让人与不生不灭的实体合而为一，凌驾于种种世俗的欲望之上，能够以理性制约情感，从而抵达了真正自由的境界。只有这种人才能称之为真正自由的人，他能完全按照理性来付诸行动。他不会做出任何非理性的行为，避免了与俗世、俗人的种种纠纷。世人趋之若鹜的名利、性爱、感官享受等，他都熟视无睹，而是竭力追求永恒的真理。而真理的奇妙之处在于它永不会枯竭，无论多少人分享也不会减少分毫。唯有面对着永恒的真理，人们才会获得真正的和平与安宁。

在斯宾诺莎看来，唯有圣人，即神圣之人能达到这重境界。这样的人拥有高尚的道德，就像斯宾诺莎形容的，他毫不畏惧死亡，他的智慧是生之沉思，而非死之默念。斯宾诺莎本人就将自由作为人生的最高目标：他致力于保持内心的自由，但在行动上遵纪守法；他诚实守信，绝不欺骗他人；他生活独立，绝不接受施舍，如此一来，人格也获得了自由与独立。而他本人也由此享受到了源于自由的幸福人生。

## 8

## 「 拥有自由的同时，烦恼也注定随之而来 」

在萨特看来，是人创造了价值，"各种价值皆以我的自由为基础"，正是"我"维持着价值存在。他认为，对于价值自身而言，它是不存在的，没有了人的选择，它也就丧失了价值。因此，"价值恰恰是你选择的那种意义"。

人一生不得不进行各种选择，因此，"价值无处不在，又处处不在"。根据萨特的描述，价值是一种飘忽不定的东西。按照他的说法，就根本上来说，外部世界是偶然性的、荒诞不经的、不可捉摸的。人们不可能认识世界，因此，也就无法把握世界。同时，萨特还指出，外部世界唯一的功能就是被动地等待着人们的创造力介入，然而，人们也的确在不断尝试着把握这个世界，然而，这种企图最终都是一场空。

比如萨特所写的《墙》《恶心》这两部小说，他借助主人公的口吻传达了这样的思想：在虚无的世界里，一切都是偶然的，人生没有任何目的或理由，人的存在完全由偶然决定。

人拥有自由选择的权利并要为自己的行为负责，那么，人生必然充斥着各种孤寂、烦恼与绝望。萨特指的烦恼，主要是当人们在责任感的驱使之下做出某项选择时左右为难的心理。可以说，人在拥有自由的同时，烦恼也注定随之而来。

萨特自认为是崇尚无神论的存在主义者，他多次对外宣称"上帝不存在"；然而，上帝一旦不存在，也就没有了天赋的价值让人们的各种行为合法化、合理化。因此，虽然我们行动着，却没有任何行动的理由，行动背后跟随着难以遏制的孤寂感。

在萨特看来，任何人选择某种行为都不是随心所欲的，而是遵循着一定的道德准则：当某个选择不受道德准则约束的时候，就只是个人任性而盲目的下意识活动。萨特认为，但凡以追求自由为目的的行为，都是符合道德准则的行为，是值得被肯定的。

此外，萨特还举了一个例子，第二次世界大战期间，曾有一个年轻人向他提了一个问题。当时，这个年轻人面临着一个两难的局面：离开年老体弱的母亲，参与抵抗运动，或留在家中，服侍母亲，任由德国侵略者侵犯自己的故土。然而，无论选择哪一条路，都面临着可怕的后果。于是，年轻人几经辗转，找到了萨特，请求他为自己指点迷津。萨特回答他，没有一般性的道德准则能作为你的参考，但你记住，你是自由的，你可以自由地选择。

通过萨特的回答可以发现，他不认为存在一般性的道德准则，然而，他将自由作为一般的道德准则。正因为如此，唯有那些企图拥有绝对自由的人才是不道德的，原因在于他们试图用固有的道德准则为他们自私的行为进行辩护，从而逃避某些责任。然而，萨特认为，应该对这些不道德的行为进行无情的揭露。

⑨

## 「 直接自由、反思自由与理性自由 」

根据不同的情况，黑格尔将意志自律区分为直接或自然自由、反思自由、理性自由三种不同的自由形式。

黑格尔认为，当人出于自然自由做出某个选择或决定的时候，往往是自然的冲动占了上风。黑格尔又指出，反思自由是一种过渡形式，介于自然自由与理性自由二者之间。当人拥有反思自由时，已经具有理性思考，以追求幸福作为宗旨。在这个过程中，人们努力避开那些欲望或冲动的倾向，并在这些欲望和倾向中进行筛选，竭力让它成为谋求幸福的全盘计划里的关键部分。在黑格尔看来，反思是一种"裁断"自由，可以让人们更深入地理解获得自由的途径。然而，反思自由也有局限性，它错误地将欲望和倾向视为人们教养与天性的规定者，而事实上，人们的各种行为并不会全盘服从欲望与倾向，而是有选择性的。

黑格尔指出，就自我决断来说，理性自由又向前迈进了一步，它要求站在伦理的立场上改造或净化欲望，让理性意志创造或决定终极目标，并让其他所有目标都服从并服务于这个终极目标。可见，黑格尔所指的理性自由就是完全的理性自由。他认为，要让一个个体逐渐成长为拥有理性行为或享有绝对自由的人，那么，就有必要让理性的伦理思考来引领欲望。

正如黑格尔所说，任何完整且合理的自由都必然兼顾主观与客观上的自由。他指出，客观自由是一种行动能力，为了谋求正确的处境而凌驾于欲望与倾向之上，不遗余力地把握事物的普遍性。这种事物的普遍性必然不仅仅局限于我们在谋求幸福的欲望的驱使下进行的各种反思。因此，人们会自觉地将客观自由纳入主观自由之中，从而最终拥有理性自由，也就是绝对自由。

事实上，黑格尔所强调的理性自由早已超越了狭义上的幸福，原因就是它遵循伦理的原则将谋求幸福的过程中对自我利益的追求与现实生活结合起来。其中涉及的伦理原则包括尊重人类个体最普遍的各项权利，比如自由、生命、尊严、财产等诸多权利，并将己之所欲施加于人。就家庭生活而言，每个个体在追求自我幸福的同时也推动着他人的幸福，自己与他人之间以爱为纽带密切联系着。公民社会里也有类似的现象，比如，一个人在职场或市场中谋求自身利益，同时，他也为他人利益效劳。然后，黑格尔上升到一个更宏观的层面，他指出，国家归根结底就是顾及他人意志与美德之所在，在国家之中，个体遵循伦理原则与他人有意识地展开合作，为全体公民谋求利益。

一方面，黑格尔认为理性与欲望是对立的，理性对欲望有净化和教化作用，欲望则能彻底颠覆理性的伦理原则；另一方面，他又将理性与欲望视为构成理性决断体系的关键因素。在黑格尔看来，具体的自由就是理性与对幸福的追求二者之间的矛盾。一旦与理性决断体系分离开来，人们对幸福的追求就违背了自然。于是，他主张将理性与欲望融为一体。

## 10

## 「　自由是理想的社会原则　」

谈及社会理想，伏尔泰反复提及自由这一概念。伏尔泰将自由视为理想的社会原则并终生为之奋斗。在他看来，争取自由是启蒙运动各项任务中的重中之重。他去世后，人们在他的灵车上写道：在他的教导下，我们走向自由。

正如伏尔泰所说，"人性最大的天赋是自由"，而自由就是"试着去做你的意志绝对必然要求的那些事的权利",人人都享有自由这一天赋的权利,这种权利只受法规支配,而不应该受到任何侵犯。这里的法规无关封建制度的任何规定,而是真正的立法。

在哲学的意识形态层面,伏尔泰是英伦政治哲学的推崇者,并大力鼓吹英国君主立宪制度,认为这是调和、缓解各阶级矛盾的有效方法。因此,在论述有关自由的观点时,他常常以英国作为例子,他认为,在封建专制制度之下,人们都丧失了自由,唯有英国才能用法制保障公民的这项权利。

他在《哲学通信》里明确提出,要在人类理性的基础上建立一个法律国家,以确保每个人"人身、财产的所有自由""用笔、用嘴向国家提出意见的自由""信仰的自由"。然后,他又在《风俗论》《哲学通信》等著作里指出,人们信仰的自由有赖于新的政治制度来保障,在英国,"每个人都能随心所欲地根据自己的方式来供奉上帝""每个人都能选择一条自己喜欢的路,一步步走向天堂",这一切都是以君主立宪制为基础的。人们四处传播着伏尔泰自由、平等、取消特权的思想,人们的理性在此期间被一点点唤醒。无论是理论上,还是思想上,都为后来那场声势浩大的法国资产阶级大革命做了充分的准备。

## 11

## 「 实现人人平等以摧毁特权为前提 」

伏尔泰出生在法国一个贵族家庭,从小就过着富裕的生活;然而,他骨子里却是一位贵族阶层的叛逆者,是反抗封建专制的不屈斗士。伏尔泰毫不屈服地发表自己的言论,也因此两度入狱,两度被放逐,背井离乡,度过了十几年凄苦的岁月。

对于人类文明的发展历程而言,伏尔泰不只是哲学家,他还是历史学家、文学家和社会活动家。他热爱用诗歌作为表达的方式，诗歌里满怀着战斗的激情与果敢，他斩钉截铁地向特权阶层发起挑战，在曾经那个无知而迷信的疯狂时代里，你们把我们践踏在脚下，剥夺我们的财产，让苦命的人儿用自己的脂膏把你们养得膘肥体健。如今，理性的日子已然到来，你们发抖吧！

在他看来，自然赋予了人们众多永恒的人性，其中就包括自由、理性和情感。可见，人类从生下来那一刻就享有自由、平等的权利。就天赋的生存能力和权利而言，每个人都是平等的；同时，人们享有自由，可以按照自己的意愿采取行动。

就个人层面而言，伏尔泰主张自由与平等；就社会层面而言，伏尔泰主张君主立宪制。他认为，社会要持续地存在与发展，就必须遵循一致的理性原则，除了自爱、博爱之外，公平、自由是其中最重要的原则。

基于伏尔泰对平等的理解，他确立了这些社会理想的有关内容。在他看来，实现个体的平等是以摧毁封建特权、封建等级制度为前提的，"毋庸置疑，任何享有各种天然能力的人都是平等的"。伏尔泰有关平等的理解也经过了一个循序渐进的发展过程。他的哲理诗《论人》写于1734—1737年，他在文中提出，人人生而平等，无论是穷人还是富人，都必须遵循生老病死的自然规律，他劝告人们对命运的安排全然接受，不要试图改变自己出身的阶级。后来，伏尔泰来到费尔内，频频与下层民众接触，他慢慢意识到，穷人没有任何义务屈从于命运的安排。

达官显贵的铺张浪费、教会严苛的税收制度、特权阶层的层层剥削，这一切都有悖于人性，是不平等的。他认为，在自然法则面前，人们生而平等，但是当其他暴力因素掺杂其中的时候，有的人成为主宰，有的人沦为奴隶。这时候，只有借助法律这个有力的武器，才能让人们获得平等正所谓"法律面前人人平等"。

在社会阶层、政治权利等方面，伏尔泰主张人人平等，但是，他反对在经济上实现平等。在《哲学辞典》里，他写道，如果地球可以呈现它本应有的样子，如果人们在地球上过着怡然自得的生活，那么，显然不会有一个人奴役另一个人的事情发生。也就是说，人与人之间的附属关系是真正的不幸，但不平等与不幸之间并不能画上等号，经济上的不平等是不可避免的，只能在法律上赋予人们平等的权利。

那么，为什么不平等与特权会在人群中滋生呢？在阐述这个问题时，伏尔泰是以人类的需求作为出发点的，在他看来，在人的需求的驱使下，人类了有一种对财富、权利的渴望和好逸恶劳的倾向，试图奴役、剥削他人。无论是人类，还是动物，弱肉强食都是最普遍的规律，进而导致了人类的不平等。因此，需要用法律来维系人与人之间的关系，杜绝不平等与特权，确保这个社会的公民享有自由与平等。可见，约束特权最有力的武器就是法律。

# 第十三章

## 哲学家谈哲学

### 哲学始终探索终极奥义

①

「　哲学始终探索终极奥义　」

柏拉图门下弟子众多，而亚里士多德绝对是其中表现最为突出的一位，他善于思考，著作等身，据说足足有 1000 卷。除此之外，他还是伦理学、政治学、心理学、动植物学、物理学、逻辑学等众多学科的创始人。

亚里士多德所著的《形而上学》一书，其书名是根据拉丁文 Metaphysica 翻译而来的，意思是物理学之后。亚里士多德去世后，他的弟子将这本书的手稿藏入了一间地窖里，直到 300 年后，亚里士多德第十一代传人安德罗尼克才重新编撰了这些古老的手稿，而这些被安放在物理学之后且名为《物理学之后》的内容就是今天人们所说的哲学。亚里士多德在手稿里探讨的问题都可以追溯到宇宙最根本性的道理，已经超越了有形世界的边界，极尽抽象，因此，后来我国的翻译学家将其翻译为形而上学，表达的是"形而上者谓之道，形而下者谓之器"的意思。也就是说，哲学的终极目的是探索宇宙的奥秘，宇宙之大道无边而无形；而世间万物却是有形的，才被人们称为是器物。

《形而上学》一书试图探讨种种哲学问题的本质，并为哲学研究划定了相对清晰的范围，书中作者详细地阐述了自己对哲学最根本性问题的看法。

亚里士多德认为，在众多学问之中，哲学可能是唯一自由的，之所以研究哲学，并不是为了任何实用的目的，而是源于人类的好奇心、求知欲乃至个人爱好，而其他的许多学科都受制于实用的研究目的。哲学致力于探索一切最高的原理，这些无形的原理是其他学科的根据，融会贯通于所有领域里。也就是说，哲学是其他学科的第一原理。哲学源于人类的好奇心，当周遭的世界、万物的起源、宇宙的奥义都让哲学家感到难以理解时，他们就会从心中感到惊异，由此开始追根溯源，探索其中蕴藏的深意。这种追问性质的探索与一般性的疑问有着本质上的差别，这种追问是穷尽式的，一直要到问无可问才会停歇，由此可见哲学始终试图探索"终极"奥义。

在《形而上学》里，亚里士多德多次就实体进行了探讨，他对实体的理解有些混乱，在不同的地方对实体进行了种种大不相同的规定。这种现象一方面是因为具体语境所引起的；另一方面是因为讲稿所囊括的内容是亚里士多德不同时期的作品，他的思想在不断地发展与变化，理解上难免也有所偏差。

实体是存在的，它的存在不需要以任何其他的事物作为依据，它甚至是其他一切事物的依据。换言之，它才是万事万物得以存在的"终极"，是最根本的存在。我们不妨将实体理解为万物的本原，它也进而规定了万物的本质，这种本质是稳定的、不变的。比如说，人性彰显了人的本质，无论人的外形及人的年龄，人永远都是人。

可见，实体一定是先于其他任何事物存在的。从某种意义上来说，任何事物都不过是实体进一步的实现而已。倘若实体没有先于其他事物而存在，那么这些存在的事物就没有本质可言，这从逻辑上是说不通的。试问，倘若一件事物没有本质，它又如何得以存在呢？

亚里士多德提出的实体论很晦涩，但并不是不可理解的。倘若我们置身于这个世界之中，细致地观察它、体味它，就会发现周遭实体的力量无处不在：时间与空间是无限的，在其之中无限之多的事物生生灭灭，无穷往复。且看那浩瀚的银河系足足由1000亿颗恒星组成，然而，它不过占据了苍茫宇宙的一千亿分之一。换言之，与银河系类似的星系在宇宙里至少有1000亿个。浩瀚的宇宙里，无限的恒星永恒地燃烧着，这些星系有条不紊地运行着，遵照着最本质的规律。

2

「 人生价值是最高的信仰 」

　　圣·奥勒留·奥古斯丁（354—430）是古罗马帝国时期著名的天主教思想家，也是欧洲中世纪教父哲学的代表人物之一。《上帝之城》是奥古斯丁的代表作。

　　当时，罗马城既是罗马帝国的都城，又是基督教圣地。410年，罗马城被哥特人攻陷。人们认为，罗马之所以会沦陷是因为罗马人不再信奉传统的民族之神，而是信奉基督教，才最终招致如此恶果。奥古斯丁是基督教忠诚的拥趸者，在这场狂潮中他挺身而出，坚决捍卫基督教，并写下了《上帝之城》一书，力求证明罗马城虽然陷落了，但是上帝之城是永恒存在的。他在书里对自己的历史观进行了系统阐述，集中讨论了人类社会的起源与发展、人类的结局、世俗之城与上帝之城的关系等重要问题，对人们有关基督教教义的疑问也给出了答复。

　　上帝之城与世俗之城的对立与地理或空间无关，而是就信仰而言的。这两座城市存在于同样的时间与空间之中，但是二者的性质却截然相反。

　　就时间而言，世俗之城之前与之后都有上帝之城，前者是天使之城，后者是未来天国。亚当和夏娃是人类的祖先，然而，他们违背了上帝的意志，偷偷吃了禁果，世俗之城随着他们的堕落而出现。正是因为亚当和夏娃的原罪，他们的后代必须代为赎罪，以一颗虔诚之心信仰并侍奉上帝，上帝才会拯救他们不使之陷入永恒的罪恶深渊里。上帝之城存在于世俗之城之前，在那里没有任何纷争或罪恶，那里的人有着永恒的生命；而生活在世俗之城的人却是会死的，死亡正是上帝对人类的惩罚。

　　两座城市由不同的爱构成：生活在世俗之城里的人们爱的是自己，他们以轻蔑的态度对待上帝，他们遵循自己的欲望来行事，在情欲的驱使下追求性、名望和财富；生活在上帝之城的人们注重精神的神圣性，他们爱着他人，也爱着上帝，完全诚服于上帝。

当然，只有达到肉体与灵魂的统一，才能成为完整的人。生活在上帝之城的人们也拥有肉体，他们的肉体与世俗之城的人并没有什么不同，区别在于二者支配肉体和欲望的能力。生活在世俗之城的人们无力支配自己的肉体与欲望，最终沦为肉欲的奴仆，过着一种腐朽、堕落的生活；生活在上帝之城的人顺从于上帝的安排，通过精神的力量来支配肉体并最终克制欲望，过着一种有追求的生活。由此可见，奥古斯丁哲学体系里的这两座城市处于根本的对立之中。上帝是真理，是幸福的源泉，那些与上帝为敌的人们是不可能获得幸福的。只有那些虔诚信奉着上帝的人们，一言一行都遵循着上帝的意志，最终才能获救。

奥古斯丁还在书中谈到了人类的结局，就是末日审判。届时，那些一心信仰着上帝的人会顺利进入未来天国，得到永生；而那些有罪的人最终被阻止在天国的门外，在那里死去，再也无法获得第二次生命。奥古斯丁所说的第二次生命就是永生，生活在天国里的人们再也不用面对死亡，只需永远享受幸福。人之所以为人，需要精神与肉体上的完整性，因此，天国里的再生并不局限于精神领域，而是精神与肉体一同进入不朽的状态。然而，天国里的人们已经放下肉欲，过着一种精神上格外纯净的生活。永恒的和平与安宁环绕着天国，人与人之间再也没有纷争。

通过奥古斯丁的种种论述，我们不难发现，世俗之城源于上帝之城的堕落，与此同时，它又向上帝之城回归。也就是说，世俗之城是人抵达上帝之城前的过渡阶段，而在伟大的上帝的召唤下，善终究会战胜恶。

诚然，以当下的眼光来看，奥古斯丁所论述的历史过程包含的并不是历史事实，而是宗教意义，甚至其中还不乏谬误；但是，他的思想在不断启迪着人们理解人生的价值，是很有开创意义的。我们并不是为了上帝而活，我们也无须信仰上帝，但是，就如奥古斯丁所设想的，当你积极努力地成为一个高尚而有尊严的人时，你才成为真正的人。

## 3

# 「 宗教哲学有着崇高的意义 」

托马斯·阿奎那（1225—1274）是意大利哲学家，他出身高贵，原是一位王子，后来他毅然决然地投身宗教，放弃了世俗生活。他之所以会做出这个决定，很大程度上是受有关意大利阿西西的圣方济各的故事影响。本来，圣方济各也是富甲一方，后来某一天，他突然顿悟，于是散尽钱财，靠行善度过每一天。

阿奎那不顾亲人的再三挽留，只身前往巴黎，在那里探索哲学的奥秘，追寻宇宙的原理。他认为，他所投身的基督教事业是如此崇高，他关注的是全人类的幸福，而非他个人或家庭的幸福。他醉心于宗教哲学，并为之奉献了自己的一生。

《神学大全》是阿奎那的代表作，他在书中采用一问一答的形式，对基督教的理论进行了全面而系统的阐述，并详细地解答了人们对基督教教义的困惑。其中最精彩的部分就是他试图证明上帝的存在，而这正是基督教信仰是否成立的一个大前提。

在他看来，真理的存在形式有两种，即哲学的真理和神学的真理，二者之间有明显的区别：哲学的真理与理性环环相扣，而神学的真理却超越了理性的范畴，那些超出了理性所能理解或证明范畴的正是神学所关注的。按照哲学的思路，上帝根本就是不存在的；而按照神学的思路，我们依靠自身的信仰和来自上帝的启示，就能感受到上帝的存在。因此，在阿奎那看来，神学是凌驾于哲学之上的，而哲学不过是神学的附庸品，原因是哲学只能用于阐述那些可以被人们理解的事物，而神学却能直接抵达一切事物的终点，即上帝。

阿奎那在《神学大全》一书中指出，有五个方面可以证明上帝存在。也许这些证明未必与理性的逻辑相符，但却与宗教的逻辑相符。

第一，从运动方面来证明上帝的存在。事物都处于运动之中，这一个事物推动那一个事物运动，那一个事物又推动下一个事物运动。然而，这个过程并不是无止尽的，它有开始，也有结束。如果不断上溯，追源溯流，就会找到第一个推动者，那就是上帝。阿奎那坚信，第一个推动者肯定存在，要不然世界的运动就没有起源。

第二，从动力因的性质来证明上帝的存在。阿奎那所说的动力因就是事物存在的原因，受某些因素的推动，一切事物才得以存在，在这个因素的推动下事物趋向于一个结果。事实上，最初推动事物存在的因素就已经包含了这个结果。我们只要能寻找到这个世界的最终结果，就一定会找到这个世界最终极的动力因，也就是世界得以存在的终极原因，这就是我们所说的上帝。

第三，从可能性与必然性来证明上帝的存在。正如我们所知，事物处于不断产生又不断消亡的循环中，也就是说，我们既可以说某件事物是存在的，又可以说它是不存在的。任何事物的终点都是消亡。既然如此，就不应该有任何事物存在于这个世界上，世界也就不知从何产生。因此，世界上有一种存在本身就是存在的必然性，同时，它凭借自身能量让其他事物获得存在的必然性。阿奎那指出，万事万物得以存在的根据正是上帝。

第四，从存在于世的万事万物的等级秩序里证明上帝的存在。物质世界里，一切事物在性质上都有程度上的差别，有的趋于真实与完善，而有的则没有。因此，无论是人类社会，还是自然界，都根据事物的性质划分了等级。如果我们按照这个等级不断向上追根溯源，最终一定会找到那个凌驾于一切事物之上的最完善的存在，那最圆满的正是上帝。

第五，从世界的目的因来证明上帝的存在。无论是低等生物，还是没有知识的人，他们的一切活动也是出于某个目的，以追求一个更好的结果。显而易见，这种活动是有计划、有目的的。然而，对于任何一个无知者而言，他都不处于智慧的指引之下，就只能盲目采取无目的的行动。那么，由此可以推断一定有一个智慧者以自己的目的指引着万事万物，而那个智慧者正是上帝。

4

「　哲学是思辨的，是寂寞的　」

黑格尔素有"思想界的拿破仑"之称，可以说是人类历史上思想最深邃的哲学家之一，他凭着一己之力创造出了一个恢宏博大的哲学世界。

在《法哲学原理》的序言里，黑格尔用了一个比喻来阐述哲学，当哲学把它的灰色绘成灰色时，一切生活形态就变老了。灰色绘成灰色，不能把生活形态变年轻，只能作为认识的对象。密涅瓦的猫头鹰，要等到黄昏到来才会起飞。

一般来说，白天猫头鹰都在树上栖息，到了日落时分，才起飞去觅食。那为何黑格尔要特意指明是密涅瓦的猫头鹰呢？其实，密涅瓦就是雅典娜，即古希腊神话中那位象征着智慧的女神。据说，正是雅典娜将纺织缝纫、制作陶瓷、园艺种植等传授给了人类，她也因此深受雅典人尊敬。久而久之，那只栖息于她肩头的猫头鹰也成了智慧与理性的象征。

在《法哲学原理》中，黑格尔其实是用"密涅瓦的猫头鹰在黄昏起飞"这个优美的说辞来比喻人类的哲学性思考。黑格尔认为，哲学的一大魅力在于其思辨性，而哲学的思辨之光就如同密涅瓦的猫头鹰，它并不会在清晨的晨光里振翅而飞，也不会在白日的湛蓝天空里自由展翅，只有黄昏降临的时刻，它才悄然从树头一跃而起。其实，黑格尔是希望通过这个比喻来阐述哲学的实质是一项反思性的活动，是一种通过沉思获得的理性。他写道，哲学将反思作为认识方式，也就是思维跟随在事实之后，对那些业已存在的经验或显示对象进行反复思考。可见，在黑格尔看来，反思其实是人们一种"基于认识的认识""基于思想的思想"，也就是思想将自身作为认知对象，反过来对其进行思考。这是一种思考层面的不断深入：认识与思考就如同迎着旭日起飞或在蓝天白云里振翅翱翔的鸟儿，而夜幕降临之时，在黄昏里悄然起飞的则是更深邃的"反思"。此外，还有更进一层的含义，那就是哲学性的反思是甘于寂寞的、深沉厚重的、毫不哗众取宠的。对于哲学家而言，任何的沉思都是长久而寂寞的，一直要等待着最后一刻的到来，而那瓜熟蒂落的时刻就如黄昏悄然而至时，密涅瓦的猫头鹰迎着落日跃入空中。同时，这也启示着众多哲学研究者，一旦尝试着进入复杂而晦涩的哲学研究领域，就一定要耐得住寂寞。

正如黑格尔所说：时代是如此艰苦，以至于人们将太多精力投向日常的琐碎兴趣。那些琐碎早已磨灭了人们自由的心性，再也没有耐心去理会纯粹的精神活动与高尚的内心世界，如此艰难的环境牢牢束缚住了许许多多杰出的人类。哲学所要反驳的事物可以归纳为两大方面，一则是精神沉溺于日常琐碎而肤浅的兴趣之中，二则是一些流于浅薄的意见。一旦这些肤浅的意见占据了精神，理性也终将迷失方向。因此，哲学性的思考离不开反思，这是一种精神上、情绪上自发的态度，是深刻的，也是认真的。

## 5

## 「 绝对精神是潜伏于世界表象之下的真理 」

逻辑学是黑格尔哲学的一个重要研究领域，他在逻辑学方面的主要研究对象是绝对精神、绝对理念、纯粹真理等，其指的是既存在于世界上所有客观事物里又存在于人的头脑里的精神、理念或真理等。

不论在哪个时代，哲学家永远走在人类的最前列，他们胸怀着一种与生俱来的责任感，试图为全人类社会和整个自然界解决所有生命体最关心也最感困惑的本原问题。他们中间很多人耗费了一生的精力来研究诸如"我是谁""我从哪儿来""我要去向何方"等命题。这些命题看似简单，却常常让人困惑不已。这些哲学家结合自己的研究给出了形形色色的答案，简言之，这是整个哲学作为学科发展的一个缩影。

黑格尔就是这样一位颇具人类使命感的哲学家，正如我们所知，黑格尔讨论的逻辑学探讨的逻辑与我们现在常说的形式逻辑并不相同。黑格尔的逻辑学致力于研究事物的本质。那么，在黑格尔看来，究竟什么是事物的本原呢？

在黑格尔看来，逻辑学的研究对象是一切事物的本质，而这个本质不是个体性的，而是普遍性、一般性的。正是基于此，黑格尔提出了绝对精神这个概念。绝对精神是一种绝对的真理，适用于世间的一切事物。而黑格尔提到的绝对精神及相关名词其实表达了相同的概念。而我们可以从以下这些层面来理解黑格尔的逻辑学研究的绝对精神：

第一，绝对精神之所以"绝对"在于它的普遍性。在黑格尔看来，绝对精神与世界上任何事物的个别性完全不同，是一种普遍意义上的精神或理念，其中不掺杂任何特殊性，是最抽象、最普遍的理念。而绝对精神可以规定万事万物，换言之，绝对精神的这种规定性可以决定万事万物的个别性。可见，绝对精神的绝对并不是彻底抽象的，一旦它与一切的感性事物联系在一起，它就被具象化了。在那些具体而感性的事物面前，绝对精神就是凌驾于一切之上的"上帝"，万事万物及其各个方面则具体体现了"绝对精神"的这种力量。

第二，绝对精神就是绝对的真理。绝对精神在我们的生活中是看不见，也摸不着的，但是，它决定并主宰着世间的一切事物。在黑格尔看来，在物质世界里，绝对精神其实是绝对的真理。

第三，绝对精神并不是全然抽象的。在黑格尔看来，人们通过反思就能在意识层面认识并了解那些感性事物真实的本质。所谓反思，就是人类作为个体进行的一种主观能动性活动。在反思的过程中，主体意识会对感性事物进行一系列的认识、加工和改造。这是一项长期而艰巨的活动，可以分为多个阶段，而通过长期的反思，最终事物最真实的本质会在主体意识里得以呈现。

第四，绝对精神是第一性。在黑格尔的逻辑学里，一切事物的本质是他的研究对象。他指出，世间万物的产生、发展与灭亡无不关乎逻辑，也就是他反复提及的绝对精神。我们平时所说的时间概念里也有第一性的说法，只要某件事物在时间上先于其他任何事物，那么，它在时间意义上就具有了第一性。然而，我们并不能这样机械地理解黑格尔所谈论的绝对精神的第一性。总之，绝对精神的第一性是抽象的，正如黑格尔所说，"绝对精神正是'潜伏'于万事万物各种表象之下的真理"，而这里的第一性正是潜伏。

## 6

## 「 任何财富都无法比拟精神之崇高 」

尼采描述了一个充满铜臭味的时代，我们的时代，也是一切时代中最勤劳的时代。金钱越来越多，勤劳也越来越多，人们甚至不知道拿着这些金钱与勤劳去做什么才好。散去钱财甚至比集聚钱财更需要天赋！这个时代的一切，是颓废的，是腐朽的，也是堕落的！而我，我要推倒它！

尼采向往并追求精神世界的自足与独立，然而，他生不逢时，他对自己所处的时代感到彻底的失望。"这个时代就如同一个病妇，那么，就让她声嘶力竭地谩骂吧，让她摔打那些盆盆罐罐吧！"

尼采认为，人的精神是最崇高的，这是任何物质财富所不能比拟的。为了追求财富，却影响了精神的美好，实在太不划算。就精神层面而言，那些盲目的忙碌让人的头脑永远处于疲惫的状态之中，不再追求高雅的风度和崇高的利益，当人们独处的时候，也不再拥有一段孤独而沉静的思考时间，人与人之间和谐、温馨的状态也不复存在。在这个时代里，金钱成为了人们唯一的栖身之所，人们为了金钱每天都疲于奔命。

崛起中的国家让人们看到了复兴的希望，与此同时，人们又被套上了一副沉重的镣铐。这座庞大而冗杂的政治机器的运转需要动力，只有将足够的人力投入其中，它才能有条不紊地运转。然而，这样一来，太多宝贵的天赋都白白浪费了。正如尼采说的，一个人投身于政治、经济、权势、会议等事务，将精力、意志、自我超越的能量都奉献给这些方面，那么，他必然会在其他方面有短缺。

但是，在现代社会里，政治与经济占据着压倒性优势。在俾斯麦的领导下，政府发狂般进行着政治扩张，国家也因此收获了巨大的财富和无上的荣耀。国家成为了"新的偶像"，具有强大的号召力和感染力，但是，这座巨大的机器也弥漫着腐朽的气息。尼采认为，德国文化不断堕落的根源正在于此。在他看来，国家意志代替了个人意志，人们逐渐丧失了自我，唯有消灭国家，才能让人们重获自我，成为真正的人。"我们不应该再欺骗自己，文化和国家是敌对的。'文化国家'这个可笑的现代观念，二者其实是分裂的"。

在尼采所处的那个时代，欧洲社会的男性受生活所迫，不得不从事一些固定的职业，这样一来，他们个人的命运也完全处于偶然性的支配之下。那一座座高立的工厂就像是奴隶的工房，人们则成为了机器上微不足道的螺丝钉。工资或待遇的提升可以让生活不那么贫困，也可以让工作不那么危险。但是，这些对于消除这些人的奴隶地位都是毫无帮助的。机器工业的格局从一开始就注定了工厂奴隶制度的本质。人们没有时间思考人生的价值或意义，"如若人们不知道何谓自由的呼吸，那么，人生的价值也不会在他们内心生根"。

财富成为了人们追逐的共同目标，也只有财富能让他们疯狂，古代贤者所重视的人生意义却成为了人生舞台上无人问津的配角。在尼采看来，比起资产者这些现代社会所谓的主人，古代的奴隶甚至更高贵。其实，这个时代的资产者同样也是奴隶，他们是机器、金钱、国家的傀儡，19世纪卑劣的文化在他们身上打下了最鲜明的记号，或者他们自己就是记号本身。尼采说，他们得到了财富，精神却更加贫乏。终于，在大机器时代的背景下，文化以难以扭转的速度衰落。

# 7

## 「 怀疑是永不停歇的 」

人在怀疑心的驱使之下，开始了对这个世界积极的探索。同理，也正因为怀疑心，我们对这个世界的认识才越来越趋向于它的本质。哲学的发展始终伴随着怀疑，因为人对于这个世界的认识是不可能穷尽的，因此，也断然没有人敢说他已经掌握了世界的本质。

古希腊哲学家皮浪将怀疑主义作为一种理论形态引入哲学体系中，他认为现象是存在的，但他不认可现象的真实性。在他看来，怀疑是永不停歇的，而不应该因为任何肯定或否定的结论而就此打住。

与斯多葛学派或伊壁鸠鲁学派的很多观点不同，皮浪不相信感觉、理性或逻辑。他认为，人们应该对万事万物保持沉默，不要妄加判断，不要因为任何人或事物而心动，自始至终要保持一颗怀疑之心。他年轻的时候去印度、波斯等地游历，与那儿的智者、贤人、僧侣频频接触，在当地僧侣的启发之下，最终建立起了怀疑论。

作为怀疑主义者，皮浪提出过几个关于怀疑的论证：

第一，即使是同一样东西，对象不同了，感觉也随之不同。比如说，同一根葡萄藤，对山羊而言是甘甜可口的美食；但对人来说，就未免太过苦涩，以致难以下咽。鹌鹑可以在悬崖峭壁上挺立着的松树上上下跳动，但如果人类做同样的举动则可能危及生命。

第二，人们有着各不相同的特点，比如亚历山大的管家经常在阳光的照耀下瑟瑟发抖，却在树荫下感到温暖而惬意。

第三，针对同一件事物，不同的感官得到的印象是不一样的。比如，同样一个苹果，如果你用眼睛看，它是红色的；用鼻子闻，它散发着淡淡的清香；用嘴和舌头去品尝，则感受到水果的甘甜。

第四，人处于不同的状态之下，对同一件事物的认识也有所不同。当一个人身体健康时，他并不认为身体很重要；但如果他生病了，他则会认为身体比其他任何事情都重要。

第五，各个地方的风俗习惯、道德、法律等都截然不同。比如，西里西亚人热衷于当海盗；希腊人同样被大海环绕着，却不愿意做同样的营生。各个地区的不同个体也信奉着完全不同的神。

第六，受各种因素的影响，不同的事物混合在一起，以致完全分不清楚了。比如，同样一块石头，它在陆地上时必须要两个人才能抬得动，但如果它在水里，只要一个人就能抬起来。这种情况可以一分为二地看待：也许岩石的重量是固定的，而水将它抬起来了；也许岩石本身没有那么重，而它处于陆地上时，空气使它的重量增加了。

第七，针对同一样事物，人们所处的位置和距离不同的活，他们的认识也会不同。如果从远处看一件事物，就会比较小，甚至有时方形还会看上去像圆形。

第八，一件事物因为适度与否，将对人们产生利弊不同的影响。比如，适度地饮用一些酒水可以强身健体，但是过度酗酒则对身体百害而无一利。

第九，对于同一件事物，因为习惯不同，看法也会不同。有的人生活在地震频发的地方，即使他遇见大地震，也会觉得很寻常。

在皮浪看来，人应该常怀一颗怀疑之心，怀疑一切事物。世界上的任何一个命题都存在着一个与之对应的反命题，而且这些反命题拥有同样的分量，比如善与恶、真与假、真诚与虚伪，这些相反的命题之间其实并没有明确的界限。皮浪主张怀疑万物，但他最终的目的也在于达到一种宁静的不动心的境界，也就是他眼中的幸福。

直到 15 世纪，亚里士多德的哲学思想仍为主流。这些来自皮浪的理论或假说则被人们视为常识。直到 15 世纪之后，人们不再简简单单地接受这些"常识"，而是将经久不息的怀疑主义视为哲学态度的一种。

# 「 任何观点都不是绝对的真理 」

古希腊后期哲学的主要思潮之一就是怀疑主义，生活在公元前三四世纪的皮浪是创始人，但是，他并没有就这一主张写下专门著作。恩披里克生于 3 世纪，他继承了皮浪的哲学思想，并在《皮浪主义文集》一书中对皮浪的相关学说进行了阐述。

怀疑一切真理的标准是怀疑主义最基本的态度。对一切独断的结论，怀疑主义都报以怀疑，任何观点都不是绝对的真理。原因在于，每个观点或论题的背面，都存在着一个相对立或相反的观点或命题，而这两个对立的观点都是可以予以证明的，这样一来，人们就难以确定究竟哪个观点或命题才是正确的了。万事万物皆是如此，有人说好的同时，就有人说坏，有人说是的同时，就有人说否，并且无论哪一方，都有充足而确凿的理由。

于是，这样一种状况就司空见惯：对于同一个问题，无数哲学家发表了精彩纷呈的看法，但却难以统一口径。比如，有关万物本原的问题，一切事物究竟是从哪里来的？究竟是什么构成了万事万物？它们最终的归宿又是哪里？泰勒斯是第一位探讨万物本原的哲学家，他认为，水是万物的根源，万物由水构成，最终又回归到水的状态。在他之后，后续哲学家又相继提出气、种子、原子、理念、实体等是万物的本原，并都针对自己的观点提出了相应的证据。如果我们只考虑其中的某一种观点，都会认为很有道理；但是，当我们转向另一个观点或是将几个观点结合在一起时，就会发现其中的矛盾。

正是因为如此，恩披里克指出，世界上根本就没有客观真理，也没有为人们所公认的真理标准。任何真理都是主观的，来自于某个人的感受或认识，也就是说，只有对于这个人来说这个真理才是真实的、有意义的，对他人则未必。就像他说的，一样的温度，让年轻人感到温暖，却让老年人感到寒冷；同一件事物，让这个人感受到美，却让另一个人感到丑。不，哪怕对同一个人而言，固定不变的真理也不存在：他年轻时热爱音乐，年老时却爱上了绘画；同一杯蜂蜜，健康的时候喝，觉得甘甜可口，生病的时候喝，却苦涩得难以下咽；陷入热恋的时候，觉得自己的情人是世界上最好的，步入婚姻，所有美好的光芒都慢慢在时光里消磨，一日日的耳鬓厮磨消磨了所有的新鲜感。可见，即使是同一个人，他的感受和认识也时刻都在变化着，那么，怎么又会有得到人们公认的普遍的真理呢？

由此可见，在怀疑主义者看来，真理是相对的，而不是绝对的，当具体情况、对象、判断者及其境况发生变化时，真理也会随之变化。即使对同一件东西，不同的人在不同的情境之下也会做出不同的判断，因此，一成不变的真理标准是永远不存在的。换言之，倘若真理存在，那它也处于随时随地的变化之中。在时间、地点、年龄、性别、学识、习惯、情感、身体状况等因素的影响下，一切都在变化着，完全脱离具体的抽象标准是根本就不存在的。

可见，在恩披里克看来，人们根本无从知道事物的本质。针对同一件事物，我们能做出截然不同的判断，那么，我们也就无从知晓哪一种判断符合事物的本质。如果非要下一个定论，就只能说某件事物可能是这样的，也可能是那样的，或者既不是这样的，也不是那样的。然而，恩披里克并不是要彻底否认感受的真实性，而是在怀疑这种感受是否就是事物的性质。比如说，人们吃苦瓜，感到很苦，这是一种真实的感受；但是，一旦不借助于舌头或味蕾等感官器官，我们就无从知晓苦瓜是否苦。由此，恩披里克等怀疑主义者认为，苦瓜的苦只是我们自己的感觉，而不一定是苦瓜自身的性质。

恩披里克认为，一个人不能将个人的看法或感受武断地说成是普遍真理，这无异于将个人的主观感受强行加诸其他人或事物身上。因此，恩披里克主张，不要对任何观点或认识进行判断，换言之，对任何观点都不予以肯定或否定。总而言之，对所有观点抱以不置可否的怀疑态度。这正是怀疑主义者的思想精髓，因为一旦判断了是非真伪，就无异于陷入了一场永远没有结果的诡辩中。因此，对于一切命题或观点，都不说是或非、好或坏、美或丑、知或不知，这是怀疑主义者最基本的态度。

# 9

# 「 克制情感的方剂 」

历代哲学家就人类究竟能否克制自身情感、克制情感的能力强弱进行过反复讨论，斯多亚学派和笛卡尔认为，人类在控制自身情感方面有绝对力量，而斯宾诺莎对前人的这些观点持批判意见，并就克制情感这一问题展开了自己的论述。

在《伦理学》第五部分命题 1 至 13 的相关内容里，斯宾诺莎详细地探讨了关于医治情感的方剂这个问题。他在序言部分写道，每个人在其人生历程中都经历过这些方剂，只是很少有人能准确地认识到这些方剂的存在，而他之所以撰写这些内容，就是为了让人们能更清晰地了解它们。然而，他的目的似乎并未达成。后来的西方哲学家就他给出的几种方式及其效果进行了讨论，但是他们的看法却大相径庭。

我们一般认为，斯宾诺莎就克制情感给出了六种方法：

第一种方法是分离与联合。他写道，我们可以把心理的情感与其关于它外在原因的思想分离开，让它与另一个思想相联合，那么因为外在原因所引发的爱恨及内心的波动都会随之消失。他提出这个方法的根据是，爱或恨是伴随着某个外在原因所产生的快乐或痛苦的感受，因此，当与其相关的外在原因被抽离后，快乐或痛苦等情绪上的波动也排斥开了，而这种情绪上的波动本就是爱与恨的本质，因此，爱与恨也就不复存在。"

第二种方法是对被动的情感形成清晰明确的观念。他认为，只要我们能对被动的情感形成清晰明确的观念，这也就意味着可以立即终止它作为一个被动的情感而存在。在他看来，人之所以会感到痛苦，是因为心灵的活动力量受到了限制或有所减少，因此，主动情感是不会给人以痛苦的感受的。痛苦、快乐和欲望是人最原始的三类感情，与这三种感情有关的其他情感都有主动与被动之分。比如，野心就是欲望的一种被动情感，而责任心就是欲望的一种主动情感。

第三种方法是认识到万物的必然性。斯宾诺莎认为，只要心灵能理解一切事物的必然性，那么，它就有越发强大的力量控制情感，而感受到的来自情感的痛苦就越微弱。他认为，人们必须认识到所有不幸的事情都是被环环相扣的因果关联决定的，因此，当人们意识到这些不幸不可避免时，由这些不幸所引发的痛苦也就微弱了许多。他举例子说，如果一个人丢失了某件很有价值的东西，但他要是能认识到这件东西以任何方式都难以保存，他因为丢失而产生的痛苦也会随之减轻。

第四种方法是增强基于理性的情感。斯宾诺莎认为，但凡是源于理性的情感，都拥有更强大的力量。他所说的源于理性的情感指的就是建立于理性知识之上的情感。所谓的理性知识，是从普遍性的观念里获得的，是关于万事万物所共有的特性的知识。他又解释说，任何源于理性的情感必然与万物的共同特性息息相关，我们永远可以借助同样的方法来想象它们。这种情感也是永恒的、不变的。换言之，任何源于理性的情感都以同样的方式永恒地存在于人们心里，不生不灭，永不消失。

第五种方法是心灵要对导致情感产生的各种不同原因经常进行考察。他认为，有的情感可能与许多种不同的原因有关，倘若心灵能对这种情感及其相关的各种原因进行考察，就比知识局限于某个原因对心灵产生的危害要小得多。我们受的痛苦随之减少，我们因为每一种原因而产生的激动也随之减少。他指出，情感的对象并不是引起某种情感的唯一原因，任何一种情感都是由许多种原因引发的。因此，如果将对象视为唯一的原因，与之相对应的情感就会愈发浓烈。然而，如果意识到引发某种情感还有很多别的原因，这种情感就会相应地变弱许多。他举例说，只要我们告诉自己彼得并不是我们对彼得产生爱或恨的唯一原因，那么，我们对他的爱或恨也会不那么强烈。

第六种方法是按照理智的次序对身体的情状，即情感进行整理。他认为，思想和关于事物的观念是如何在心灵里排列或联系的，身体的情状或事物的形象也会以相对应的形式在身体内排列、联系。我们都知道，心灵可以从这个观念推演出那个观念，因此，"我们就可以按照这种理智的次序，对身体情状的种种力量来进行排列或联系"。正因为我们拥有这种能力，因此，我们不会轻易被任何恶的情感所左右，产生心灵上的波动。

斯宾诺莎所提出的这六种方法，就论证角度及效果来说都不甚完善，甚至有明显的缺陷。然而，我们并不能因为这样或那样的缺陷就忽略了他的学术价值。正如费尔巴哈所说的，斯宾诺莎就欲望、激情、情感所进行的种种讨论都是相关言论里最丰富、最深刻、最杰出的。在他的众多著作里以《伦理学》为最，可以发掘出许多在经验心理学或哲学方面颇有见地的思想。

## 10

# 「 集体氛围释放人被压抑的本能 」

弗洛伊德根据泛性论对人与人共同构成的集体进行研究，他认为，力比多联系是将众人联系起来的纽带，是人与人之间关系的核心力量。他认为，一旦人群共同构成一个集体，在集体成员的限度内，个人的言行举止是这个集体统一的，他们彼此认可并接受其他成员的缺点，对自己和他人一视同仁，也不会厌恶其他人。

在弗洛伊德看来，当每个成员身处集体中时，他身上原本被压抑住的那些无意识的本能将统统被释放，他会做一些曾经不会或不敢做的事情，他的行为甚至与他原本的性格完全不符。总而言之，"原始的集体氛围抑制了人的智能，而强化了人的情感"，在此过程中，集体这一形式被逐渐维护并巩固。

那么，这种现象是怎样促成的？弗洛伊德从集体中领袖与成员或成员与成员之间千丝万缕的关系入手，并将这种关系称为爱的联系，按照弗洛伊德的术语来说则是力比多联系。在弗洛伊德看来，这种力比多联系实现了集体的组成与稳定。比如说，在教会或军队里，以力比多为纽带，每个成员一方面与基督或将军等领袖人物联系起来，另一方面与该集体中的其他成员联系起来。他认为，各种力比多联系一同构成了集体或社会，而其中以领袖人物与其他成员之间的力比多联系最重要。

在弗洛伊德看来，这种联系在某种程度上与父子之间的联系类似，事实上，他认为集体或社会正是以这种情感联系为基础形成的整体，是家庭这一小范围情感联系体的扩大。根据弗洛伊德这种观点，领袖可以说是其他社会成员共同的父亲，他领导着自己的众多"儿子"。用弗洛伊德的话来说，正是基于这种力比多联系，人们"从利己主义向利他主义过渡"。

弗洛伊德进一步提出，人类的任何社会行为都是以生物本能的冲动与欲望为基础的。社会最主要的功能就是利用"超我"来抑制人们与生俱来的欲望与冲动，若不如此，社会将不复存在。必须压抑人的欲望与冲动，才能实现人类社会的进步；必须牺牲人类的幸福，才能推动人类文明的发展。

按照弗洛伊德的逻辑，我们是以压抑本能来实现文明的建设与发展的，因此，社会对于生活在其中的人们而言，是永恒的祸害。本能、欲望和各种复杂的情感之间相互作用，整个社会制度在此基础上产生并进一步发展。生与死的本能和欲望相互纠缠与斗争，从而上演了一部节奏特殊的戏剧，即整个人类史。革命和起义都具体体现了人类侵略的本能，战争则体现了人类与生俱来的破坏本能。此外，弗洛伊德还提出，人的欲望与冲动无时无刻不在威胁着社会文明的进步。文明和理性并不是万能的，人的欲望与冲动在本质上与社会文明有着深刻的冲突。无论社会文明发展到何等程度，因为本能冲动而导致的犯罪现象仍在社会中屡见不鲜，种种不道德的恶行仍随处可见。如果社会文明和理性过分地约束人的本能，人的欲望就难以被满足，长此以往，就会诱发人的心理变态，甚至大规模的精神疾病，让整个社会陷入病态。

社会苦心孤诣，死死压抑着那些被认为有害的精神动力，最终仍毫无成效。在弗洛伊德看来，冠冕堂皇的社会礼教其实是"吃人"的，它使各种心理病症徒增，一方面牺牲了个人的幸福，另一方面也使社会得不偿失。在他看来，现代西方文明社会已经沦为病态的社会，让人饱尝痛苦。对于任何建立在扼杀人类本能基础之上的社会文明，他都不屑一顾，坚决反对。